17

教师成长卷

于漪全集

上海教育出版社

在上海市人民代表大会期间,与左淑东(左一)、高润华(左二)、毛蓓蕾(右一)三位老师交流

2015年8月,在家中工作

2014年,语文德育实训基地学员瞻仰国歌诞生地

从教60周年,师生同乐,师徒同乐,师师同乐

出版说明

《于漪全集》是基础教育领域首部特级教师的全集，也是上海教育出版社为特级教师出版的第一部全集。它的出版，对于传承、弘扬和建设新时代社会主义文化，对于以教育自信创建自信的教育具有重要意义。

《于漪全集》收录了于漪在不同时期发表于全国各类期刊和出版于多种图书的论文、讲话、序跋等作品。难免挂一漏万，故对写作时间和文章出处不一一注明，留待日后修订逐步完善。同时，对原发期刊编辑部、图书出版单位一并致谢。

全集由上海市教师学研究会组织有关教师、专家编辑。于漪的教育思想植根于教学实践，是理论与实践的有机融合和生动阐述。有时一材多用，是为了从不同角度阐释相关问题，为读者呈现丰富的不同历史阶段的思考成果。

全集以"一辈子学做教师"为线索，根据文章内容，共分 8 卷 21 册，从基础教育、语文教育、课堂教学、阅读教学、写作教学、教师成长、序言书信、教育人生八个方面多维度展现于漪来自教育第一线的理论研究成果，力求树立当代教育家的典型形象。

目录

教师发展：教育振兴的希望
  ——我为什么关注现代教育学研究 1
学习做教师的真本领 12
新世纪寄语 18
年轻的语文老师，要发展，要创新！ 23
与青年教师恳谈 30
深入其境 登高望远 37
善教与会写 40
要有一支灵动的笔 43
一身正气 为人师表
  ——谈教师的精神支柱 46
走进学生世界 62
语文课程标准与语文教师 70
把自我教育作为终身任务 84
教师素质与城市精神 100
以"心"教"心"
  ——谈青年教师人格与未成年人成长 106
怎样学做人师 110
挑起振兴语文的重任 117
钟情·倾心·精神家园 122
了解，研究，走进学生世界 132
好词典会让教师心有所托 141

撒播知识与做人的种子	145
为有源头活水来	151
在上海市中青年语文教师论坛上的讲话	156
挫折也是一种财富	162
最粗浅的话	167
学会追求，学会拒绝	170
阅读：一种高尚的精神生活	177
"八荣八耻"：师德建设的强劲推动力	181
现代教师要坚守阵地、坚决抗争	184
自胜者强	186
师德·责任·与时俱进	191
树立教师之魂	200
教师的困惑和无奈	211
教师的文化底蕴	223
教师要拥有一颗哲学的头脑	229
志存高远，守护教育者的尊严	246
名师培养之我见	249
教师的使命	253
身处繁华闹市，心中田野芬芳	265
新课改与语文教师素质	273
为"强师"做新贡献	278
弘扬"包容"的维度	281
高端教师的引领作用	284
主人·情人·高人	287
对《师者本色》报道的部分优秀教师点评	294
让青春闪发光辉	298

铸师魂,增师能	300
用精神的成长创造使命的精彩	303
让所有的学生都做课堂学习的主人	309
在学科教学中对学生进行高质量的素质教育	316
做学生脑力劳动的指导员	323
自我修炼,塑造完美的人格	329
《中国哲学简史》	
——教师须学一点哲学,从此书入门	332
读书,塑造人的高尚灵魂	337
21世纪如何做基础教育的教师	341
寄语新教师	344

教师发展:教育振兴的希望[1]
——我为什么关注现代教育学研究

无锡教育学院想请我讲一讲《现代教师学概论》[2],为什么要编这本书?为什么要用这样一个框架?今天借这个机会和老师们交流一下。

编这本书是我长期以来的一个心愿。我做老师快半个世纪,读了好多教育学著作,有的教育学里有教师这一章,有的根本没有教师这一章,这一块内容往往与教育原则、教学方法等并列。教师和学生是教育教学过程中最活跃的因素,在教育教学实践当中,我越来越感觉到,教育教学质量整体上也好,具体到某一所学校、某一个班级也好,说到底就是教师的质量。因此,建设一支高素质、高质量的教师队伍是提高我们教育质量一个非常重要的保证。纵观古今,从横的方向看,世界各国,不管是大学、中学、小学,凡是名校,都是有非常优秀的,乃至卓越的教师。我们的西南联大出了那么多人才,文科也好,理科也好,就其硬件来讲,和我们现在相比,简直不能同日而语,可是它有一支非常优秀的教师队伍。我曾经看到这样一段记录,就是闻一多先生教屈原的《九歌》,是在一间破饭堂改成的大教室里讲,灯光非常昏暗,可是听的学生

---

[1] 本文是 2000 年 10 月作者在江苏无锡教育学院所作报告。
[2] 于漪主编《现代教师学概论》(上海教育出版社 2001 年版)。作者一直关注教师专业成长,认为"现代教师是一个动态概念",该书"从现代社会审视现代教育,从现代教育探讨现代教师素质",被定为全国中小学教师继续教育公共课教材。

挤得满满的,听者全神贯注,教者全身心投入。我记得有这样的句子:"黄昏时分,从四面八方辐辏而来的鼓声,近了,更近了,十分近了。神光照得天边通亮,满坛香烟缭绕。"这讲坛上发出来的声音好像是歌唱一样,那么有吸引力,闻一多先生是在教《九歌》,而听的人已经分不出站在讲坛上的是闻一多先生还是屈原大夫。教者和听者心灵交融在一起,闻一多先生使2 000年前的《九歌》活在现代人的心中。这是怎样一种境界、怎样一种魅力。这是由于闻一多先生这样一位学者专家,有高尚的师德,有渊博的学识,有热爱莘莘学子的一颗赤诚的心,才会出现这样的景象。

在教育教学中,硬件固然是重要的,但是跟软件比起来,跟教师队伍比起来,恐怕教师就更为重要。江苏为什么会长期都培养出那么多高质量的学生,说到底是有许多非常好的中学和小学,有许许多多位名师。我曾经碰到过一位年逾80的老先生,他就讲到扬州中学的数学老师对他的教育使他刻骨铭心,讲到苏州中学老师教学的神态、姿态、气韵都在他胸中激荡。我自己也是如此,众多的优秀教师教育了我,也启发了我,使我想到要全面贯彻党的教育方针,要全面提高教育质量,非得建设一支拉得出、打得响的真正德才兼备的教师队伍。因此我就非常向往能够有这样一本专门研究教师的专著。后来做了校长,我最着急的倒不是办公桌漂亮不漂亮、教室的课桌椅好不好。当然这些也重要,我最着急的是师资队伍。一所学校有一支素质良好的有真才实学的教师队伍,教育学生的质量就有保证。

教师这项职业是非常特殊的。教师是个体劳动者,是个体的脑力劳动者,但是讲质量的话,又要讲群体的效率,这是我们教师职业的特殊性。任何一名校长、书记都不可能每天去听某一位老师的课,因此,教师在课堂上要高度自觉,对学生要满腔热情满腔爱。同样一篇课文,不同的老师教,学生所受到的教育、启发、培养可能会大相径庭。这样性质的职业,这样性质的工作,要求教师有高度的自觉性,要求教师能不断进行自我教育,不断前进。比如一个班级,它的教育质量比较好,学生的学习水平比较高,学生的思想道德面貌比较好,班主任当然起很大作用,但绝对不是班主任一个人就能决定这个班级的面貌,它一定是班级的群体,即任课教师群体的共同作用,起码教这个班级的老师80%以上是非常负责的、有责任心的、有使命感的,教学有自己的独创性。因此,教师学是一门很重要的学问,应该很好地研究。

我经常想,一个学校有个什么设想,要按照教育方针的要求去要求学生,但如果说老师对这个问题没有充分的认识,学校的这个设想的落实往往要打折扣,甚至完全不能实现。有时候,教师的一句话比校长在全校大会上讲的话作用大得多。我做了几十年的教师,当了许多年的班主任,做了很多年的教研组长,我就有这样一个体会。一名老师,带了一个班级三年,学生耳濡目染,他们的身上就会有老师的影子,讲话的腔调,待人接物的做法与态度,包括在写字方面,教师无形中都会对学生产生影响。因此,教师对学生的作用绝对不可能是零,不是正面作用,就是负面作用。什么是教育?教育就是教化,是不知不觉地潜移默化,"随风潜入夜,润物细无声",不可能靠老师、校长、书记作两个报告,就把学生成长当中的问题都解决了。教育是细水长流,点点滴滴在心头。

因此,一所学校的首要任务就是把教师队伍建设好,没有教师队伍的建设就不可能有良好的学生队伍建设,也就很难根据我们党的教育方针实现我们的培养目标。所以我这种愿望就很强烈。20世纪90年代中期,我有一个机会和美国、英国的同行共同搞一个课题,就是研究教师培养。有一次我收到斯坦福大学一位博士生寄来的材料,没有想到的是,这个材料就是我发表在报章上的关于培养青年教师的一些讲话,很多材料,他全部寄给我,然后问我10个问题,全是关于教师的培养与成长的,关于教师的岗位培训的,而不是在大学里接受教育的情况。这给我很大启发,我用10张纸回答了他的10个问题。后来,他们请我去共同研究一个课题,就是英国牛津大学教育学院、美国密歇根州立大学教育学院以及我们共同研究教师职后怎样做到有效提高。这个课题的研究应该说是很严谨的,收集了大量的资料,有上课的录像,有课后的交谈,有课前的访问,有师生之间的谈话。当时我们搞出来的书、资料跟音像制品整整一箱,然后三个国家进行比较,花了一年半时间。

这一年当中我受到很大启发。我跟青年教师讲,一定要树立一个观念:学历水平不等于岗位水平。我们新分配来的大学生起码是大学本科,还有研究生毕业的,他们有一种误解,认为这样一种学历,教学肯定没有问题。实则不然,因为学历水平只说明你职前接受的教育,不等于岗位水平,你在大学阶段包括研究生阶段学的只是一门一门的课,是纵向的,而我们基础教育要求的是综合能力,要求创新能力。确实有这样的青年教师,品行很好,学历也很高,但是在教学上非常困难,学生就是不太愿意听。因为教育教学不仅是科学,还是艺术,这一点,我们学校的青年教师逐步接受了。学历水平不等于岗位水平,岗位水平只能在岗位上锻炼,因此要接受继续教育,实现岗位成长。通过岗位锻炼才能成才,这是必须明确的第一个观点。

第二个任务就是职后的培训,这是不能马虎的。毕业出来以后的5年是非常重要的,大学毕业进入岗位,是个角色转换的过程,从学生角色转换到教师角色,能不能进入教师角色看自己怎样努力,怎样不断进行自我教育。有的老师在这五年中逐步熟悉教育教学的技能技巧,这是很好的。大家的基础条件都差不多,也许有的教师还略差一点,但是在岗位上刻苦、努力、投入,他的进步就比较快。同时又会出现这样一种情况,平台突不破。我们想一下,我国大中小学上千万教师,从没有进入角色到进入角色,进入角色以后大多数人进入了一个平台,难以突破,有的突破了,进入高原地带,又上不去了。这就给我们一个启示,教师确实先要有台阶,但是他不能在一个台阶上停滞不前,一定要寻找突破口,要不断地打破平台、突破高原,这样才能进入理想境界。中国诗歌讲"欲穷千里目,更上一层楼",要看得远,就要"更上一层楼",因为站在平地上视野是有限的,登上高楼,视野就开阔多了。上了平台,到了高原,还不够,杜甫的《望岳》中讲:"荡胸生层云,决眦入归鸟。会当凌绝顶,一览众山小。"做老师要有这样的胸怀,要有这样的志气,就要努力登攀,不停地登攀。

怎样才能让老师不停地登攀?这是专门的学问,要研究。从我的认识讲,我们生长、生活、工作的年代,历尽曲折艰难,而现在的年轻人生逢盛世,我们国家期望青年教师能够大量涌现出来,能够出类拔萃。我们三个国家搞这样一个项目,有一条我们中国是非常突出的,就是在老教师培养青年教师、在教育学的技能技巧的培养上,我们比美国、英国领先得多,不管是从访谈到录像,从听课到评课,我们要好得多。但是我们有两个明显的缺陷。一个是教师的视野不如美国和英国,他们接触的东西很多,思考的问题很深。我们老师思考的就是课堂,就是考试,太狭窄了。另一个就是思想的解放,他们非常活跃,教学也是生活,有血有肉,他的家庭、朋友,他们对音乐、美术等的兴趣爱好非常广泛。而我们在这些方面都比较放不开,我们的老师和学生,老教师和青年教师分得很清楚,他们师傅和徒弟差不多,师傅就是听徒弟讲,到最后他才讲几句,而我们的老师基本还是灌输式。这样一个跨国的研究,对我的教育很深,看到了我们的强项,也看到了我们的弱点。

因此,教师学确实要作为一门专门的学问来研究,我们不是期盼出一两个、几十个、上百个优秀教师,而是希望出现数百万乃至上千万这样的优秀教师,而在上千万优秀教师队伍中能够有一些非常卓越的教育家。所以我长期以来的心愿,就是希望有一本研究教师的专著,近两年来,这个心愿成为一种责任与义务。

为什么成为一种责任、一种义务？第三次全国教育工作会议上,《中共中央国务院关于深化教育改革,全面推进素质教育的规定》,在我前进的道路上,又一次点起了明灯。我们的教育要全面推进素质教育,这就在前进的方向打开了一个广阔的天地。

这些年来,我经常有许多困惑,经常问这样的问题：我们就是这样培养学生的？铺天盖地的练习像汪洋大海一样把我们的孩子都淹没了。我们的教育取得了很大的成就,我们的义务教育、基础教育在一般要求和共同标准方面质量比较高,在发展中国家当中居于前列。但它是共同标准、一般要求,可我们这样一个大国不能满足于这个。我们民族要复兴,不仅要大量的素质良好、出类拔萃的英才、奇才,而且要培养人的创新精神。我们现在用的大量东西基本上都不是自己创造的,电话、扩音器、电视、冰箱、汽车都不是我们中国人发明的。我们古代的四大发明为人类做出了巨大贡献,但是我们在发明之后停滞不前了。比如我们发明火药,就搞炮仗、搞烟花,而外国人拿去就搞炸药了；我们发明了指南针,但是我们的指南针是测风水、盖房子、搞墓穴,外国人拿去却用来航海,发现了新大陆；我们的印刷术,我们的造纸术,都为人类文明做出巨大贡献,可是我们的印刷术多少年来一直落后,最近北大方正才能在世界上立于一席之地。

李岚清同志讲我们现在要转变人才培养的模式,要从应试教育转到素质教育,我们学生的素质要全面提高,这是非常正确的。明朝时,我们国家在世界上是一流强国,首屈一指,后来闭关锁国不思进取,落后了。所以总书记讲我们是伟大民族,我们中华民族必须有一个伟大的复兴。复兴靠什么？总书记讲国运兴衰系于教育。因此我们的教育质量不能只看分数,只抓完成习题,而是要培养人。

那么，教育质量的关键是什么？是教师。这次中共中央和国务院的决定中专门有一章讲教师，从物质条件讲到精神文明，这充分说明对教师队伍的重视。中央这么重视，编一本专门研究教师的书，更是我作为一名老教师的责任。

这也是时代的需要。我们看问题一定要站在时代的高度，我们的教育方针是使受教育者德智体美全面发展，我们培养的是"四有"新人，我们要把坚定正确的政治方向放在第一位，这都背得很熟。但是背得出，不等于真懂，付诸实施，在自己的实践当中体现出来，这才是真懂。所以我们的培养目标，一定要站在时代的高度，这才是真正的理解。

我们现在处在一个这样的时代：人类社会已经跨越蒸汽机动力的时代，又跨越了20世纪初期、中期的内燃机动力时代，现在已经进入信息时代，知识经济在向我们招手。这个新经济的出现是在美国，以比尔·盖茨为代表。知识经济时代的特点是什么？工业社会主要是能源与交通，这是它的资源，知识经济社会就不是这样，它是以知识的生产、知识的交换、知识的分配、知识的消费、知识的使用为特点的。工业社会的能源与交通是战略资源，知识经济当然也要这些资源，但是这些物质资源都退居到第二位，首要的资源是知识，因此在知识经济社会，最重要的生产力是知识。而教育是知识的生产力，因此，教育的地位就提高到了前所未有的地位。

所以，看问题必须站在时代的高度。教育的培养目标不是概念化的，不是抽象化的，必须放在时代的大背景上来看，我们今天所培养的人就必须思维灵活，有创新精神，有良好的思想道德素质，这对我们教师提出了挑战。如果我们还是刻板地僵化地去培养，那就不行。

这是时代的需要，又是发展战略的需要。小平同志多次讲必须把教育放在战略地位上来考虑。小平同志思想理论的精髓就是"解放思想，实事求是"，他的教育思想的核心就是把教育放在战略地位上。这一点不仅全社会各级领导要充分认识,教育工作者也要有深刻认识。从战略的需要来看,就要研究教师队伍建设,这是长效的普及的基础的。教育是一项基础工程,是给人打基础的,基础教育就如打地基,地基打得好,上面就能盖高楼大厦。而且,基础教育是陪伴人的终生的,是长效的,因此它是全局性的、战略性的。我们的工作关系民族的复兴,关系社会主义建设的成败,关系家家户户的希望,认识不到这一点,就是目光短浅。

世界上的发达国家都是把教育放在战略地位上的。我看到过很多材料,现在的美国总统布什,在竞选总统的时候,第一个承诺就是做教育的总统,他说教育是在做重要的经济计划、商业计划和最有效的反贫穷的计划。英国前首相撒切尔夫人怎么看教育的?她说我们要有这样的紧迫感,就好像应对地震和水灾一样。所以,大家要明确,世纪之争实际上就是教育之争。有人说,现在在打一场世界大战,是无硝烟的世界大战,战争在本国进行,内容就是教育。各国都在拼命抓人才,抓观念的更新、体制的改革、内容的更新,拼命地抓教育,所以大战是在本国进行的,胜负则在世界竞争当中见分晓。

这些看法都是非常深刻的。我是一名老教师,有人说我忧国忧民太厉害。一名教师如果没有很强的忧患意识,没有危机感,就没有紧迫感。"生于忧患,死于安乐",有忧患意识,责任感就会非常强,就会有强烈的使命感,推动自己不断前进。在20世纪80年代,美国就强调自己正处在危险之中,教育改革势在必行。他们认识到原来有些方面是领先的,现在人家都赶上了,因此说处在危险中。我们一定要知道这是战略需要,没有这样的眼光就不行。所以研究教师也就是战略的需要,是教育发展的需要。社会在飞快发展,科技也在飞快进步,而教育内容相对来讲比较稳定,这当中就产生矛盾,因此改革势在必行。小平同志讲过,我们召开了十一届三中全会,确立了有中国特色的社会主义这个宗旨之后,要确立两个改革开放:一个开放是对外开放,我们要借鉴国外的、发达国家先进的科学技术,拿来为我们所用,缩短我们进步的历程;另一个是对内开放,对内开放就是改革,是全面的改革,经济的改革、文化的改革、教育的改革、科技的改革和卫生的改革。教育方面我们是取得了很大的成绩,从过去几亿文盲到现在几乎无盲,我们的义务教育一下子就发展到九年,虽然还有很多不足,但进步是惊人的。

教育事业的发展势在必行。社会在转型,我们原来是计划经济,现在计划经济向社会主义市场经济转轨,在这转化的过程中对人才的要求就更高了。要前进,要竞争,这就对教育提出了更高的要求。所以我们的教育体制、教育结构、教育内容、人才培养模式,都在进行深入的改革。过去我们认为教育只有一个培养功能。但培养一个人的模式究竟怎样,有的时候很概念化、抽象化。我们的教育现在是多功能的,如教育的经济价值观、政治价值观、文化价值观,现在教育再也不被看成消费产业了,教育是生产人力资源的。要跟上时代发展的步伐和社会主义现代化发展的步伐,作为教师是有责任有义务的。

最终是教师自身发展的需要。我们要促进学生的发展,这是教育改革指导思想的核心问题。课程改革的核心问题是我们的教育如何促进学生的发展。而要促进学生的发展,教师自己先要发展。过去大学本科毕业,研究生毕业,好像就是完成终身的学习任务了。现在不是,是终身教育观念,是一辈子要受教育。教师要担当起培养人的重任,就必须终身学习,不断自我发展。怎么才能实现自身发展?现在的社会向学习型社会发展,学习型社会要求教育提供四大精神支柱:第一根精神支柱是学会求知、学会学习。我听了许多老师的课,往往觉得有些教师不是知识上面有多少缺陷,而是不知道如何把自己懂的教给学生,让学生学会学习,得到发展。这是一个很关键的问题,也是一个难题,但是学习型社会要求教师要教会学生学习,教会学生学习就是要有理解力，要有知识系统化的能力。第二根精神支柱是学会做事，要有首创精神。所有的东西能够从古代流传下来，都有独特的地方，也就是说有创新精神，否则就流传不下来。第三根精神支柱是学会共同参与。现在不是小生产，不是农业社会，当然，农业经济也需要团队精神，克隆基因，都要合作精神、团队精神，都是大兵团作战。教育就面临着应该怎样培养合作精神、参与精神的问题。第四根精神支柱是学会生存、学会发展。要跟随时代前进，就要学会发展，而发展首要的就是创造精神。因此，这些对我们教师来讲，都是必须要解决的课题，而且这些都是新的课题，是对教师的挑战。因此必须有一本书，能够比较系统地阐述这些内容。

为什么这本书要用这样一个框架？因为关于教师培养的书很多，比如学科教学，我是教语文的，关于语文学科教学的书很多。有教材分析、教法释例等；关于班主任的，有班主任培训等；关于师德的，有师风、师德、师魂、教师的修养等。也就是说，关于教师的方方面面的东西很多，这对我编这一套书，对促进教师成长为一名合格的教师是有很大帮助的。但是，用时代的要求、战略的要求、教育发展的要求、教师自身发展的要求来衡量，我又觉得不够，因为它缺少综合性，缺少现代意识，缺少时代精神。所以，我编这本书，考虑框架的时候，就要考虑到这些已有的成果及其不足的地方。

这本书确立了以下几个基点：第一个是现代意识。为什么？因为教育就是要以未来的要求来要求教师和学生，这是教育的本质。第二个是以小平同志"三个面向"为指导思想，因为没有"三个面向"，就无法真正理解我们教育的立足点、基本走向与追求。"面向现代化"，这是我们教育发展的立足点；"面向世界"，这是我们开放的视野和参照的系数，要把国外好的东西拿来为我们所用；"面向未来"，这说明教育的长远性，它是为未来服务的。第三个是综合性，现在要求教师具备综合素养，这是时代的要求。社会发展到现在，出现很多边缘学科、跨学科。最近一位美籍华人、诺贝尔奖获得者、物理学家、实验物理学家到上海交大讲课，讲现在要求的是综合素养，你进外资企业，第一考核考你填表，填中文，中国字写得怎么样。所以我们再也不能够用惯用的眼光看一张考卷、一张证书，综合能力是非常重要的，如决策的能力、判断的能力和应变的能力。所以，这个就要定格在教师的综合素质上。第四个定格在开阔视野和与国际接轨上，就是看世界各国教师的现状和要求，我们可以比照作为参照系数，"他山之石，可以攻玉"。第五个定格在继续教育上。要诲人不倦，必须学而不厌。继续教育非常重要。我做了一辈子的教师，教了学生一辈子，与其说我教了一辈子，不如说我学了一辈子，我不断地学习，不断地自我否定，不断地自我超越，这样逐步赶上时代的要求。

我的学识非常浅薄，视野、观点也有限，我不过是作一种尝试，是个起点，是个探索，目的是引起教育专家的重视，重视我们教师队伍的建设，把它作为专门的学问来研究。这方面世界上也是很薄弱的。在中国，我们有深厚的文化土壤，2 000 年前的孔子，不仅是大哲学家，而且是大教育家。我不过是自不量力，是作为一种探索研究，目的在于抛砖引玉，让大家重视这个问题的研究，吸引教育界的专家、行家里手来深入研究，使我们的教师队伍能够受到良好的教育，受到符合时代特征的教育，在岗位上能够有效地锻炼，能够从理论和实践结合的高度，快快地成长，进入平台，进入高原，进入顶峰，出现数以百计千计的实践出来的教育家，这就是我的心愿。

学习做教师的真本领[①]

教师要有德有才，要有教书育人的真本领。随着时代的发展，社会对于教师职业的要求越来越高，仅靠一本教科书，一本教学参考书，稍有一定文化知识就可以上课的教师，已远远不能满足人们对现代教师的要求。不勤于学习，不独立思考、独立钻研，信奉教学参考书硬搬硬套，走捷径，永远不可能成为合格的、优秀的教师。

教师作为一种职业，需要具有广博的文化基础知识、精深的专业知识和扎实的教育科学知识。

作为受社会委托，承担增进下一代知识、技能和身心发展的教育任务的教师，必须具有当代科学和人文两个方面的基础知识，这是现代教师知识结构的最基础的方面。教师拥有广博的文科、理科知识是社会发展和教育改革的需要。人类的知识一方面在不断地细化，另一方面也在不断地交叉和综合。综合课的教学形式要求教师必须具有跨类别的多门知识，并且要了解各学科之间的联系。教师具有广泛的知识储备，不但可以增进学生的知识，而且可以满足和激发学生强烈的求知欲、好奇心，并在此基础上指导和促进他们的自主学习和探索创新的精神。大部分学生都崇拜"什么都懂，什么都会"的教师，教师知识的广博对学生具有感染和教育的功能。

[①] 本文发表于《上海师资培训通讯》2001年第2期。

具备一到两门任教学科的专门性知识和技能,是教师知识结构的第二个方面。这一到两门学科知识是教师课堂教学的主要内容。课要教得精彩纷呈、美不胜收,不仅让学生学有所得,而且要有如坐春风的感受,教师就必须对所教学科的基础知识和技能有广泛深刻的理解,熟悉与该学科相关的知识和背景材料,了解本学科产生和发展的历史脉络及将来的发展趋势,只有在这方面真正做到行家里手,教学生时才能要言不烦,一语中的,才能居高临下,左右逢源,激发学生强烈的求知欲望。

教师解决教什么的问题还不够,还要解决如何教的问题,因而,教育科学知识是教师知识结构的第三个方面。教育学和心理学以及与之相关的分支学科,是教师进行具体的教育和教学活动的理论基础,学习并掌握,就能遵循教育规律,提高教育教学效率。

总之,要双肩挑起时代培育学生的重任,教师要好学不倦,努力做到业务精湛、知识面广、文化积淀丰厚,不断吸收新知识新信息。教师只有自己知识长流水,像树根一样伸展在泥土里拼命吸取养料,才可能引导学生在知识的海洋中扬帆远航。因而,学习与教师结伴同行,教一辈子,学一辈子。

教师要有识见,要善于见人之所未见,千万不能做简单的操作工,人云亦云,照老模式老框框搬。教师的劳动是创造性的劳动,因为教育不仅是一门科学,也是一门非常具有创造性的艺术。比如上课,同样的教学内容,不同的教师教,不仅方法各异,而且效果也会大相径庭。关键在是固定的按图索骥,还是独立思考、善于发现。比如,有的教师认为"教过"不等于"教会","教过"所有的教师都可做到,时间不会停住,总要上课下课,而要"教会"每一个学生,就要教师用心血浇灌,这是有见识的看法。又如,有的教师认为,课堂上学生要真正成为学习的主人,课堂结构就必须从师生之间的单向型直线往复转换为网络式、辐射型的,"教"作用于"学","学"反作用于"教","学"与"学"之间频繁交往、冲撞,课堂就是在教师指导下学生学习的用武之地,闪发出能者为师的光芒。师生关系是平等关系、合作关系、互动关系,这是有见识的。创新是一个民族进步的灵魂,也是教育蓬勃发展的灵魂。要教育出思维活跃、有创新精神的学生,教师太需要有见识,有强烈的创造动机和创新意识。教育的本质是用未来社会的发展要求我们的教师,要求我们的学生。作为教师,当然应适应时代的要求。善于思考,勇于创新,对客观事物,对所从事的教育教学工作有独立的见解。教师认识能深入底里,见解深刻,学生思维能力、思维方法、思维品质也就间接地受到影响,乃至获得锻炼。

教师要有能力,要有处理学生世界中各种情况的综合能力。学历水平不等于岗位水平,学历水平只说明职前接受教育的程度,能不能成为合格的、优秀的教师,要在岗位上自觉锻炼。带班级也好,教课也好,课内也好,课外也好,都要善于观察,敏于综合、判断、推理,应付自如。实践出真知,在教育实践中多思考,多总结,不断提高认识,提高水平。当今尤为重要的是要教学生"学会学习"的能力。学习化社会要求人终身学习,学校所学知识、技能远远不敷日后社会发展的需要,学生日后要在社会上生存、发展,在竞争中立于不败之地,学生在学校求学期间就要学习"学会学习"的真本领。教师不能做现成知识的灌输匠、注入匠,要引导学生自主学习,进入知识宝库,要着力于点拨、开窍。要研究学生的学习方法、思维方法,精心指点,真诚帮助,让学生学会学习,学会用人类创造的精神财富滋润自己成长,主动积极地迎接信息时代的挑战。

总之,教师要充分发挥人格的魅力,人格对学生健康成长起引导作用。为此,教师必须找到自身不断进步的最强烈的刺激,那就是自我教育,在德、才、识、能诸多方面日有长进、月有长进、年有长进,真正做到师风可学,学风可师。在品德、人格、学识、言行等方面,是学生的榜样;在学习方面、追求真知方面,孜孜不倦,开拓创新,也应是学生的楷模。

教育事业是爱的事业,师爱超越亲子之爱、友人之爱,因为它寄寓了祖国的期望和人民的嘱托。作为一名教师,对学生要满腔热情满腔爱,对学生只有丹心一片,才能和学生心心相印。如果说教师的人格力量是一种无穷的榜样力量,那么教师对学生的爱心就是教育成功的原动力。陶行知先生的"捧着一颗心来,不带半根草去",正是教师无私奉献爱心的典范。

学生有向师性,年龄越小,对教师的依赖越多,期望从教师那儿获得浓浓的爱。爱是学生成长发展的基本需要。孩子需要父母之爱,学生需要教师的爱。爱是教师纯洁高尚的感情,是一种动力,能激励学生为了崇高的理想奋斗不止。爱是教育的基础,教师对学生的教育只能是"用爱去交换爱,用信任去交换信任"。教师生涯中最大的事就是一心为学生,把爱撒播到每个学生的心中,要做到这一点,教师就要锤炼感情,努力增进使命感和责任心。

首先,要关心每个学生,热爱每个学生。教育无选择性,只要是我们的学生,无论天资如何,性格如何,文化基础如何,长相如何,都要平等相待。教师心中要有一杆秤,那就是"公正",如果偏爱一部分学生,冷落一部分学生,教育效果就会七折八扣,教师在学生心目中的形象也就站立不起来。教师要有一副敏锐的目光,善于发现每个学生身上的优点、长处,长善而救失。成绩优秀的学生不等于在非智力因素方面,如情感、意志、品性等都已十全十美,响鼓还要重锤敲,教师要满腔热情肯定优点,指出不足,引导他们向更高层次攀登。对学习困难的或有这样那样缺点的更要师爱荡漾、关心体贴、具体帮助,鼓足他们克服困难的勇气,指点他们克服困难的方法,激励他们奋勇前进。

其次,要尊重每个学生,尊重他们的人格。爱不是怜悯,不是施舍,爱是对生命的热爱。教师用对生命的热爱唤起学生对生命的热爱，激发他们生命的活力。在这里，爱是尊重，施爱者和受爱者在人格上是完全平等的。教师对学生的尊重就和对学生公正一样，是教师最重要的品质。一个独立的人都是有价值的，都应有其尊严，学生今日是学习的主人，明日是大自然和社会的主人，当然应享有人的尊严。因而，教师要从心底尊重他们、关心他们，促进他们发展。特别值得注意的是对缺点明显的、有缺陷的同学更要有赤诚之心，不仅从思想上，而且从感情上尊重他们独立的人格，千万不能劈头盖脸地批评，乃至辱骂。也不能冷嘲热讽，损伤学生的自尊。如果这样做，不仅有损教师的身份，有损教师的人格，更会摧残学生的自尊自信。一个失去自尊的人不可能受到别人的尊敬，后患无穷。

再次，要发挥每个学生的潜能。美国心理学家马斯洛认为，人的潜能是人所具有的极其宝贵的内在价值。每个学生都具有一定的潜能，教育就是把这种天赋的潜能发挥出来。因为人的潜能只是为人的发展提供了可能性，它还不具有现实性，只有教育才能使天赋的潜能得以发挥。正因如此，教师不能以固定的一成不变的眼光看待学生，学生在成长过程中是变化发展的，要细心观察他们，相信他们内在的资质，创造种种合适的条件，让他们充分发挥。要发挥学生的潜能，就要了解他们的个性特点，了解他们的兴趣爱好，了解他们的精神世界。教育学生不能满足于一般要求、共同目标，要熟悉每一个，因材施教，才能使每个学生获得长足的发展。教育的真正意义，就是要发展人的个性，使人成为"和谐的人、完整的人、全面发展的人"。我们实施素质教育以创新精神和创新能力培养为重点，其前提必然要发展学生的个性。只有有个性的人，才能发展成有创造性的人。

当然，爱不是姑息，不是迁就，爱是严的孪生兄妹。没有规矩，不能成方圆，这个规矩就是党的教育方针，要以此为准绳培育学生。爱是对事业的忠诚,对莘莘学子的无限期望。教师锤炼感情,净化感情,就能师爱荡漾,爱满天下。

我们的徐匡迪老市长有一句言简意赅、言简意深的话帮助我们深入思考,启迪我们怎样实践。这就是:

> 教育是事业,事业的意义在于献身;
> 教育是科学,科学的价值在于求真;
> 教育是艺术,艺术的生命在于创新。

以此不断勉励自己,学习做教师的真本领。

新世纪寄语

中学语文教学伴随着伟大祖国20世纪末叶创建的辉煌成就步入了新世纪。新的开端,新的气象,新的希望。

在新的世纪,特别是前20年,中学语文教学将如何深入改革,在全面实施素质教育、培养学生成为现代新人的重任中自觉地发挥极其重要的、其他任何学科难以替代的积极作用,如何以适应时代要求的新教育思想、新教育观念展现在学生面前,开创激动人心的新局面,大面积、大幅度地提高质量,每想到这些,我这站在讲台上、从事语文教学数十载的老教师,就热血沸腾,激情满怀。母语,不是一般的技能技巧,它是每个中国人生命的重要组成部分,与每个中国人血肉相连。只要是中国人,不分年龄,不分性别,都有权利更有义务学好母语,求学时代的青少年更应努力学习,熟练掌握。母语教学伴随着祖国的日益强大,民族的伟大复兴,前景应该灿烂,也必然灿烂。前景万分美好,要靠人来创造;语文教学的美好前景,当然首先要靠广大语文教师齐心协力来创造。

在迈开矫健的步伐跨越新世纪门槛的幸福时刻,我情不自禁地想对亲爱的同行们说几句心里话。

语文教师对语文学科要情深似海。"情"是语文教学事业得以长足发展的根。教学生学语文,难度大,要求高,常听到种种非议;学生由于其他学科操练任务重,也有意无意把学语文不能立竿见影的软任务挤在一边，搁在一边，这又给语文质量的提高形成障碍。然而，再艰难，也要勇往直前。语文不是一般的技能技巧，教师也不是匠人，只教学生掌握某些雕虫小技。汉语负载着几千年的中华民族优秀文化，是文化的地质层，渗进了民族的个性，民族的智慧，有极其丰富的文化内涵，极其辉煌的人文精神。只要穿越时间的隧道，就可领略到自然美、人文美、艺术美、语言美等的无限风光，以如入山阴道中美景目不暇接为喻，是不能形容一二的。进入语文织就的"宝藏"，能开阔视野、提升精神、净化感情、增添智慧、认识社会、品尝人生，其中的快乐难以言表。

语言文字的魅力不仅在于忠实地记载文化、传播文明、给人们以传承的天地，更在于它能紧扣时代，不断丰富内容，加以发展。传统文化民族性强、地域性强，而现代文化像信息全球化、经济一体化的发展趋势一样，往往超越地域，超越国家，用文字记录的现代文明反映科技发展的最新成果，人类认识世界的最新观念，其中的精彩者已成为人类共同的精神财富。因此，教学生学语文有志者永远跟随着时代前进，精神养料非常丰富。语文学科有如此博大、深厚的内容，怎不令我们教师为之倾倒，为之神往？教师对这个学科有感情、有热情、有激情，对它满腔热情满腔爱，才有力量排除种种干扰，才能坚守阵地，移情于学生，才会越教越聪明，在语文的育人阵地上创造辉煌。

教师对任教的学科、任教的学生有真挚的情，炽热的情，就会有不懈的内驱动力，但是，"情"还须转化为"行"，扎扎实实不辞劳苦地干，才会卓有成效。

这里所说的"行"，是指深化语文教学改革的实践。社会已进入新的世纪，新时代对建设者的要求与过去比，更高、更全面。比如工业社会对人的培养自上而下，创新意识、创新精神只是少数人的事；信息社会的新信息新科学新技术如潮涌，创新再不是少数人或者个别人的事，而是人人都应该有创新意识，在自己的岗位上努力创新。新时代要求的人不是简单的操作工、熟练工,更不是书口袋、书橱,而是能独立思考、思维活跃敏锐、素质良好、有合作精神、有创新精神的建设者,能适应社会的发展,更能自身不断地发展。像过去那样以"教"为中心,画地为牢,让学生在其中转,不能越雷池一步,是不可能培养出上述新人的。

教育的本质是以未来社会的发展要求教师和学生。不了解、不研究时代特征,离开了时代大背景,离开了具体的历史条件,从事学科教学,必然会不自觉地陷入刻舟求剑的尴尬境地,不合时宜,徒劳而无功。改革是时代的需要,除旧布新,学科教学就有生气,就有活力。深化语文教学改革更是学生自身发展的需要。当今时代,科学技术飞速发展,社会面貌日新月异,新事物层出不穷,在学校学习的有限知识远不能满足日后工作的需要,必须终身学习,接受终身教育。因而,当今的学校教育切不可短视,企望毕其功于一役,奉分数为神灵,而是要为学生的明日考虑,要考虑今日他们学什么、怎么学,打怎样的基础,才能在日后的工作中、竞争中立于不败之地。也就是说要教在今天,想到明天,以明日建设者的要求指导今日的教育教学工作。一定要站在战略的高度,面向现代化,面向世界,面向未来,才能对学科教学的意义和价值看得深,看得透,才会豪情满怀地投入改革的浪潮中,不为种种杂乱看法所左右。由此可见,教育观念的转变在改革中的重要性居于首位。认识高了,有深度,有广度,思想通了,激情涌了,人就会聪明起来,办法也多了。

改革的具体做法举不胜举,每位教师可以根据自己的特长,发挥自己的优势,不拘一格地创造。但是,核心问题是要让学生做学习的主人,学会认知,学会学习。就学语文而言,要学会自主阅读,学会自主写作,学会口语交际等。长期以来,教师精心研究的是教法,研究如何教懂学生,教会学生,这是无可非议的,但与新时代的要求比,又是远远不够的。好的教学方法总是从学生的实际出发,有的放矢,然而,这种"实际"考虑得较多的是学生的知识基础、智力水平,对学生自己怎么学,采用哪些学习方法,效率如何,效果怎样,未放到应有的重要位置上思考、研究。教师在课堂上教会学生的知识是有限的,而学生充分发挥积极性创造性,具备学会学习的能力,一辈子可学的本领是无限的。要根本改变学生被动学习的局面,须以此为突破口,展开研究,寻找规律,而只有深入学生世界之中,才能获得生动鲜活的材料,取得指导学生学法的发言权。教法与学法不矛盾,其中无不可逾越的鸿沟,但教师更要研究学生,充分尊重学生的学习主人的地位,对他们语文整体素质的提高起引导作用、辅导作用、促进作用。

　　语文教师教学要面对全体学生,而"全体"是由一个个组成的,教师的职责不仅与学生一起共同参与教学活动,还要着力了解、熟悉每个学生的特点、个性,因材施教,促进他们每一个人发挥潜能,促进他们个性的健康成长。教学中如果拘泥于、满足于一般要求、共同标准,就无创造精神可言。所谓创造,一定是充满个性色彩的,对所读的文章有自己独特的想法,而这种想法是非常规推理的,有跳跃性的,有灵气的,乃至有灵感的。写作也一样,四平八稳,在写作模式化中跳舞,写不出优秀文章。过去我们太醉心于"一刀切",太醉心于"统一步调",比如朗读,从小学到中学,"齐读"的做法屡见不鲜,仔细想来,"齐读",学生怎样动脑筋?怎样品味语言,领悟思想?放开手脚,让学生自由朗读,乃至摇头晃脑进入角色地读,有什么不好?创新意识、创新精神的培养对学生的发展来说,是起灵魂作用的,而这种培养绝不是空喊口号,或什么几步法、几步式所能奏效的。这种培养应贯串语文教学的全过程,充分利用语文"思接千载、视通万里"的广阔时空,鼓励学生思想翱翔,鼓励学生爆发思想火花,收到"随风潜入夜,润物细无声"的效果。

　　改革的任务艰巨而繁重,为了莘莘学子今日的语文基础和做人素质,为了他们明日的继续求知和长足发展,我们语文教师应义不容辞地倾注心血,发挥聪明才智,在新的世纪中谱写语文教学新篇章,创造新的辉煌!

年轻的语文老师,要发展,要创新![①]

把握时代的年轮

唐: 于老师,您在《于漪教育文丛·小引》中写道:"这套小书就是潜入海中探求宝藏的点滴记录。"那么就从您的"探求宝藏的点滴记录"谈起?

于: 还是从我的遗憾和不足谈起。做了半个世纪的教师,我自问是尽心尽力的,但留下许多遗憾。今天的青年教师身逢盛世,完全可以避免这些遗憾,在广阔的空间发展创造。

唐: 遗憾?

于: 是呀。我的遗憾有两个方面:一个是上了许多留有遗憾的语文课。我印象很深的是曾被同学将过军——

唐: 在课堂上被同学问倒了?

于: 是的。学习《木兰诗》,同学们口诵心记,很喜爱。正当我表扬时,有同学说:"不过是吹牛,中国古代女子裹小脚,鞋子一脱,洋相就出来了,怎会不知道是女子?"在喧闹声中我说了一句:"那时女子还不缠足。"谁知同学们异口同声地问:"那么,中国妇女什么时候开始裹小脚的呢?"这个问题我从未研究过,回答不出来。知之为知之,不知为不知。教师不能蒙学生,我老老实实对学生说不知道,去查。课后我查阅

[①] 本文发表于《语文学习》2001年第9期,采访者是唐晓云(《语文学习》杂志编辑)。

了好多书,最后在赵翼的《陔余丛考》中才找到了答案。真是钻研教材没有底呀。

唐:语文教学是艺术,艺术总是和遗憾与不足相生相伴的。

于:这是我的遗憾的一个方面,是微观的。还有第二个方面,则属于宏观的。我一辈子上了许多有遗憾的课,在脑子里留下的只是零碎的片段。"这个环节没有处理好","这个提问太直接","这篇课文的备课不扎实",究竟是什么症结呢,年轻时朦朦胧胧,拎不出是个什么问题。近几年有思考,语文教师首先要建立自己的文化坐标,这是很重要的。坐标有纵轴和横轴。纵轴,要了解中国几千年文化,还要有一定钻研,不能数典忘祖;横轴,要打开窗口看世界,不能自我陶醉。要在纵与横的交叉上找到一个点。

唐:这个"点"就是您近年来多次提倡的——语文教学要有"时代的年轮"。

于:不是我的发明,而是时代的要求。今天,我们已进入了信息时代。语文教师要学会把握时代特征,使自己思考问题具有时代气息。从20世纪50年代开始,一直到80年代,语文教学过于讲究词语的解释、作家作品的背景介绍,乃至板书。其实很浪费时间。因为词语解释,可以用查字典来解决;作家介绍、作品的时代背景等,可以上网查询。

唐:非常赞同于老师的观点。回顾20多年来对于"基础"的认识过程,也很说明问题。20世纪70年代末,认为知识就是最重要的基础,那时所指的知识往往就是"词语解释"之类;到了80年代,提出了"能力"概念,认为发现问题、解决问题的能力是最重要的基础;90年代初,又提出了"交际能力",人际交往、沟通、合作是最重要的;90年代后期提出人的信息素养是很重要的基础,这正是计算机获得广泛普及与应用的时代。

于：联合国教科文组织早在 10 多年前就指出，现在的文盲不是不识字而是不会学习的人，学习能力是陪伴人的一生的。未来社会需要有竞争能力的人才，竞争能力是一个民族自尊、自强的前提。20 世纪 50 年代的培养目标和 80 年代不同，80 年代的和今天 21 世纪的也不同。以前我们受时代的局限、视野的局限，只专注于"教"，着力于"教"，今天教学的重心要转移，要研究"学"。

当然，要有传承，这是"源流"；又要善于吸收，这是"众流"。然后在传承和吸收的基础上创新。强调语文教学要有"时代的年轮"，不是提倡追风，也不是随风飘。教育的本质就是用明天的目标来指导今天的教学。因此，语文教师一定要有超前意识，鼠目寸光不行，急功近利也不行。

站在文化的平台上

唐："把握时代的年轮"是一个精彩而贴切的比喻。在一篇文章里，您还有一个同样精彩而形象的提法，语文教学要"站在文化的平台上"。我以为，这是您从教 50 年留给青年教师的又一精神财富。

于：教语文，必须要站在文化的平台上。忽略了这一点，语文教学就会在有意无意间降格为技能技巧的训练，就会有悖于素质教育的宗旨。比如汉语，它必然与汉文化血肉相连。汉字记载着中华数千年的古老文化，它不是无生命的僵硬的符号，而是蕴含着中华民族独特性格的精灵。汉语是象形表意的文字，常诉诸视觉形象，能给人以丰富的感性认识。如果打开用汉字印刷的一本书，那就好像进入了一个画廊，一幅幅画争先恐后地迎面扑来——"山"在你眼前耸立着，"水"在你耳畔哗哗流淌，"鸣"仿佛鸟儿张开小嘴向你引吭高歌……

唐：在思维器官还未运转之前，你的感官和想象已进入了兴奋状态。

于：汉语有形象、有色彩、有气味，它极富感性魅力，人文味道极浓。所以说，语言文字既是表情达意、相互交际的工具，又是文化的本身。站在文化的平台上教语文，语言文字才是生动的，它的生命力才会闪耀光彩，也才能使学生得到祖国优秀文化的哺育。

唐：我想这里有一个前提，即教师的修养。语文教师的文化修养是至关重要的，否则上语文课只能照搬"教参"。您在注重自身的学习和积累方面，堪称青年教师的楷模，能否谈谈这方面的感受？

于：前不久，我参加了上海市的一个教学研讨会，有老教育家吕型伟、陆善涛等前辈。我们回忆起四五十年前的往事。我说，我是被教研员听课听出来的。吕老和陆老当年都是上海市教育局主管教研工作的领导，他们常到基层到学校听课。我记得，每一次听课后，市教研员杨质彬同志就会追问，"为什么这样处理教材"，"为什么提这个问题"，"说说你的想法"，等等。他们跟踪听课一听就是半年，然后再查看我的作文批改。那时候没有"教参"，备课要查很多资料。要教学生懂，自己首先要懂。现在回想起来，他们都是我在教坛上的启蒙老师呀！

唐：我的理解是，语文教师首先要把教材"学"懂，而不能过分依赖"教参"。

于：对呀！作家的写作思路不等同于教学思路，"教参"分析的往往是作品的写作思路，只能供作"参考"。我一直强调，备课时，一头是教材，一头是学生，才能做到课前胸中有数、教材烂熟于心，何况现在"教参"也有很多差错，过分依赖怎么行？

说到语文教师的文化修养，我有几点建议和青年教师们共勉。

第一，要广泛阅读。广泛阅读了，脑子里就会建立一个文化框架。比如，我在学历史的时候，曾产生过这样的疑问，盛唐时代，经济那么富庶，文化那么繁荣，而哲学思想却远不如先秦。后来书读得多了，也就渐渐明白了，哲学家和思想家往往诞生在动乱的、充满忧患的年代。同样，对于西方的文化历史，也要在头脑中形成一个框架。这就是教师拥有"一桶水"之谓呀！否则无法指导学生的课外阅读。

唐：您觉得现在的语文教师阅读够吗？

于：现在的语文教学缺少"文"，语文教师也缺少"文"。这个"文"就是文化底蕴。我们一方面要给青少年打下扎实的文化基础，另一方面，更为迫切的，是提升语文教师的文化素养。对青年语文教师来说，更应提倡终身学习。要在教学上做到日有长进，就要坚持自我教育。我多次讲到，我在大学不是学中文，毕业后教语文常感到知识不成串，教起来捉襟见肘，力不从心。今天的青年教师应该弥补我青年时代的不足。

第二，要学会研究性学习。其实备课的过程，就是研究性学习的过程。70年代末，徐迟的报告文学《哥德巴赫猜想》一发表，我就立即打印出来，和数学老师一起研究，"唱双簧"，合上了一堂课，数学老师先介绍"哥德巴赫猜想"，我接下来讲解《哥德巴赫猜想》，是语文课，还是数学课？我称之为"文化课"。

语文学科有一个特点：学生一直处在"似懂非懂"之间。因此，教师对教材把握很重要，哪些是学生真懂？哪些是学生不懂？哪些是学生假懂？要教在学生的"似懂非懂"之间，这就是教师的智慧。

唐：非常精辟！

于：第三，要了解现代教育技术。掌握网上阅读、筛选信息等技能非常重要。最近接触几位华东师大在职研究生，都是教龄不到10年的青年教师。他们非常努力，每个人都有自己的研究课题，有的正在设计新的教学课件。我想青年教师应该要有这个技能。

对事业如痴如醉

唐：您的这三点建议，既强调了传承，又凸显了时代特征。

于：要有使命感和事业心。想不想做教师？想不想做一个好教师？

这是关键。当了教师就要进入角色,要进入痴迷的程度,对事业如痴如醉,否则不会成功。我自己的体会是,教师这一职业太值得如痴如醉了。年轻时看京戏《打渔杀家》,一边看戏一边就会情不自禁地联系到语文教学上——这个表现手法是象征啊;这锣鼓,这呐喊,是渲染气氛啊!

唐:"情不自禁",这是一种职业敏感,其实也就是一种事业心。于老师,能否谈谈您的从教经历?刚才您说在年轻时代就有幸得到上海市教育局领导的关注和器重,您是否比较一帆风顺?

于:并非靠顺境,更非靠运气。远的不说,就说20世纪60年代末、70年代初吧,那时我几乎年年教"差班""乱班"。记得在1973年,我带了全校一个最乱的年级,经过年级组全体老师的努力,到了1977年,年级组被评为上海市先进集体。教过的调皮的学生就多了。有一个名叫郑重的男孩,出奇的调皮,上课玩乌龟,下课到校园的荷花池里钓小虾。对这样的学生该怎么办?激发他的兴趣,和他一起玩,一起观察,一起写《乌龟与虾兵大战》,一起修改,终于唤起了他对学习的兴趣……

唐:后来呢?

于:学生一旦对学习有了兴趣,人就会上轨道,成绩就会提高。高考时他考取了上海海运学院。那时候,我教语文,经常带学生走出校园,如元宵节我们一起去虹口公园看灯展,到了秋天又一起去和平公园看菊展……

我有一个教育信念:不能祈求每个学生都智力超常,但教师要把每个学生当作天才来教,特别是在初中阶段。你知道60年代的上海杨浦区,很多家庭还十分贫困,五六口人挤在一间房子里,条件很差,但我教的学生中也有很多考上北大、清华,这说明每个学生都有潜能。如何把潜能挖掘出来,如何使潜能变成现实能力,靠教育。所谓"玉不琢不成器",每个学生都是一个变数。

唐： 现在青年教师盛行做"家教"。

于： 我理解的"家教"是个别辅导。尖子学生、后进学生，都需要个别辅导。人不可能自然成才，靠培养。我提倡教师要纯粹一些，要高尚一些，要把心贴在学生的心上。学生的未来决定了祖国的未来，教育是一种神圣的使命。

唐： 您能否对当代青年教师作一个评价？

于： 我认识不少优秀青年教师，经常听他们的课，总的感觉是，很富有时代气息，文化底蕴有待充实，否则容易变成明星式的人物。流行的东西大多消失得也快，要成为经典，就要靠文化底蕴。20世纪30年代一曲《教我如何不想他》（刘半农词、赵元任曲），当时也是一首流行歌曲，如今已成为经典了，原因在于它有文化。语文教学也是这样。

唐： 如果您同意的话，我建议把今天的访谈题目拟为"年轻的语文教师，要发展，要创新！"。在迎来第17个教师节的日子里，请您给青年语文教师，也给《语文学习》的读者说几句话吧。

于： 实不敢当。于谦在《观书》一诗说："活水源流随处满，东风花柳逐时新。"要让学生在学海中扬帆远航，教师就须东风细雨、活水流淌。教海无涯学为舟，做一辈子教师，一辈子学做教师。

与青年教师恳谈[①]

卞幼平：我是江苏省江都一中的语文老师，我想请教一个问题。据我所知，由于考现代文阅读，有好多老师对现代文教学进行了研究。可是目前的状况是，好多老师把现成的一段文字，文化类的、文学评论类的拿来进行肢解。为了应付考试，学校出现学生"不读书，求甚解"的现象。过去是"好读书，不求甚解"，现在是"求甚解，不好读书"，这种状况很严重。请于老师谈谈对当前现代文阅读教学与测试的评价。如何改变这种状况？

于漪：这个问题是我们现在语文教学的症结之一，也是难关之一。阅读教学与写作教学是非常重要的，读写比翼双飞，我们学生的语文能力才能提高。问题要从1984年说起。我记得当时在北戴河开会，第一次看到高考题里有标准化试题，当时我就说，我们又要折腾了。学生毕竟是中学生，当时考阅读的文章就是一篇译文，当时我是不能接受的，因为你是考中学的语文，学生对这类文章从来没有接触过，这是要难倒学生。中国有几千年文化，难道中国就没有好文章吗？这事我认为问题并不在命题老师身上，而是一种思潮，思潮来的时候排山倒海，把很

[①] 2001年9月29日，全国中语会青年语文教师研究中心在上海市杨浦高级中学召开了"走近于漪"恳谈会。作者与来自全国各地出席"于漪教育思想暨从教50周年学术研讨会"的近60名青年教师进行了恳谈。本文根据座谈内容整理而成，发表于《中学语文教学》2001年第12期。

多人的思想很快搞糊涂了,要清醒地认识,要抗争,是非常不容易的。这是一个开头,接下来愈演愈烈,从这以后就是标准化试题满天飞。过去是没有考纲的,现在考纲超过教学大纲。教师熟悉的是考纲。按理讲,教学大纲、课程标准是更重要的,它是指导教学的依据,但是现在教育的浅层次价值观一直在支配着社会,支配着我们教师的队伍,支配着校长的队伍,这使我们的学科教学非常困难。教育的浅层次的价值观是把教育作为谋生的手段,人在社会上要生存,没有学历没有文化是很难的。要生存,就得读书。现在家庭也好,社会也好,有一种思潮就是读的学历越高就越有可能当白领,钱也就拿得越多,不要花很多劳动就可以获得很多钱,这种看法比比皆是。把教育看成谋生手段,我不反对,因为要生存要吃饭,在任何一个国家中当然生存还是第一。但是教育要有深层次的价值观,深层次的价值观就是你这个人要有后劲,要能持续发展,要有健康的个性。我们今日对学生的教育,不仅仅要看到他今日的健康成长,而且要考虑到他明日的发展。一个人基础教育功底越扎实,他的后劲就越大,后劲越大,适应社会的能力就越强,发展余地就越大。我们强调深层次的价值观,就是强调全面发展。每个人都有潜在的能力,潜能只有通过教育才能变成素质与能力。上海最早在"一期课改"中提出个性发展,形成极大的冲击波,那时中华人民共和国成立已经40年了。如果不重视个性发展,人都是一个模子里出来的,怎么可能追求卓越?现在我们的教学大纲、课程标准,已经明确提出要发展个性,这来之不易啊。不重视学生的全面发展,只停留在浅层次的价值观上是不行的。

  现在把课文搞得细碎不堪,有很多问题。知识支离破碎,孩子没有真正本领。广东试验标准化考试时,广州许多老师对我说考下来孩子只会选A,B,C,D,还有"打√""打×",概括能力、运用语言的能力很差。这种方法10年以前香港地区基本上就不用了,因为看到了它的很多弊端。语文的阅读教学里不都是非此即彼的二值逻辑。遣词造句，不都是两种模式，标准答案不标准的现象比比皆是，教师常常处在困惑的状态。教师命了题，如把答案丢掉了，再做答案怎么也对不起来，很难。我有个学生是《解放日报》的记者，她说儿子在读小学二年级，一次考试老师给的题目是"弯弯的月亮_____挂在空中"，标准答案是"高高地"，他儿子写"轻盈地"，老师就说错了。老师是神圣的，他说错就是错，孩子给教傻了。"轻盈地"多好啊！多有灵气啊！语文学科如何做值得研究。不光是语文，数学、化学都有这些问题。刚才卞老师提出的问题值得研究。我一直认为，标准化试题的引入使语文教学面临一个肢解的危机，就是教课没有文，只有段，特别是初三、高三，因为押题目，一段一段地肢解。一个人的整体跟他的局部绝对是两回事，局部跟整体不一样，一块砖、一块瓦等零部件盖成房子，房子和砖瓦比，已起质的变化，不只是量的变化。标准化试题实质是用牛顿世界的科学观来认识、对待语文教学。我们是非线性世界、多维世界，爱因斯坦相对论出来以后对牛顿线性世界是很大的冲击，从线性世界到非线性世界。而多少年来，我们却跟在大家后面解剖解剖再解剖，分析分析再分析。

李国钧：我是上海市南汇区教育学院初中部教研员。我们都知道，语文作为基础学科，对培养学生的人文素养有不可替代的作用。一线工作的老师有种困惑，到毕业班语文课时紧张，考试前课时抢不过数理化老师。他们说，学生学不学语文是一样的，而数理化就不同了。这些话使语文老师深感困惑，也是一种打击。如何面对，请教于老师。

于漪：这问题带有普遍性，你的心情我可以理解，你讲的困惑，大家都有同感。有校长说，语文学不学跟考试没关系，顶多上下两三分。从应考上说，时间用在数学、物理、外语等学科可一下提高不少。这说明学科有个性特点，外语、数学学科落下后可以补上，语文是要积累的，难度较大。还有一种做法，把外语、计算机放到重要位置，语文课时不及外语课时,步步后退。小朋友进幼儿园,测智力,测会不会讲英语,而不是母语。外语是工具,但不能削弱母语,计算机也一样。现在语文教学简直是死里求生,认识的浅薄和急功近利思想的干扰,对语文的冲击非常大。这阵地要坚守,特别是年纪轻的教师更要坚守阵地。为什么呢?因为语文能否学好,对孩子一辈子起作用。将来从事任何工作都必须使用语言文字,这是从技能上讲,但大量的是做人的道理,民族文化的积淀。日本一位文化教育家说:"丢弃母语就等于亡国。"

外国侵略,先是军事,接着就是语言入侵。日本过去侵略我国,沦陷区全部要学日语;香港过去被英国侵占,全部学英语。学习母语,是用民族精神、优秀民族文化的精髓哺育下一代。丢掉母语,就是数典忘祖。语文教学是多功能的:教育功能、认识功能、审美功能等都随语言文字入人心头。如"先天下之忧而忧,后天下之乐而乐"。近几年,腐败分子,贪污几千万元,只顾个人,还有什么"天下"? 做人的价值观、生死观,语文里都有。有干扰,不奇怪,事业的发展从来不平坦。要抗争,必须有一批骨干力量、精英。为什么说基础教育重要呢? 它构成一个人的素质,是人的基本建设,是做怎样的人的问题。

我们希望人才辈出。我们这个人口大国,要有人才优势,一定要顽强奋斗。阅读非常重要,写得好不好跟阅读有很大关系。不能只看一杯水,要看到大江大河大海。美国很重视阅读,1986年,克林顿搞阅读活动,耗费巨资,要求家庭每天半小时不看电视,组织10万大学生勤工俭学。我问一名在美国求学的博士后,孩子暑假看什么,他说读100本书。老师应放眼世界,什么都看看,看了以后分析、判断、筛选、吸取,阅读无论如何不能放松。现在有的学生一问三不知,文化功底很差,成了"有学历没有文化的人"。这些学生在题海中遨游,考试本领比在座的大得多,语文专家刘国正先生也比不过他们。我们以前读书的时候,老师一直讲"举一反三",触类旁通,要有扎实的底子,在"一"上下功夫。

现在相反,"举百反一""举千反一",做上千道题才明白"一",这怎么得了?题海浪费了学生的青春,没做过的题目不会做,还怎么举一反三?我们过去考大学也很难啊! 1947年,复旦大学有12 000个学生考,取500个;现在上海高考录取比例70%以上。本来认为100%进大学就不会有应试教育了,看来不改的话照样应试第一。

课堂上要让学生多思,不要教师一个人讲。我在东方台参加网上聊天室节目时,有一个女孩说,我上语文课要打瞌睡,而且全班都要打瞌睡。我说,这位老师本事挺大的,你跟老师去说。她说不敢。我说你就看小说。我做学生时就这样,教科书下压一本小说,老师教得好时就听课,不好时就看小说,这非常有好处。后来了解到这位同学是重点中学学生,我大为惊讶。为什么说要坚守阵地?我们语文课如果上不好,不攻自破。

朱寄望:我是上海久隆模范中学的老师。请问于老师,语文教育与语文教学有何差别?今后还会不会加强文言文教学?

于漪:语文教育内涵更广泛,包括大纲、教材、教法、测评等。语文教学往往指课堂教学、课外指导、测试等。语文教学中出现问题不奇怪,常左右摇摆。语文涉及古今中外,社会上的东西很容易反映到语文上来。中华人民共和国成立之初,语文课基本上成政治课。1958年"大跃进"时,推翻教材闹"革命",天天学《人民日报》社论。后来周总理抓了"双基",语文在那几年上来了,明确了语文的工具性,这是一个进步。大纲中明确在教学过程中应该怎样怎样,教学进程应和德育、美育结合起来,并不是一句话就是工具。标准化试题出来以后,应考倾向愈演愈烈,社会上急功近利思潮对教育产生冲击,这样纯工具论就大有市场。看一个问题不能绝对肯定或否定,一定要放在特定的历史条件下认识。我非常反对把以往的全部工作都推翻掉,这是不合适的,不符合历史唯物主义。任何事物在特定历史条件下都有它积极的作用,随着时间的推移，好坏更看清楚了，因此不断进取改革是对的。我们从事工作不是在零的基础上。如果今日的改革就是对昨天的全盘否定，从个人道德讲就是零分。人要忠厚，任何人做了有益的事都要肯定，而不是全盘否定。从科学角度讲，从个人道德讲，都应采取慎重的态度。

20世纪语言学在各个学科是突破最早的。我国语言学受国外影响很深，语法中各个流派基本上都是从国外引进的，而不是在我们语言文字应用中提炼出来的。就我的体会而言，就语文抓语文，质量是抓不上来的。只看语言文字不行，一定要和它的内容结合起来，语言和思维是同时发生的。思路清晰表达就清楚了。人是有情感的高级动物，闻一多先生讲起话来慷慨激昂，当然有的奔放，有的含蓄。白居易讲诗歌"情是根、言是苗"，没有根哪有苗呢？抓语言文字的培养，不抓思想、情感，只是抓了一个局部，没有抓住整体。这和写作一样，不抓源头是写不出来的。源头在哪里？写作好不好，跟学生的认识深度有很大关系。鲁迅先生用词怎么会那么精湛，那么入木三分？是他的认识深刻。语言的人文性和工具性是一个整体，不可分割。

将来文言文是否多一点？事实上高中文言文已经多一点了，达到60%。语文教学和其他学科教学一样要搞点实验。但学科教学科学实验有个弊病——凡实验必成功，这就没有用科学态度进行实验。实验一定要在常态下进行，这样才有说服力。布鲁姆搞基本结构课程，教育与科技发展同步进行。美国政府马上接受了，马上就实验了，结果中小学质量大幅下降。教育与科技毕竟是两回事。经过20年宣布失败。当然这当中有可取的地方，我们就没有勇气宣布失败，这就缺乏科学态度、科学精神、科学道德。我们确实要进行科学实验，尚未成熟的就硬性推广，实际上下面意见很多，强扭的瓜是不甜的，瓜熟才能蒂落。既要搞东方文化、东方哲学，也要学习西方文化，这样才比较好。比如有一段时期说，初中一律不要学文言文了，我大吃一惊，我不知道高中老师怎么教啊,下面反对得很厉害。后来说25%,35%,我也不知道这根据什么。拍一拍脑袋,数据就出来了？25%科学不科学？35%科学不科学？我因为一直是在第一线上课的,对广大老师非常同情,有的时候就是处于无奈的状况,一会儿一个指令,一会儿又是一个指令,我也不知道这个指令的科学根据是什么,所以它就缺乏科学性。没有一个能提供足够数据的研究实验,我们只能跟着转,反正中国人是会付学费的,不行再付,实际上耽误的是学生。刚才有老师讲每一个老师都要有主见,这主见不是自己的主观意识,而是吃透了教育方针,吃透了语文学科的性质和功能,否则一天到晚随风,飘得连自己也没有了,这怎么行呢？一定要站稳脚跟。

深入其境　登高望远[①]

周六上午,"语文沙龙"的年轻教师在高万祥校长的带领下,来沪访问几位语文老师,共同探讨中小学语文教学的改革。放弃休息,寻师访友,研究语文教学,这种敬业精神,这种执着追求的精神令人感动。

看到年轻同志积极进取,努力上进,我作为一名站三尺讲台数十载的老教师,感到无限的欣慰。

要成为深受学生欢迎的优秀语文教师,对学生的学习、成长产生终身受益的良好影响,须研究的问题很多,须自我塑造加强修养的方面也很多,然而我认为有六个字不可忘,这就是"钻进去""跳出来"。

钻进去。学生习作中常犯这样的毛病,身入生活,心却游离在生活之外,因而,常常视而不见,听而不闻,写出来的文章内容干瘪,语言无味,生活情趣更是少见。教语文又何尝不是如此呢?如果身在其中,心不投入,只会是按某些程式办事,不琢磨不深思,又怎可能有真切的感受与独到的见解呢?要用心钻研,深入底里。语文教学综合性强,要钻研的方面很多。基础知识要钻研,一篇篇课文要钻研,阅读教学、写作教学、口语交际教学无不需要钻研。然而,我认为最为重要的是须弄清楚语文教育的庐山真面目。语文具有怎样的性质,中学语文应发挥怎样的功能,达到怎样的目的,脑子里切不可模

[①] 本文发表于《语文教学通讯》2001年第22期。

模模糊糊、朦朦胧胧,要一清如水,毫不含糊。理论上的模糊往往导致实践中的盲目。教学行为总是受教学思想的支配,教学效率不高,甚至做许多无用"功",貌似做法不当,实质是认识上不清晰或发生偏差。多学习,多思考,多比较,多分析,就会逐步领悟母语的本质特征,较为正确地认识、接近从而掌握母语教学的规律。机械的、割裂地看问题,以偏代全、以偏概全皆不可取。认识问题、研究问题均要实事求是。研究语文,就要从语文这个实际出发,探求它自身固有的规律,不可主观臆断,不可照搬照抄。钻进去,对这个人文学科的丰富内涵、精彩绝伦、育人价值就会有绵绵不断的体会,就会因选择了这个学科的教学而感动、而自豪、而欢乐。

钻进去重要,跳出来也很重要。就学科教学论学科教学,往往视野狭小,往往缺乏研究问题的高度和海纳百川的气度。要放眼看世界,放眼看未来,放眼看社会主义现代化建设的育人大背景,就能较为准确地为语文学科定位,就能深味到语文学科在培养学生素养、能力、精神、气韵方面的分量与价值。跳出圈子,换个角度看,就不会囿于为文而文,就会思路开阔,上下古今中外;就会穿透种种迷雾般的现象而洞悉事物的本质;就会真切地感受到教学要把可爱的学生放在首位,一切教学行为都是为了培养他们,使他们能够长足发展,既为他们的今天,也为他们的明天。短视、急功近利、在技能技巧层面上浮现,就难以完善地完整地实现语文教学育人的任务。开阔视野,向其他学科学习,向国外学习,教学内容、教学方法、教学评估等均可作为借鉴,从中得到启发,获取有益养料。然而,在学习时切不可盲目照搬、生吞活剥,一定要以我为主,从语文学科的实际出发。别人的研究所得,国外教育的种种做法,可以参照,可以借鉴,但不能作为坐标。语文教学生命力的根应深深扎在我们自己的国土上,扎在深厚的中华文化的沃土中,只有以我为主,尊重学科特点与规律,又广为参照,吸取养料,丰富拓展,才会闪现创造的火花,使语文教学增色,对学生学习有吸引力和感染力。

青春是无价宝,祝愿年轻的教师在语文教学这块圣土上耕耘,奉献青春,奉献智慧,创造深受学生欢迎的业绩,促进语文教育事业的发展。

善教与会写[①]

以新时期语文教师为话题的首届"尚德杯"语文教师征文大赛虽然降下了帷幕,但在评阅来稿过程中讨论的热点不仅没有降温,而且辐射到有关方面,形成各不相同的看法。有的认为语文教师只要善教,会不会写无所谓,又不是作家;有的认为语文教师既要善教,又要会写,不会写又怎能做到真正善教? 就这个问题,谈一点浅陋的看法。

"善教"与"会写"之间既不能画等号,也不能视为对立的两个方面。对于教师来说,"会写"应是"善教"的有机组成部分,尤其是语文教师,如无写作的切身体会,教学中难免产生种种缺陷与不足。"善教"的内涵极其丰富,以往强调传道、授业、解惑,随着时代的进步,社会对教育的需求、学生主体的健康发展、教师的职能注入了崭新的内容。学生是活泼泼的生命体,今日的善教者必须尊重学生的学习主体作用,善于激发学生的学习兴趣,重视学生思维方法、思维品质和思维能力的发展,尤其要重视创造性思维的培养。善教者不仅要教会学生学会某些技能,掌握某些知识,更要指导学生学会学习,使他们终身受益。要达到如此的教育教学水平,单口授、口传往往无济于事,还要身教、身体力行。

写作教学是语文教学中的一大块,而且是十分重要的一大块。学

[①] 本文发表于《新民晚报》2002年9月1日。

生作文的优劣绝不只是运用语言文字技巧正确与否、高低如何的问题,而是学生个体思想、情感、观念、观察力、思维力、想象力、语言能力、文化基础、认识水平等诸多因素的综合反映。要指导学生爱写作文,会写作文,写出有一定质量的作文,靠文章作法、条条杠杠是难以奏效的。当然,学生作文的好坏,教师无法负全责,因为确实有众多因素的影响,如家庭的语言环境,文化氛围,课外阅读面的广狭,交往的人员层次高低、品位高低;但如果教师会写,对写作中的甘苦备尝有自己的独特体会,指导起来就会大不一样。具体而不空泛,生动而不呆板,点拨在关键处、细微处,在学生心中弹奏,容易激起学生共鸣。语文教师会写,无疑就为学生运用语言文字表情达意方面做出榜样,怎样消除写作上的畏惧心理,怎样身入生活、心入生活,怎样加强阅读增添智慧,怎样炼词炼句炼意等,均会让学生受到启迪。

教师会写,并不要求教师都成为作家,语文教师如能跻身于作家行列,也是好事、美事,会写的人不一定不善教。教师经常动笔,可以锻炼思维、锤炼感情,增强认识生活、感悟人生的能力,增强驾驭语言文字的能力。对语文教师来说,思维的清晰化、条理化十分重要。课教得一清如水,学生就愿学、乐学,学有所得;如果含混、朦胧,学生就如堕五里雾中。动笔写,对训练思维的清晰度、条理化极有效果。写,促使思维的严密,促使思考问题方方面面考虑周到,促使语言的选择与推敲,不大而化之,不浮在表面,经常锻炼,思维品质就会提高,思维能力就会加强,必然会促进教学质量的提高。实践得不深入,缺乏独特的体会,写不出;认识泛泛,缺乏高明的见解,写不出;就事论事,缺乏足够的文化底蕴,写不出;平铺直叙,缺乏驾驭语言文字的能力,写不出。而文化底蕴、高明见解、独特体验、语言能力,对一名语文教师来说,又是多么的不可缺少,否则,又怎么谈得上"善教"呢?"会写"是"善教"的组成部分之一,不能机械割裂。

"会写"不应囿于征文比赛之类,"会写"的范围很广。教学随笔、读书笔记、经验总结、教学实验报告、教学研究论文、学生某某情况调研报告、教学改革纪要……写的范围很宽泛。工作的,生活的;文学的,科学的;历史的,时尚的,勤于观察、思考,勇于织锦成文,思想情感就会如汩汩泉水流入笔端。

新时期的语文教师应思维活跃,业务精湛,好学善教,笔下生彩。

要有一支灵动的笔[①]

语文教师手中要有一支灵动的笔，这支笔应发挥多重功能。

眼下，批改学生试题、练习题时，这支笔用得可谓穷竭心思，更有甚者，标准答案有的不标准，走到夹缝里，令人啼笑皆非。相对而言，评改学生作文时，这支笔就添"涩"了，有的放矢，侃侃而谈，令学生感奋的比较少见。最薄弱的大概莫过于自我表达的功能了，主动写，积极写，凤毛麟角，非写不可，也常有一筹莫展之困。同样是手中的笔，功能的发挥却迥然有异，颇值得探讨。功能齐全，笔才会灵动，走如游龙；否则，残缺不全，一损俱损，在教学中形成诸多遗憾。

写，应是语文教师必备的基本功，是语文素养中一项极其重要的能力。语文教育并不奢望语文教师进行文学创作，成为文学家，也不奢望语文教师都能写出洋洋数万言的论文，成为理论家（能成为更好），然而，正确而熟练地运用祖国语言文字表达自己真挚的感情，表达自己对自然、社会、人生，对学习、工作、生活的独特感受与体验，却是情理之中的事。语文教师总要培养学生具有适应实际需要的写作能力，培养他们能用规范的书面语言，表达自己的所见所闻，所思所感。"不以规矩，不能成方圆"，教师当然要讲授必要的写作知识，引导他们学习、理解和掌握写作的规矩。然而，平心而论，背出那些一般的写作原理、写作方

[①] 本文发表于《新民晚报》2002年12月22日。

法,背出那些条条框框,对提高写作能力又起多少作用呢？关键在于"化",学生要能体会,感悟,内化为自己的本领。要做到这一步,离不开教师的具体点拨。教师坚持不懈地进行写作实践,亲自品味语言文字表情达意的奥妙,深切感受调遣语言文字倾吐心声的甘苦,写作的种种规矩就不是躺在纸上的文字符号,而是站立起来,有血有肉,有生命。有动笔的实践打底,对学生的指导、点拨就实在、精要。不是凌空、僵硬的,而是鲜活的,带着智慧露水的;不是大而化之的,枯燥无味的,而是探幽发微,精彩纷呈的。此时此刻,语文教师的"写",已不仅是基本功的表现,而且是教师教学艺术的展示,教师生命活力的展示,是学生提高学习质量的有力保障。

通常有一种误解,认为文章写得好不好,主要是语言文字功底深浅的问题,其实不然。语言不是单纯的载体,它与思想、情感同时发生,是意识、思维、心灵、情感、人格的形成者。一个人的语言水平与他的智力发展水平紧密相关,与思维方式、情感因素紧密相关。作家汪曾祺也曾这样说:"语言不只是技巧,不只是形式。小说的语言不是纯粹外部的东西,语言和内容是同时存在的,不可剥离的。"显然,要写出文质兼美的文章,须牢牢抓住"不可剥离"的特点,对内容和语言进行双锤炼。

锤炼时特别要讲究思考与研究。当前,课程、教材、教法正在进行改革,从教育本质的探讨,从教育视野的开阔,从语文固有规律的深究等来看,教师思考的空间十分广阔,可供研究的项目繁多,就以如何促进学生发展为本而言,从教育理念到具体操作,无处不可施展才华。这些育人的工作蕴含时代的特征,具有开创性的意义,值得专心致志、深入底里、执着追求。研究思考的过程,是探索规律做好工作的过程,也是孕育好文章的过程。在研究的过程中,提升思想、净化感情、锻炼认识能力,提炼语言文字,走进教育圣地,享受发现的欢乐。认识得深刻,理解得透彻,有自己独特的体验、独特的见解,笔就灵动起来,无须硬挤硬做，就会如风行水上，自然成文。教师写文章常题材雷同，做法相仿，毛病大抵在于教学实践往往停留在事物的表层，浅尝辄止，说的是大家都说过的话，或者引述几条外国某某教育家的语录，把自己做的事论述一番。缺少鲜明的个性色彩，缺少独有的想法与做法，文章就难以有亮点，更不用说启人深思，令人心灵震撼。

　　流水不腐，户枢不蠹，笔搁置起来不用，也会僵硬，也会生锈。多动多写，多学多思，思想会逐步深邃，思维会日益流畅，文化底蕴会不断增添，语言的含金量会越来越厚实。语文教师手中有一支灵动的笔，功能齐全，教学将灵气横溢，生活将多姿多彩。

一身正气　为人师表[①]
——谈教师的精神支柱

记得在读中学的时候,老师告诉我们:"人无志不立。"人没有志向是站不起来的。当时年纪小,也不太懂,随着多年教师生涯的过去,对"人无志不立"的认识也就越发深刻。对于一名教师来说这是非常重要的。这个"志"是什么?是志向、理想、信念、精神支柱。人没有精神支柱是站不起来的,就好像人没有脊梁骨就不能直立行走一样。

在几十年的教育生涯中,我经常问自己这样一个问题,什么叫教师?什么样的人才能做教师?回想一下,古今中外,对怎样的人才能做教师阐述得非常多。我们古代的学问家扬雄就说过:"师者,人之范也。"教师就是人之模范。外国也是,当今的美国教育家布鲁姆说过,教师不仅仅是知识的传播者,而且是模范。有一句话对我的教育非常深,这就是《韩诗外传》中韩婴讲的,什么样的人叫教师?他说"智如泉涌,行可以为表仪者",智慧就像清泉一样喷涌而出,思想言行可以作为表仪的人,这样的人才是教师。这些话都非常精辟,非常深刻。我既然选择了教师这个职业,那我一辈子就要考虑怎样做一名合格的、称职的教师,力争做一名优秀的教师。也就是说,教师不仅能够对学生的今天起作用,而且对他一辈子都起作用。可见,古今中外对教师的要求,概括

[①] 本文是2003年作者在无锡教育学院所作的报告。

起来就两个字:"德""才"。人之模范,就是首先要道德高尚,人格高超;人之模范,那就要"智如泉涌",就要有才学。

为什么对教师要有这样的要求?我是这样理解的:教育事业是人类最永恒的事业,社会要发展要进步离不开教育,而教育离不开教师。我们是从事基础教育的,我们所从事的基础教育就好像盖房子打地基,万丈高楼平地起。6层楼的房子,50层楼的房子,上海的金茂大厦88层,都要看我们这地基打得怎样。6层楼的房子是6层楼的地基,50层楼的房子是50层楼的地基,要盖88层的高层建筑,那基础要非常扎实。我们教师就是给青少年、儿童打做人的地基,我们所从事的工作是人的基础建设。这个基础建设很重要,基础打得正、打得实、打得牢,学生发展的余地就大,一辈子受用不尽。因此要求教师尽心又尽力地把他们教育好。

孩子们处于成长时期,青少年的特点是好奇心很强,求知欲望很强,但是他们有明显的弱点,就是没有多少生活阅历,因此他们的是非观念不是非常强。往往一个新奇的东西就能吸引他们,但是这个新奇背后的东西他们并不是十分清楚,也就是说他们的辨别能力比较差,抗外界诱惑的能力也比较差,这就要求教师必须正确引导。一个孩子,他进中学这几年,也就六七年的时间,六七年的时间在人生长河中只是一阵子,但是这一阵子往往影响到人一辈子的生活道路,因为这时候正是长身体、长知识、长觉悟的时候,也就是说他对人生、对价值都开始逐步思考了,也就是人生观、价值观、世界观形成的阶段,这个阶段影响他一辈子,所以我们必须实行极其良好的教育。

再看我们教育的特点。教育不是作几个报告马上就解决问题的,教育的特点是细水长流,"随风潜入夜,润物细无声"。我们常有一种错觉,好像教育就是看一张考卷,这个考卷就代表学生水平。我们经常注意的是它的结论、结果,其实教育要重视的是它的过程。教育是一个很长的过程,这个过程是细水长流的,是熏陶感染的,因此教师的一言一行,对学生无不起作用。我带了很多青年徒弟,我经常跟他们说,你们不要有这种误解,我在学生面前道貌岸然,平时则无所谓,那是不行的。教师对学生的作用,对学生的影响不会是零,他的作用不是正面的就是负面的。比如,你要求学生严格遵守纪律,但是上课铃已经响了,两分钟过去了,你才姗姗来迟,这比你讲10遍严格遵守纪律影响还要大,因为学生想你是口头上让我们这样做,你自己则那样做。因此教师对学生教育的影响不可能是零的,而是无时无刻不在产生影响,一举手一投足都在对学生产生影响。我仔细观察过,一个班主任在这个班级任教三年,其中有相当的学生身上就有班主任的影子,有时是说话的腔调,有时是走路的样子,有时是写的字。比如这位老师字写得好,学生就会经常画画写写。为什么?因为教师在学生心中是一种榜样,而学生又特别有向师性,并且年纪越小,他就越有向师性。所以为什么对教师要有这样的要求,这是教育事业本身的要求,教师就不得不随时注意塑造自己的形象、塑造自己的人格。这在现在这个时代尤其需要。

21世纪之争是人才之争。现在大家在讨论印度现象,这是一个非常值得我们深思的现象。可以这样说,从综合国力上讲,印度不及我们,但是他们在某些高精科技领域的东西很值得我们学习。硅谷中最多的是印度人,第二才是我们中国人。印度的文盲是多的,大概要占到他们总人口的40%,但它的教育质量是好的。既然受教育,这个质量一定就好。比如它的空间遥控技术,又如它的软件出口仅次于美国,是世界第二大出口国。因此我们教师在修炼自身的时候,不能只是独善其身,还要放眼全国,放眼世界。就是说我们从事基础教育,一定要把基础教育的质量提得高高的,这当然要靠我们的方针,靠我们的政策,靠我们的路线,但是归根结底还是要靠我们的教师,教育的质量说到底关键还是教师的质量。因此从时代的需要来看,教师必须提高自己的责任感和使命感。国家把自己的希望交给我们来培养,今日的学生质量如何,就意味着明日的科技程度如何,我们国家的经济如何。这是国家的希望、人民的嘱托。现在,大多数家庭都只有一个孩子,这个孩子的希望全部交给学校来培养。因此,几十年的教师生涯中,我都感到身上有千钧重担。一个人只有一次青春,青春是无价宝,这时期求知欲最旺盛,记忆力最好,想象力最丰富。我是镇江中学毕业的,我记得自己读书的时候,外语只要背部分课文,可高中毕业时说全部要考,一本书,全部要背出来。那时候我十几岁,一个晚上开通宵,就把一本书全背出来了。现在别说让我背一本书,恐怕一两篇都背不出了。这个青春交给我们来培养,我们就要意识到身上的重任,这是一种历史的使命。

所以,作为教师就要把心贴在教育事业上,贴在学生身上。要做一名合格的教师、优秀的教师,有16个字很重要,一是"热爱学生、忠诚事业",二是"一身正气,为人师表"。"热爱学生、忠诚事业"讲起来很容易,但做起来是非常的不容易;对学生要满腔热情满腔爱,真正做到是不容易的。

回想一下自己就过了三关:第一关就是怕烦,第二关就是怕难,第三关就是偏爱。我们从事的是基础教育,所处理的事情非常琐碎细小,每天要处理学生很多事情,有时就会感到(特别是年轻时)耽误了我读书的时间,耽误了我思考的时间,觉得这些日常琐事对我是很大的羁绊。其实不然,比如你叫学生扫地,学生有时地没扫干净,而且灰尘弥漫,你得教他怎么扫,这件事情细小得很。可是教扫地也不那么容易,你得告诉他扫地要把扫帚按在地上,不能这样扬起来,要从前扫到后,要从后扫到前,要洒水,水洒多了不行,灰尘会沾起来,不洒水灰尘弥漫会影响健康。你要教他这么一件细小的事情,这里很有学问,因为你在培养他劳动的习惯,培养他爱劳动,培养他怎么劳动,培养他热爱集体,培养他为大家服务,培养他与同学的协作精神,培养他严格的科学态度。我记得粉碎"四人帮"后,我听过一个报告,讲了这么一件事:小平同志说,在"文革"中,中科院这些大专家都扫地,这个地扫得特别干净,他说这是糟蹋圣人啊,但是从扫地当中就可以看出这些大科学家严谨的科学态度。我听了报告后很受启发。我们的科学态度并不是凭空话就能培养出来的,而是通过日常一件件具体的平凡的细小的事情培养出来的。我们说德国人十分严谨,一根针掉在地上,都是画了格子去找的。所以我们的教师要有育人思想,把千件万件细小的事穿在育人的红线上,穿在塑造人的心灵的红线上,培养学生的科学精神、科学态度。认识到这是忙得其所,忙得应该,就会手勤脚快,觉得非常有乐趣,这样就逐步过了"怕烦"这一关。

第二关是"怕难"。开始做老师的时候,特别是年轻的时候,年少气盛,认为自己肚子里有点东西。其实不然。自己懂得的东西实在是太有限了,即使懂得,要教会学生也非常不容易。我有一个体会,教过不等于教会。所有的东西,老师都是教过的,但是要教会学生是千难万难。一个老师教会班级里十几名尖子或二十几名学生是不难的,问题在于要教会所有的学生。为什么?因为我们的教育是面向全体学生的,要让每一名学生沐浴着党的阳光雨露,在德智体美等方面全面发展。这两个全面要做到,谈何容易!

我举个小小的例子。我过去长期教高中,教比较好的班。"文革"期间,我这样一个年轻的教师被罚教乱班,班中有这样一名男生,姓边,他写的作文一个标点符号都没有。怎么教他?我把他请到办公室,给他讲冒号、逗号、句号,讲了一节课。一个男孩子,坐在你身边能安静地听你这样讲,已经非常不容易了,讲完了我问他听懂了吗,他点点头笑笑,我以为是懂了,因为这知识在小学就应该学会了,因为师生之间也不一定是用语言来交流的,它也可以是无声的微笑。所以我以为效果很好了:我上课也讲了,课后也个别辅导了,问题应该解决了。其实不然，下次这个学生交上来的作文、作业仍然没有标点符号。

于是我第二次把他叫到办公室，我说那天给你讲了那么多，你听懂了吗？这次他不客气了，他反问了我一句："我怎么会懂？你讲了那么多，我怎么会懂？"我想，对的，我是"倾盆大雨"，一下子都灌下去了。我马上检讨，我说："老师不对，'倾盆大雨'不行，这样你不容易记住。这次只讲逗号和句号，以后你的作业中，只要这两种符号用对了，我们就算都对了。"于是我再跟他分析讲解，我说："你懂了没有？"他又笑笑点点头，我想这大概可以了吧。结果他的作业交上来很有趣，有的时候全对，有的时候错得一塌糊涂。

我们教师教学生要有非常敏锐的目光，发现学生的学习规律，比如，有时他字写错了，你惩罚他抄 10 遍 20 遍，他都写不对，你得分析，他为什么会错，他错误的倾向性是什么。比如，写字，有的字写得都是斜的，写字应该是"风正一帆悬"啊，怎么总是刮台风，这不行，你找到他的规律以后，再纠正，问题很快就解决了。有的孩子字写得很漂亮，写的时候还要扭一扭，我就告诉他，永字八法，没有这样扭来扭去的一笔，他听了以后一下就悟过来了，就很快改正了。

这名学生，我就找不到他的规律，有的时候很对，有的时候就不对，而且他的标点符号都点在格子外面。我说一定要点在格子里面，我拿书给他看，拿杂志给他看，我说："你想想看，你点在格子里面，就眉目清楚了，就像人的两道眉毛当中应该有空的，你不空的话就连在一起了，这怎么行？"他每次都是笑笑，态度很好，但坚决不改。有的时候文章写完了会来一个逗号，让人啼笑皆非。我跟他说，人家文章写得好是言已尽，意无穷，你的文章我得等着看你的续篇，因为你是逗号。他仍然态度很好，笑而不答。

有一次，他又交上来一篇作文，一个标点符号都没有。我怎么办？平时教课的时候我已经比较注意这个，我想了想，这次我就讲评他的作文,在讲评的时候,因为没有标点符号,我读的时候不能停顿,我就用物理学上的等速度一直这样读下去。前面有个调皮的学生就叫:"于老师,你停一停,你这样上气不接下气啊!"我说我不能停,我要忠实于作者的原意!调皮同学说,你停一停,你上气不接下气,当心要断气的!同学哈哈哈笑得不得了,这个同学自己也笑了。我说,你们看,这个标点符号不可小看的,如果文章没有标点符号,我读的什么你们知道吗?读的人也上气不接下气!这下他也哈哈大笑了。然后我再跟学生们讲,平时我们说话都有标点符号的,我说,我平时上课时说"你们懂了吗?",这不就是一个问号吗?如果同学回答"真好啊!",用的是感叹号,我说"同学们注意",用的是冒号。这下他懂了。下了课我没再找他,他来找我了。他说,于老师我老实告诉你,我认为标点符号不代表水平,文章好不好主要看内容,这标点符号不代表水平,我写好了以后再点,我爱怎么点就怎么点。

  一个小小的标点符号在小学就应该基本掌握,一名中学生却不会使用。其实这里有我对学生的不了解,有我教学方法的不得法,有学生的认识问题,有学生的习惯问题。从中也可以看出,教过不等于教会,教会确实是很难。

  我教了那么多学生,有时为了考虑怎样讲一个问题才能使学生开窍,真是晚上都睡不着。同样的问题,有的孩子一下子就明白,有的孩子就是不明白,你在原来基础上重复八遍十遍都没有用。比如这个孩子写错别字,这错别字的形成原因是非常多的。例如,数学当中出现计算错误,老师往往一句话:粗心。其实并不是这样,粗心不过是一个因素。有时是题目看不懂;有时是思维的跳跃,漏掉了;有时是思维不严密,有漏洞。所以,如果我们老师不细心,大而化之的话,就不可能教会每一个学生。因此,教过不等于教会。

  从一件一件的事情当中我吸取了深刻的教训。你设身处地地想一想,孩子要掌握一门知识,要获得一些能力是十分困难的,因为成人自己学一点东西也是十分困难的。你换个位置想想,就不会那么急躁,就不会那么浮躁,也就不会那么埋怨学生了。因此,教师就是为了克服困难去工作的,没有困难要教师做什么?育人谈何容易,"十年树木,百年树人",这是经验的总结,说明这个劳动是非常复杂艰辛的。我确实是为了困难而工作,我的任务是教好每一个学生,使他在原有基础上有明显提高乃至显著提高。

第三关,偏爱的问题。我记得年轻时做老师,校长经常在大会上讲,你们要爱学生。我就想,烦死了,你讲了多少遍,我背都背出来了。其实能背出来,耳熟能详不等于是真懂,要真正做到才是懂。开始我认为自己跟学生的关系一直都是比较好的,我认为自己是不偏爱的,是爱学生的,其实不然。事实上,我对两类学生是最喜欢的,一类是非常聪明的,我讲上句,他下句已经接出来了,我教起来又省力又省心。但是学生有很多种类型,有的孩子反应非常快,你一讲他马上就懂了,偏偏这样的孩子往往巩固率很差,就是说接受起来很容易,往往理解比较肤浅,不能深入,巩固率比较差。有的孩子接受起来很慢,但是一旦理解了,就学得很牢固。孩子多种多样,老师教学就要有针对性。而有的时候我是闭上眼睛捉麻雀,对学生研究很少,这就形成了很多无效劳动。这让我认识到自己思想上确实是有偏爱的。我喜欢的第二类学生是长得很好玩的。我教过的男孩子,有些长得像洋娃娃一样,我把他叫到跟前来,还没讲他就哭了,我就舍不得批评他了。我后来想,教育是无选择性的,人生活在社会上,都要教育,都要进行义务教育,没有选择性。人不是从工厂中大规模地生产出来、一个模子里出来的。这个天公造物也很有趣,每个人都是两道眉毛两只眼睛,一个鼻子一张嘴,都是那样的排列组合,但是有的像洋娃娃一样,有的不像。因此教育不能凭个人的好恶,因为师爱无选择性。

到"文革"时期,我这个青年教师,因为当时比较有名,被斗得很厉害,并且专门叫我去教乱班乱年级。我教过一个班级,前面八个班主任都被赶走了,我是第九个。我到这个班看到的第一个节目就是女同学打架。男同学打架我看到过,女同学打架倒没看到过。女同学打架拉都拉不开,紧紧拽着头发。要把这样的班级教下来,非常困难。我也曾教过一个班级,后进的学生比较多,管理十分困难。下了课我还没有走到办公室,那边就打起来了。男孩子打、女孩子打、男女混合双打,我简直是疲于奔命,我没有带乱班的经验啊。一学期后,这个班好不容易稳定下来了。

我碰到这么一个女孩子,她有优点。我觉得一个老师一定要有敏锐的眼光发现学生身上的优点,我做到了,我可以发现每个孩子身上的优点,显露的、不显露的。我拼命地扶持她,扬长避短,长善救失。这个女孩子有很大的优点,很直爽,但是缺点多得不得了,同学都骂她十三点。我不知道家访了多少次,大概上百次。到家里去讲,家长不配合,说把她交到派出所好了;到里弄去,里弄干部说一门三"杰",一个妈妈,姐妹两个,跟邻居吵架就在地上打滚。家教有问题啊!如果家教好,教师教起来就配合得比较好,家教不好,教师教起来就十分困难。她有优点,我表扬她,但是她马上就闯祸;你批评她,她起码两个星期不睬你,而且看你的时候用眼角瞄你一下,表示对老师的蔑视,让你非常难受。我跟老师说,我教了各种各样的学生,但是对这样一个学生我真是黔驴技穷,不知道怎么来教育。有一天做操,她在操场上不好好做,前面打一拳旁边踢一脚。我跟她讲了五六遍她都不睬我,我当时非常生气,说:"你又不是十三点!"这句话很灵,她不动了,老老实实把操做完了。但话一讲出来我就非常后悔,我觉得有损教师的尊严。果真学生在周记里就把此事写上来了,有那么五六个,其中有一个我至今都记得,她是小儿麻痹后遗症患者,写字手抖的,写了歪歪斜斜五六行,她说某天早上做早操的时候,你讲某某同学十三点,我们班级是没有十三点的,只有阶级姐妹,那个时候"阶级姐妹"的说法很流行。接下来"上纲"了,她说你骂学生十三点,你的阶级感情到哪里去了?一下就上得很高。接下来再来一句,她说你想想看,你像不像个老师?你配不配做个老师?我看到这份周记,如坐针毡。说老实话,"文革"中乱七八糟地被斗,我都没在乎,但是这句话我是非常在乎的。从来没有人这么重地讲我:你像不像个老师?你配不配做老师?我扪心自问,我对这名学生确实缺乏真情实感,我觉得她非常难办。觉得很难办,就会有厌恶的感情。感情的问题是来不得半点虚假的,因为教育事业是爱的事业。师爱是超越亲子之爱、友人之爱的,因为它包孕了崇高的使命感和责任感。

因此,作为一名教师,确实要做到和学生心心相印。怎么做到心心相印,就是要丹心一片,对学生情深似海。学生都是非常聪明的,你对学生有几分感情,学生都十分清楚。比如幼儿园的小朋友,他天真不懂事吧,其实他也是有议论的。所以有时我与老师开玩笑,幼儿园的小朋友也会写议论文,他回家会说,这个老师喜欢谁不喜欢我,这不就是议论吗?因为孩子有向师性,他非常渴望得到老师的爱。师爱是无选择性的,教育本身就是爱的事业啊!所以我就悟到了,我对这名学生为什么会缺少办法,确实就是没有满腔热情满腔爱,因此讲的话就没有能够拨动她的心弦,没有在她心中引起共鸣。所以我在课堂上把我的真实想法给大家讲了,我向她道歉,我觉得非常对不起她,这是有损教师形象的。我想,在责备一名学生的时候,要想到你对他的人格有多大的损害。有的时候,这个孩子很调皮,你就说一两句挖苦的话。然而,这句挖苦的话可能给他一辈子种下了祸根。人是有尊严的,人格的尊严是逐步培养起来的,你不尊重他,你就没有办法培养他人格的尊严。一句话,可能是冷水一盆,把他做人的尊严泼冷掉了。所以我想,教师确实要净化自己的感情，要满腔热情满腔爱。孩子调皮，有这样那样的缺点，甚至缺点很多，包括思想行为有差错，都是可以理解的。如果孩子都好了，还要我们教师做什么！教师就是为了学生而存在的，没有学生要教师干什么？教师的价值在哪里？就在于把学生培养成才，包括思想学习好的，包括品德行为有差错的，你把他的"偏"纠过来了就是你的成功，就是你的价值。

我们有时候有很多误解，有的认为孩子学习好，老师就省心了，其实不然。我做了几十年的教师，有这样一个体会，就是一些缺点外露的学生一般来说都比较好教育，比如打架，等他长大后他不会打的，你只要循循善诱。倒是思想上有稗草的学生非常难教育。我曾经教过一个学生，也是"文革"当中，当时，在那个乱班里他是了不起的好。还没进学校我就家访，家访时他见到我的第一句话就是"我的小学老师是不行的"。我立刻就记下了，你才刚刚走出小学校门，就说小学教师不行，这小学老师教你那么多年呢。我看了小学老师的一些评语，说这个孩子很骄傲。后来我在教学过程中非常注意他的这个缺点，但很不容易纠正。因为这孩子的缺点都非常隐蔽，也就是说他的自控能力很强。但是这种毛病在他身上，你不把它改掉，不让他认识到这种毛病的危害性，就影响他的成才。果真有一次，星期六下午我们老师在开会，他在补数学课，我们的班长在讲，讲得很好。有个题目最后班长也做不出来，他就出言不逊了。下了课，同学来找我，我就写了个条子，叫他第二天清早到学校来。我这个条子上写得很简单，我问他什么叫与人为善，请他第二天早上来回答我这个问题。这种人都很聪明的，第二天早上我在拖地时他就来了。我就问他："昨天你补课的时候（那时候我也是冒天下之大不韪，'文革'期间就给学生补课。没有文化，文盲的国家怎么建设社会主义），究竟怎么样啦？"他说："我错了。"我说："你错在哪里了。""我当时捣蛋了。"我说你这个捣蛋跟调皮捣蛋的人是不一样的，然后给他分析，因为班长同学进步非常快，而过去在小学与你是一个班级，你是班长，人家是个小组长，现在人家进步很快，你就妒忌了。我说你进来时比人家高那么一截，你现在只比人家高那么一点点，为什么？你也在进步，但是你的进步没有别人快，我说你要很好地思考。这种学生是很好的学生，但是要把他思想中的不健康的东西纠正过来非常难。几年下来，离开学校时他跟政教主任讲："我在这个中学，一辈子忘不了老师对我的教育。"所以教师就是长善救失，因为他无法代替学生成长。

但是教师需要有一双特别敏锐的眼睛，看到孩子身上的优点和他不足的地方，要发扬他的优点，克服他的不足，当然包括我刚才讲的那名女同学。她后来工作了，还多次来看我。她问我，于老师你讨厌我吗？我说我怎么会讨厌你？她说我当时真不懂事，胡闹，现在懂事了。因此我觉得老师一定要有这个想法，孩子的胡闹、缺点、学不好是正常现象。我们自己也是从不懂事逐步到懂事的。因此在他不懂事的过程中要循循善诱，逐步开导。我教了很多差生，"文革"当中，有一个厂的党委书记说他这个儿子不要了，给我。这孩子抽烟、打架，我说你的儿子给我，我也不要，你的儿子，我的学生，我们要合起来教，把他教好了。

我还曾教过一名学生，真是难极了，是我们全校留下的两名重读生之一，两年根本没到学校来读过书，在外面打架、倒卖粮票、偷窃。刚到我们班上，我们班长不要，他说我们班纪律刚好一点，弄这么个人怎么行。我当时真是花了很多功夫。为了帮助他，我成立了一个小组：两个表现比较好的，两个中等的，两个刚刚转变的，共同帮助他。因为他一起床人就走掉了，那么我要在他没有起床时叫人到他家去，先要把他请到学校来读书。好不容易一两个月都来读书了，书包什么都没有，都是我给他买的，他原来的都卖掉了。他跟学生走一走，学生的学费就给他偷掉了。就是这样一个人，家教极差，但这样的学生实际上都很聪明。他站在我面前说话，眼睛不敢正视我，抽烟抽得手指都是黄的。我有小组同学帮他，所以他一到学校来，我的情报就非常快：他今天口袋里有香烟在什么地方，我马上就知道了。就这样两个月下来，他居然好多功课都及格了。他说于老师，人家说我上课有保镖，我不要，我自己来。我说不行，你现在还没有控制自己的能力，等到你能控制自己了，就没有保镖了。

　　这个学生确实受坏影响很多，有一次突然又逃学了，而且一张嘴就骂人。我是怎么教他的？第一点，不骂人、不打人。他吃早饭的时候，三角尺掉了，他的父亲就骂他，他说我们于老师说不骂人，他父亲说我是你老子，我不能骂你啊，上去就几个耳光，他就跑了。他妈妈就哭，过去是每这样一次他就变得更坏。我就跟他母亲说，他逃掉肯定不对，但是家里这样也不行。我说这一次逃掉，我找到后，我要把他带到我家里去。当时我也有思想斗争的，他会偷啊！但是后来我想，只要我是丹心一片，孩子是能够懂的。"精诚所至，金石为开"，我确实是为了他好。好不容易把他找到，带到家里，他说于老师，你为我好，我也知道，但我这个人是枪毙鬼，改不好的，你要我改太难了。我说我都没有丧失信心，你倒丧失信心了，你认识到自己不好你就会改掉。真是花了九牛二虎之力，反反复复，把这个人教育过来了。后来毕业了，工作了，有一年我生重病在医院里，他知道了来看我，看我在输液，他哭了，他说于老师你会不会死？他没有文明语言，但他是真情流露。因此教师对学生的感情就应像我们的革命先烈对我们的事业一样。什么是忠诚事业？我们教好学生，这就是忠诚我们的事业，因此要情深似海。我一辈子就是在锤炼自己的感情，孩子都是我们的下一代，是我们的未来，这种爱超越亲子之爱、超越友人之爱。做老师应该是甘为红烛燃自身，甘为泥土育春花，一定要努力做到八个字:"忠诚事业,热爱学生"。

热爱学生就要有正气,所以要"一身正气,为人师表"。我们学校的校训就是这八个大字。为什么把这个作为座右铭?因为社会上有真善美,也有假恶丑,社会不是真空的,世界不是真空的,社会是各种关系的总和。特别是我们现在这样一个转型期,从计划经济到社会主义市场经济,在这个转型过程中,正确的不正确的,各种各样的东西,都会在我们的周围出现,因此学校教育、教师应该有正气。我始终认为教育应该代表社会主流,如果教育都不能代表主流,那这个社会就没有希望了。在资本主义国家,在日本,在英国,他们的基础教育对学生都很严格。任何一个国家任何一个民族对自己后代的教育都是非常精心的。学校是传播社会主义精神文明的场所,江总书记说,我们有"三个代表",其中一个是代表先进文化的前进方向。而学校不是市场,不是超市,不是商店,它是传播社会主义精神文明的场所,是传播人类智慧的场所,是培养学生成长成才成人的摇篮,它是一块圣土,因此教师应该以生命投入,在这块圣土上耕耘。

一所学校,一定要弘扬正气。学校应该是展示正气的地方,凝聚社会正气的地方,弘扬社会正气的地方,而教师是正气的代表,这是学校教育所决定的。应该弘扬社会的主旋律,社会上允许的,学校不一定允许,学校提倡的应该是最高尚的,我们对此要有深刻的认识。因为我们的教育对象是学生,学生没有任何社会经验,没有人生阅历,"取法乎上",有时不过"得之于中"。我们临帖的时候要临颜真卿的、柳公权的、黄山谷的,取法乎上啊!培养人也是这样,在青少年时期要让大量的好东西进入他的心田。教师要在学生心田撒播做人的良种,既撒播知识的种子,又撒播做人的良种,因此教师必须一身正气。

当然,一身正气很不容易,在当今社会尤其不容易。应该说在当今社会要修炼师德比我们这一代老师要难得多。我们这一代的老师,因为当时是封闭的、闭关锁国的,顶多就是一些"左"的思想影响,因此物质上对我们没有什么诱惑。当然对我来说,也有很多诱惑,叫我到大学上课,这个大学,那个学院,但我始终认为基础教育是块圣土,因为它是基础性的、普及性的、长效性的,对人一辈子产生影响的,所以我钟爱这块地方。现在不一样了,开放了,各种各样的思想、各种各样的引诱,对我们的教师特别是对年轻老师的影响太大了,因此就格外需要一身正气。篱笆扎得紧,野狗才钻不进。人必须有正气,必须有免疫力,身体不好,就很容易感染病菌。这里有一个重要的问题就是价值观跟我们那个时候不一样,我们那个时候就是忠诚事业,党叫干啥就干啥。现在是多元价值,我们那个时候家访一百次也没有一块钱奖金,现在有奖金了。可不可以,我想是可以的,是多元价值取向。但是教师价值取向的主导应该是奉献,因为你是教师,你是密切联系千家万户,联系到我们的事业,联系到我们的民族素质的,因此你必须有主导的价值取向。当然在不违背主导价值取向的情况下,有奖金有什么都是可以的,但是不能昧着良心赚钱,误人子弟。教师的活就是良心的活,庸医杀人不用刀,教师误人子弟是看不见的。你是全心全意、半心半意,还是三心二意,你自己心里最清楚。因此我们课堂上一定要教好学生,课后要悉心辅导,不能"捣糨糊"的。学生的青春禁不起"捣糨糊",青春是用金钱都不可能买到的,任何一个人都没有第二次青春。

人要一身正气,我想到了文天祥,他是头名状元,做宰相的,兵败被俘于大都囚室里,"富贵不能淫,威武不能屈",最后慷慨就义。死后从他的衣带里找出一张纸条,上面有16个字:"读圣贤书,所学何事?而今而后,庶几无愧。"为什么?以身殉国了!这个我们要深刻地记在心里,读书干什么,读书是明理,明做人之理,明报效国家之理。我们老师要让学生明理,自己就要明理,要有崇高的人生观,要有正确的价值观,能够抵御各种各样的引诱。为了什么？为了我们亲爱的祖国，为了我们可爱的下一代。爱国主义是我们这个苦难的民族、历经内忧外患的民族之所以能够生存发展的精神支柱，民族气节是我们的民族魂。一名教师爱学生就是爱祖国，爱自己的中华民族。因此我说人无志不立，人是要有点志气、有点精神的。

走进学生世界[①]

看到你们一千几百名青年同志走上班主任工作岗位,除了受到你们青春活力的感染,我情不自禁地回忆起自己当班主任的峥嵘岁月,那种兴奋、欣喜和突然肩上挑着千钧重担的感觉一起涌上心头。

不是什么人都可以做班主任的,学校总要选择素质良好的、工作负责任的教师来担当。班主任要走进学生世界,引领他们健康成长。学生只有一个青春,青春是无价宝。基础教育从事的是人的基本建设,思想道德的,科学文化的。在中小学求学是人生长河中的一阵子,但往往影响人一辈子的生活道路。党的期望,人民的嘱托,学生把青春交给我,我深感责任重大。基于这样的认识和心情,我做了大半辈子班主任,从20世纪的50年代,到80年代后期的不是班主任的编外班主任,看到一个个班级发生变化,一个个学生进步成长,欢乐难以言表。我真切感受到:一名教师不当班主任就体会不到当教师的真正滋味、真正价值。一个个学生走进你的心里,你也就走进了学生的心里。学生和班主任最亲,哪怕是10年、20年,乃至几十年后重逢,那种纯真、浓郁的师生情谊会弥漫满屋,充盈胸际,是天底下最美好的感情。

怎样做好班主任,现在各有各的认识和做法,只要培养学生的目标

[①] 本文是作者在上海1 500名中小学新班主任宣誓大会上的发言,发表于《新教育论坛》2003年第4期。

清晰，可以殊途同归。我觉得最为重要的是丹心一片，走进学生世界，树立人格榜样。要做到这一点，须在以下几个方面下功夫。

一、要激情似火

有人说激情是文学家艺术家头上的花环，英国诗人拜伦曾说："激情是诗的粮食，诗的薪火。"确实如此，诗人有激情，才能写出震撼人心的诗句。闻一多先生的诗《一句话》，就是极其典型的例子。"等到青天里一霹雳爆一声：'咱们的中国!'"这哪里是诗句？分明是诗人爱国主义感情如火山般的喷发，是炽烈的岩浆，震人心魄。激情也是教师，尤其是班主任必不可少的素质。不热爱这多情的土地，工作中无激情，就不能完成世界上的伟业。培养学生成长成人成才的工作，不是一般的职业，是伟大的事业。今日的学生质量就是明日的国民素质。21世纪之争是科技之争、人才之争；人不能自然成才，要靠培养。班主任是在第一线培养学生的，当然对学生要满腔热情满腔爱。

班主任胸中要有一团火，在任何情况下都要朝气蓬勃，对学生有感染力、辐射力。只有燃烧自己，才能在学生心中点燃理想之火，塑造优美的心灵。

激情表现为对真善美的追求和热爱，对假恶丑的憎恶与抵制。当今，多元经济并存，多种文化碰撞，国际风云又复杂多变，更要学会用两只眼睛看世界，透过光怪陆离的现象看清事物的本质，识别真善美和假恶丑。对金钱至上、垃圾文化、腐朽文化污染人们心灵的状况不能掉以轻心。哲学家康德说："愚昧的人之所以区别于聪明的人，根本在于他不具有判断力。"教师具有正确的价值判断，憎恶腐朽，学生就会深受其益。教师的责任是饮之以琼浆，灌之以醍醐，千万不能哺之以糟粕。

激情从何而来？来自对党的热爱，对无数革命先烈、革命前辈的由衷崇敬和爱戴。我是从旧社会走过来的，人民做牛做马，备受三座大山压迫、欺凌的状况历历在目,真是求生不得、求死不能,那种屈辱,那种苦难,一想起来就义愤填膺。而今,身逢改革开放的盛世,建设事业一日千里,每一个成就都使我激动不已。我是怀着千百倍珍惜的感情,怀着感恩的心情来对待工作的。

二、要师爱荡漾

教育事业是爱的事业,这种爱超越亲子之爱、友人之爱。师生之间无血缘关系,但教师对学生的爱寄托着祖国的期望,人民的嘱托。国家把自己的希望交给我们培养,这是极大的信任;人民把家庭的未来交给我们教育,这同样是极大的信任。一头挑着学生的现在,一头挑着祖国的未来,这就是教师工作的整个世界。这样伟大的育人事业,需要教师师爱荡漾,爱满天下。

爱要撒播到每个学生身上,每个学生心中。班主任最易犯的毛病是对学生偏爱,我年轻时也有过这个毛病。学习优异的、聪明的、一学就会的、长得可爱的,一见就喜欢。后来,不断反思,才深刻体会到:学生不是一个模子里浇铸出来的产品,他们每个人都是活泼的生命体,各有不同的基础,不同的个性,不同的成长条件。我们所从事的事业是着眼于全民族素质的提高,因而必须面向全体学生,对他们施以良好的教育。教育无选择性,只要生长在我们这块土地上,我们就都要精心教育,爱每个学生,为每个学生今日的健康成长、明日的长足发展尽心尽力。

人是有多元智能的,有的语言能力强,有的空间逻辑思维强,有的音乐能力强,有的形体能力强,等等。在一个学生身上,不可能都是强势智能,总有弱有强。班主任要练就敏锐的目光,发现学生身上的强势智能,发现他们的优点、特长,因材施教。教师不可能代替学生成长,要着力于长善救失。要充分发扬学生身上的优点,鼓励他们积极向上,帮助他们克服不足与缺点。对各个层面的学生要有不同的要求,要从学生的实际情况出发,不能空对空。有的同学表现比较好,但不等于没有缺点,对思想、性格上的问题,不能疏忽大意。响鼓还要重锤敲。克服缺点就能更茁壮地成长,一辈子受用不尽。有的同学缺点比较多,也不能"倾盆大雨",要分清主次,实事求是地引导。只提要求,不深入到学生心灵世界了解、点拨,难以收到良好的效果。教育的针对性越强,越有实效。话要说到学生心里,否则他们就会当耳边风。

爱不爱学生,是全心全意,还是半心半意、三心二意,学生心里是一清二楚的。学生有向师性,他们期望老师对他们满腔热情满腔爱,教师要做到这一点,对学生丹心一片,确实有个提升思想、锤炼感情的问题。"文革"期间,学校要我带乱班乱年级,带行为偏差的学生,靠的是什么?满腔热忱,一心为学生,时时处处为他们着想。学生是识好歹的,你真是为他好,为他成长,他会学会自控,增强自信,还会主动帮你做工作。一个个乱班乱年级带得有进步,靠的是净化自己的感情,提升自己的精神世界,克服病痛,克服自己的不良习惯,用水磨的功夫在学生心中撒播做人的良种。

爱与严是孪生姐妹。爱是严的前提与基础。没有规矩不能成方圆,班级要严格要求、严格管理,但严要严在理上,准绳是培养学生德智体美全面发展。严不是训斥、谩骂、讽刺、挖苦,后者的种种做法是无能的表现,有损学生的自尊。对学生要情深似海,晓之以理,动之以情。

班主任的工作是平凡的,琐细的,但千件万件穿在"育人"这根线上,就心里明,手脚勤,忙得愉快,忙得其所。甘为红烛燃自身,甘为泥土育春花,这是我当班主任的信条。

三、要功底厚实

教育往往是滞后效益,班主任不能为学生一时一地的分数所困扰,要培养学生的真本领。

俗话说：打铁还需自身硬。要培养学生良好的科学文化素质，有旺盛的求知欲，有学会学习的真本领，教师自己就要有真才实学，教好所教的学科。教好课，有真才实学，是做好班主任工作的有力支撑。每个教师在学生心中有怎样的地位、怎样的价值是和教师本身的品德、学识、思想言行成正比的。班主任更是如此。班主任德才兼备，在学生心中就有位置，就有分量，进行的教育实效性就大。

教师的"教"和学生的"学"不能在一个平面上移动。教师对学生的"学"要能引导、启发、点拨，课前非下功夫不可。课不能只教在课堂上，教在课堂上就会随着教师声波的消逝而销声匿迹；课要教到学生身上，教到学生心中，成为他们素质的一部分。要做到这一点，在两个方面须十分努力。

一是要学而不厌。要紧扣教材深入学，开阔视野广泛学。要潜下心来和教材对话，和作者、编者对话，把教材的重点、难点，来龙去脉梳理得一清二楚。自己理解得十分透彻，上课就能要言不烦，一语中的。否则，就会啰唆重复，不得要领，学生学起来就会如堕五里雾中。教课，千万不能把教学参考书奉为神灵，照抄照搬，那是别人的研究所得，更何况是否都有理有据？依赖别人，依赖现成的资料似乎省心省力，但路越走越窄，越不会自己走。要独立钻研，紧扣教材往深处开掘，往广处延伸，这样不仅可逐步夯实文化底子，而且会有自己独特的体会。这种体会是真切的，不是借来的，剪贴来的，它们犹如不知名的小花，虽不名贵，但植根于土壤，有活泼的生命力。

当今时代，信息如潮涌，新的事物层出不穷，学生使用信息工具，知识面大大拓宽，因而，教师要注意开阔自己的视野，教文科的要学点自然科学，教理科的要懂点人文。功底厚实，有文化底蕴，和学生谈话才有底气，才会有许多共同关注的话题，便于交流、沟通，教育学生才能真正做到循循善诱,使学生入耳入心。

二是要勇于实践。实践出真知。教学能力是在教学实践中锻炼出来的,班主任工作的能力是在班级工作实践中锤炼出来的。教学也好,班主任工作也好,都既是科学,又是艺术。要了解当代学生,走进学生的知识世界、生活世界、心灵世界,唤醒他们成长、成人的意识,发挥他们在学习、在做人方面的主体作用。教学设计,班主任工作计划,拿到实践中去检验,就可知符不符合学生的身心需要、实际水平,就可知晓还存在哪些不足与缺陷,须如何修正。认真实践,不断反思,善于总结,认识问题、分析问题、解决问题的能力会明显提高,教育机智会增长,教育智慧会增强。做学生工作,能春风化雨;教课,能像磁石吸铁一样,吸引学生注意力,激发他们旺盛的求知欲。

教师功底厚实,不仅摆脱工作中捉襟见肘的困境,更能厚积薄发,高屋建瓴,学生可真正得益。

四、要开拓创新

教育的事业是着眼于未来的事业,教育工作的性质与特点要求教师应具有相当程度的职业敏感,应跟随着时代奋力前进。我们正从事社会主义现代化建设,伟大的建设任务对教育提出新的挑战,新的要求。作为一名教师,一名班主任,要学会认识时代的特征,关心国内外大事,善于接受来自各方面,尤其是教育、科学技术方面的信息,使自己思考问题、从事教育实践具有鲜明的时代气息。

我体会到更新教育观念,对培养目标有正确而深刻的认识最为重要。就当前而言,有几点特别重要。一是以学生为本,以促进学生的发展为本。不是以"应试"为本,以"本本"为本。教育要为中国特色的社会主义事业服务,培养造就千千万万具有高尚思想品德和良好道德修养,掌握现代化建设所需要的丰富知识和扎实本领的建设者和接班人。

我们班主任工作的核心是"育人",而不是"育分",是培养学生德智体美全面发展。

二是育人的关键在于培养学生明做人之理,明报效国家之理。在教育教学工作中要抓"根"树"魂",要在学生心中培育以爱国主义为核心的民族精神这个"根",树热爱中国共产党、热爱社会主义这个"魂"。在学生世界观、人生观、价值观形成的时期,一定要满腔热忱地卓有成效地培养他们一颗爱党爱人民的中国心。

三是尊重和爱护学生是新世纪教育改革的新起点。每个学生都是独一无二的,有强势智能、弱势智能,它代表人的多样性,因而,班主任要对学生的个体性、独特性、多样性给予充分的尊重,不是让学生去适应一成不变的教育,而是要通过自己的开拓创新,以其丰富性、多样性去适应与满足学生的需要。

四是班主任不能把自己放在绝对权威的地位,我讲你们听,我说你们做。须知,教师不可能代替学生成长,而是要精心培育、耐心疏导、积极启发、点拨开窍。重在唤醒求知的欲望,唤醒做人积极向上的自觉意识和努力奋斗的精神。亦师亦友,平等、真诚,以心换心,以心教心。

各种各样有教育实效又生动活泼的教育方法都是班主任潜心创造的。创造当然要有正确、先进的教育理论、教育理念指导,但更重要的是必须从学生实际出发。因而,走进学生世界,了解他们,研究他们的所思所想、所爱所憎至为重要。为了和学生有共同语言,我可以培养和改变自己的兴趣爱好。为了解足球,记熟球员的名字,弄清什么阵势;又如,了解流行歌曲各种特征,评论优劣。凡此种种,目的在于走进学生心灵世界,和学生打成一片。你真正进入学生世界之中,而不是站在学生世界之外戳戳点点,学生就把你当自己人,信赖你。这样,不仅教育效果好,还可受到学生身上洋溢的生命活力的感染,其乐无穷。

至于教育方法的创新,只要教育理念正确,切合学生的实际,完全可以百花齐放,各具特色。每位班主任只要对学生倾注心血,就必定能创造出丰富多彩的育人方法。

育人先育己。班主任着力持之以恒地完善自己的人格,树立人格榜样,学生必然深受教育,深受感染,乃至终身受益。

祝愿大家在班主任工作上有良好的开端,创造育人的可喜成绩。

语文课程标准与语文教师[①]

《普通高中语文课程标准》(实验稿)即将公布,令人欣喜。它是在做了大量的前期调查研究工作,广泛听取方方面面的意见,从理论和实践结合的高度探讨、筛选、提炼、研制后诞生的,充满了改革意识与创新精神。我无能力对它作较为全面的解读和评述,只能从一名历经语文教育风雨的教学第一线教师的角度,谈一点学习的肤浅认识和体会。

研制从义务教育阶段到高中阶段的语文课程标准是一项系统工程,是对学生进行长达十二年语文教育的依据。语文素养是人全面发展的基础,也是终身发展的基础。因为人的语文能力是构成人学习能力的基本要素,而学习能力是人生存和发展的基本能力之一,语文能力、语文素养陪伴人的终身。基础教育中语文课程改革与其他学科改革一样,是大事,关系到莘莘学子的成长,关系到全民族素质的高低,具有战略意义。

《语文课程标准》的制定与义务教育的衔接,非少数专家的主观臆断,而是源于这样的基础:千年的民族文化积淀,百年的曲折探索,世纪末的规模宏大的讨论,新世纪社会需求的思考。

[①] 本文是作者在"语文学科教学论教师国家级培训"华东师范大学培训班上的发言,发表于《语文学习》2003年第5期。

一、价值与意义

通读课程标准，把各个部分前前后后联系起来思考，形成了一个突出的印象，即在新世纪重构语文教育模型。这个教育模型就是"素养—养成"。学生的语文素养和整体素质在学习过程中养成和提高，语文课程的育人功能充分发挥。这种教育模型的构建离不开以下几个方面的探究。

纵向继承。继承传统语文教育中行之有效的合理精华，而不是在"零"的基础上重起炉灶，以期标新立异，炫人耳目。千百年来，语文教育在培养学生理解和运用语言文字能力，培养学生文化素养，增强文化积淀方面积累了许多有效的经验，应当回顾、审视，取其精华，为我今日所用。如诵读、感悟、涵泳、体味、积累等诸多方法，都反映了尊重汉语语言文字的特点，对学习起到良好的作用。重视继承，并不是回归传统走老路。现代教育与传统教育有巨大差异，无论是教育目的、教育内容、教育方法等，均不可能等同，如若刻舟求剑，必然行不通。

横向借鉴。借鉴国外教育、国外母语教育的先进理念与有效做法，汲取养料，为我所用。国外许多教育专家、学者提出的种种学说都聚焦在"如何培养现代化的人"这一理念上。这个理念对我们来说，实在太重要了。教育，说到底是培养人。把学生从自然的人培养成为合格的社会公民，是教育应负的责任。然而，我们却常常忽视教育中这个首要问题，有意识或无意识地重术轻人，重技能技巧，轻人总体素质的培养，把"人性"置于"技性"或"物性"之下。而今的课程改革，一改以往以知识为本、以知识体系为本，而是以促进学生的发展为本，这种对人的尊重，对学生的尊重，抓住了教育的本质，这种变革应该说是革命性的变革。教育，应是进行人力资源的开发，学生要成为人力资源，当然要促进发展。

国外母语教育在培养学生文化构成、公民意识、价值观形成以及民族凝聚力等方面不断进行研究,使之起十分重要的作用。例如,美国在20世纪末,曾开展大规模的"阅读挑战",组织100万教师指导学生阅读,提高阅读能力,增添文化底蕴;动用了10万名大学生半工半读,帮助中小学生提高阅读水平。据1999年调查,学生的阅读能力显著提高,文化构成明显改善。这是为进入21世纪适应时代发展而做的一项教育准备。又如,美国劳工部对20世纪80年代至90年代本国教育现状及21世纪社会对人才素质需求全面调查,深入研究,提出就业人员应具备五大能力和三大基础。三大基础指:能力基础——有较高的读、写、算、听、说的能力;思维基础——能进行创造性思维,有决策能力和解决问题的能力,有想象能力、学习能力和推理能力;素质基础——责任心,自尊心,善交际,能自律,为人诚实正派。这些显然是综合素养的要求,与基础教育、母语教育密切相关。

其他如建构主义理论、对话理论、后现代课程理论等对语文教育的改革均有相当的启发。借鉴不是照抄照搬,要筛选、判断、消化,借他山之石,攻我之玉。学习别人,绝不是丢失自己。

植根于汉语本土,有浓郁的时代气息。汉语言文字特别具有灵性,创造的空间特别大。它是具象的、灵动的。由于字由形、音、义构成,学起来可左右脑并用,因形求义,因声求义,打开书本,如步入画廊,兴味无穷。与"单脑文字"拼音文字比,在开发智力、陶冶情操方面汉语具有更多的优势。汉语的文化性特别强,词汇和词组系统蕴含的民族文化非常深厚,审美的矿藏十分丰富。遵循汉语的特点与规律,课程标准从前言到目标到实施建议,渗透了母语教育的特点,注重语文应用、审美能力的培养,发挥语文课程的育人功能。课程标准强调共同基础与多样选择相统一,促进学生有个性地发展,注重探究能力的培养,积极倡导自主、合作、探究的学习方式,评价的目的、基准、功能、多元化的阐述,先进信息技术的运用,教师和语文课程同步发展等,无不贴近当代生活实际,无不具有浓郁的时代气息和鲜明的时代特征。

针对语文教育现状及存在的主要问题改革弊端,弘扬人文。任何语文教育模型的出现都有它特定的时代背景。我国经历过"知识—传授""能力—训练"等语文教育形态的潮流,它们都是一定时代的产物,起过积极的作用。当告别了"知识越多越反动"的荒谬年代,学生对知识的渴求犹如久旱逢甘霖,知识传授在相当程度上满足了学生学语文的需求。然而,很快我们发现教育不是培养学生成为书口袋、书橱,而是要培养他们理解和运用语文的能力。于是,20世纪80年代初期,培养学生读、写、听、说能力就成为语文教育的主潮流。能力怎样形成呢?通过训练。在当时而言,应该是一种进步。回顾走过来的路,有两点值得深思。一是任何一种做法不可能只有利没有弊。把握"度",透视底里,至为重要,超过"度"就"枉",真理超越一步还会成为谬误。语文能力的形成要通过读写口语交际的训练,本在情理之中,而题海、题库,连篇累牍的机械操练,再伴以商业炒作,高利润驱动,除了贻误学生青春,已无学理可言,语文教育出现了变异。二是随着科技发展,时代进步,社会发展对人才的需求不一样,学科教育必须与时俱进。别的不说,就是科技转化为生产力的速度也令人惊叹不已。从弄清摄影技术原理到制造出照相机,花了112年,电话仅用了56年,电视更缩短,仅用12年,太阳电池仅用2年。科学技术迅速转化为生产力,对教育就提出了挑战。社会经济正进行变革,知识经济初见端倪,这种经济类型建立在知识的生产、知识的交换、知识的分配、知识的使用和知识的消费基础上,知识是最重要的生产力,教育是知识生产力。社会不是以某种能运用的技术为基础,而是以整个知识进步为基础。对人才的评价标准,主要不是看某一方面的技能运用,而是看人才的整个知识结构、容量、水平、知识积聚和更新的能力。显然,人的培养不以获取知识为唯一目的,而是要全面发展,有良好的综合素质。用先进理念审视语文教育现状,就会发现许多问题,许多不适应乃至相违背之处。比如学语文的目的,相当程度是为考而学,教师又不得不为考而教;学习过程尤其是毕业年级,几乎是被机械操练笼罩,学生不读书不体验不积累的,比比皆是;效果不尽如人意,总体水平不高可想而知。相当数量学生对语文无感情,有的几乎是胸无点墨,一问三不知;喜欢语文的爱好文学的,面对标准化试题往往一筹莫展,个性化发展受到制约。语文教育失落了育人的灵魂,偏离了语文固有的规律,学生不爱学、不会学、学不好,应在意料之中。作为基础教育的核心课程之一在有些学校落到"小三子""小四子""小五子"的地步,由于它不能立竿见影,地位可想而知,这不能不说是悲哀。教师并不愿意这样做,特别是有思想的优秀教师,"置身于考试的漩涡之中,内心充满了矛盾与苦闷","我不想做一个没有头脑和主见的匠人,可是现实的压力又驱使我机械地服从,去做一些我怀疑的事情,甚至是莫名其妙的事情","语文,本该是让心灵和意志得到最自由舒展的学科,可是现在它在很大程度上已经异化了。它消磨了众多青年师生的时间和青春,更可怕的是,它正在以一种悄悄的,也是残酷的方式,把一个个头脑变得标准和麻木"。读了这些发自肺腑的心声,我作为一名老教师,心中一阵阵震颤。为了学生语文素养的提高,为了优秀教师的健康成长与涌现,语文课程非改革不可。

综上所述,可知制订《语文课程标准》非主观臆断,而是由于:

1. 教育本质的呼唤

教育事业是具有理想性的事业,教育本质是增强人的精神力量。柏拉图在《理想国》中借苏格拉底之口,用"洞穴中的囚徒"隐喻说出了教育的真正含义:"真正的教育"是引导人,引导人的灵魂、精神达到真实之境,从黑暗引向光明,从意见世界引向真理世界。这种灵魂的牵引实际上就是人生境界的提升;知识、技能是帮助灵魂攀升的阶梯。我国的《大学》一书,开宗明义指出"大学之道,在明明德,在亲民,在止于至善",学习的目的,在于彰明内心美善的德性,在于使人自新,使人处于最美善的道德境界。陶行知的"千教万教,教人求真",也就是追求人的精神世界的高尚。英国史学家汤因比和日本的池田大作在关于21世纪的对话中谈到当代教育时,认为教育的本质不应以谋利为动机,而更应寻求存在于宇宙背后的"精神存在"之间的心灵交流,开启人的心灵与富有的大脑。显然,古今中外研究教育的大家都认为教育的本质是完善人的精神世界。现代教育使教育对象受教育的长度增加,即实施终身教育,与此同时,不能忘记教育的深度,教育最终是为人的精神生活服务。教育的本质呼唤课程制定必须对学生的成长负责。

2. 全面贯彻教育方针的现实需要

要造就新一代高素质的劳动者、建设者、管理者和领导者,必须树立正确的教育价值观念,全面贯彻教育方针。教育的浅层次价值观是教育个体发展过分注重对谋生、谋取物质利益、博取功名的追求,忽视或轻视个性充分发展及高尚境界形成的深层次价值。学校教育要使每个学生都得到比较全面的发展,全面发展是教育方针所规定的,也是实施素质教育最本质的反映。人的生命体本身蕴含着多方面发展的潜能,教育的任务就是把学生的潜能变成发展的现实能力。学生都能得到发展,不仅是民主的基本理念,而且是每个学生的基本权利,学科教学要保护并尊重这种权利,并创造条件实现这个权利。课程标准排除片面教育质量观的干扰,不停留在浅层次的价值观,是全面贯彻教育方针的现实需要。

3. 时代发展的迫切要求

社会要求学校向学生提供优质教育,培养现代化的人。人的现代化是社会现代化的根本保证。引进作为现代化最显著标志的科学技术,移植卓有成效的管理方式等对于社会的发展非常重要,但毕竟这些只是空的躯壳,关键在于运用的人。只有提高人的综合素质,有实践能力、创新精神,才能使行进的、移植的东西有生命力,在自己的土地上开花结果,才能保证社会现代化。优质教育的重要内容是各学科教育的高质量。因此,语文课程调整目标和内容,变革学习方式和评价方式,为学生的不同发展倾向提供更大的学习空间,当然就责无旁贷。

《语文课程标准》的研制,从语文本身的特点出发,抓住了教育的本质,着眼于全面贯彻教育方针,适应时代的迫切要求,在当今学校教育中确立语文的育人价值与意义,使语文教育健康发展。对学生和语文教师而言,应该说是一个福音。

二、核心与支柱

《语文课程标准》从理念到设计,从目标到实施,有许多突破性的进展,我认为它的核心是"提高学生语文素养"。课程的具体目标由此生发开来。这个核心有三根支柱支撑,这三根支柱是:"知识与能力""过程与方法""情感态度与价值观"。三根支柱构成语文教育的立体空间,三者整合、交融,贯串了课程标准的各个部分。

1. 体悟内涵

语文素养的支柱之一是"知识与能力"。不言而喻,语文学科要传授学生语文知识,培养学生语文能力。对此语文教师可说是轻车熟路。然而,课程标准所指的"知识与能力"不是烦琐、割裂、支离破碎、机械重复的再现,而是对以往的运用正确的教育理念筛选,提炼,取其精要加以整合。必修课程中"阅读与鉴赏""表达与交流"21条目标,选修课程中诸多学习的目标,其中不少阐明了这方面的要求。学生在五个方面应获得发展——"积累—整合""感受—鉴赏""思考—领悟""应用—拓展""发现—创新",给人以耳目一新的感觉。语文能力培养方面众多,而用"应用"来总领,简明扼要,尽在不言中。

"过程与方法"是语文素养的又一支柱。与其他学科教育一样,过去往往重结论,轻过程,重教法,轻学法。这对学生自主学习、探究学习、个性发展均有相当的约束。语文教育本身应是一个动态的过程,学生学、思、议,学生读、写、口语交际。师生互动、生生互动的教学情境必然是生动活泼的,学生于其中不仅增长知识,增强能力,而且智力获得发展,情感受到熏陶。拘囿于现成结论的抄写、背诵,是绝不可能收到如此良好效果的。须知:从静态的维度看,知识是人类社会实践经验的总结;从动态的维度看,知识更是认知的过程,是探求知识形成的过程。重视教育过程,学生能充分发挥学习主体的作用,在探求知识、寻求结论的过程中,掌握学习方法,学会学语文。

"情感态度与价值观"不能停留在表面理解,要深入一点,广泛一点。情感,既指学习动机、学习兴趣与学习热情的激发,更指内心体验的注重和心灵世界的丰富。态度,既指学习态度、学习责任心的培养,更指求实的科学态度、乐观的生活态度、宽容的人生态度。价值观,既要考虑个人价值与社会价值,又要考虑科学价值与人文价值,还要考虑人类价值和自然价值,强调它们之间的统一与和谐,追求真善美的境界。情感、态度、价值观,犹如心灵世界的阶梯,由低级向高级发展。

三根支柱不能截然分开,而是相互渗透、融合,构成语文教育丰富多彩的整体。

2. 把握实质

核心与支柱的确立,由语文课程的特点所决定。

对语文课程的特点,从不同的角度观察,可以有不同的认识。说得最多的是工具性、人文性、实践性、综合性。语文是最重要的交际工具,是人类文化的重要部分,工具性与人文性的统一,是语文课程的基本特点。众所周知,汉语言文字不是单纯的符号系统,它有深厚的文化历史积淀和文化心理特征,是认识世界、阐释世界的意义体系和价值体系,符号因意义而存在,离开意义,符号就不成其为符号。因而,它不仅具有鲜明的工具属性,而且具有鲜明的人文属性。二者是一个统一体的不可分割的两个侧面。没有人文,就没有语文这个工具;舍弃人文,就无法掌握语文这个工具。通俗地说,语言文字是"表情达意"的,把"表""达"与"情""意"割裂开来,或厚此薄彼,厚彼薄此,乃至只承认此不承认彼,又怎能算是语文呢?语言是生命之声,语言活动是生命的活动,无论是口头的还是书面的,都是表"情"达"意",离开了"情"和"意"还有什么语文可言?谢慧英先生说得好:"母语的学习必然承载着这些历史的、人文的复合因素,深刻地影响着学生的精神世界。因此,从长远看,语文教育应承担着改造国民素质、重铸人文精神的重任。认识语文教育必须超越实用主义的局限,从精神的拓展、从人的发展的高度去把握,才能领会语文所包蕴的丰富的内涵。"这段洞悉事物底里的论述符合时代的潮流,符合世界许多国家母语教育的走势,有助于加强对语文课程性质的认识。

其实,语文教学中教育性的问题并非是什么新课题,并非是别出心裁想出来的,更不是要语文负载外加的累赘。语文育人的优秀传统且不说,就是20世纪90年代初初级中学语文教学大纲"教学目的"中也这样表述:"在小学语文教学的基础上,指导学生正确理解和运用祖国的语言文字,使他们具有基本的阅读、写作、听话、说话的能力,养成学习语文的良好习惯。在教学过程中,开阔学生的视野,发展学生的智力,激发学生热爱祖国语文的感情,培养健康高尚的审美情趣,培养社会主义思想品质和爱国主义精神。"20世纪90年代中期的高中语文教学大纲也有类似的表述。只是在教育实践中由于种种因素如升学考试等影响与干扰,把第一句话推到极致,丢掉了第二句话。而正由于对后者的忽略与丢弃,前者的预期效果难以实现,"养成学习语文的良好习惯"往往成为一纸空文。

人们的认识总是在实践中不断开拓前进的。从语文应担负的目的任务提高到学科性质的认识不能不说是思想的飞跃。这种思想的飞跃基于先进教育理念的冲击,语文学科本身的发展,大量教育实践的反思,社会发展的需求,国外母语教育的借鉴,其中学理的探求,反思的苦痛,利弊得失的权衡,非语言能一下子表述清楚。但是,它清晰地表明,这种性质的界定是有依据的,它坚定地着眼于以促进学生发展为本,科学地遵循语文蕴含的固有规律。抓住了语文课程的基本特点,教师的思考从线性走向多维,语文教育全盘皆活,就能以其丰富性哺育学生成长。学生在语文素养养成与提高的过程中,既获得了扎实的语文基本功,又获得了科学精神、人文精神的熏陶,潜在能力、创新能力也得到了开发。

三、实践与探索

《语文课程标准》的诸多理念、做法要在教材中得到体现,教材编写者不仅要认真学习,具体领会,更要创造性地实施。教师要依据《语文课程标准》进行教育,当然须有学习理解的过程。理解得越深,自主性越强,越能有创造性,越能取得良好效果。

认识指导实践,但实践毕竟是检验真理的标准,加强实践与探索,不仅有助于对理论的认识与领悟,而且能丰富乃至修正认识。当前的语文教育恐不应等待新编教材出来才改革,而是应以《语文课程标准》的精神为指导,进行有目的的实验,提高认识,积累经验,逐步改变语文教育在某些方面某些程度上被扭曲的状况。是否可先从以下三个方面考虑:

1. 牢固树立以促进学生为本的思想

李政道先生在讲述西南联大办学功绩时,深情地说:"西南联大是以培养人为中心的。"应该说,"培养人"三个字道出了教育的根本,掷地有声。然而,办学者、教师真正做到却绝非易事。见"技"不见人,见

"分"不见人已司空见惯。学科教育的终极目标是培养人,教育过程是培养人,知识技能是培养人的有机组成部分,是人的成长不可或缺的阶梯。

要目中有人,树立以促进学生为本的思想,须注意解开三个思想疙瘩。一是外塑与建构的问题。学生是学习的主体,学习的质量如何、语文素养如何,不能只靠教师外塑,要靠学生主动性积极性的发挥。任何高明的教师不可能代替学生学习,代替学生成长。学生的认知离不开他已具备的知识基础、能力基础、学习与生活的经验。学生的认知过程就是学生认知结构在认识与实践中不断主动建构的过程。教师确实不能包打天下,而且也包打不了,教师施教之功是调动学生学习语文的内驱动力,促进他们发展。二是师生定位问题。学生是活泼的生命体,不是无生命的容器,听凭灌输;教师不是语文知识、语文能力的二传手、搬运工。要让学生走进语文,不是只听客观介绍,隔墙看花。《牡丹亭》里杜丽娘说:"不到园林,怎知春色如许?"确实如此,"朝飞暮卷,云霞翠轩;雨丝风片,烟波画船""生生燕语明如剪,呖呖莺歌溜的圆",不亲目睹、亲耳闻,怎会有亲身体会?如历其境与身历其境是有极大差别的。学生应亲历语文之境,进行语文实践,提高语文能力,增强语文素养。教师是语文教育的组织者、指导者、启发者,既参与,又指路,有时也可领跑示范。三是少数尖子与全体学生的问题。尊重与爱护学生是新世纪教育改革的新起点。最新研究成果表明,每个常人身上蕴含着有待开发的巨大潜力,这是面向全体学生,提高每个学生语文素养的前提与依据。人是多样性的,在智能方面往往各不相同、各有所长。学生有差异,每个学生都是独一无二的,因而,教育者对学生的个体性、独特性、多样性应给予充分的尊重。要提高全民族素质,就不是只培养好少数,而是要面向全体学生;不是让所有学生适应"标准化"的语文教育,而是语文教育通过自身的改革,以其丰富性、多样性去适应与满足学生的需要。

解开思想疙瘩,师生也就逐步从技术主义的桎梏中解放出来,按照人的发展规律与语文教育规律去学语文、教语文,师生都有了自我发展,有了自主教与学的空间。

2. 掌握语文教育个性特点,发挥语文课程的多重功能

较长时间以来,语文教育的实用功能受到重视,并采用多种方法加以落实,而对它的发展功能、教育功能、审美功能等,既缺乏足够的认识,更谈不上认真落实。从这次课程改革的前期工作调查研究来看,课程目标在学生身上的体现是:有较好的基础知识和基本技能,而社会责任感和道德水平、价值判断的能力和批判性思考较差。这不能不说是学科教育的缺陷,语文作为育人功能独特的学科,当然不能推卸责任。

语文由于其个性特点,在培养学生的任务中必然有多重功能,关键在于教师意识到没有,施教时有无自觉性。

语言的发展与人的成长、发展密切相关。语言是人的重要智能,语言的发展能很好地促进人的观察力、记忆力、想象力、思维力、创造力的发展。语言和思维、情感同时发生,语言规范、生动、严密、流畅,思维的敏锐性、逻辑性就能获得锻炼与发展,情感也会日益丰富。进行语文教育,只要重视、发挥发展功能,紧扣语言文字特点,那么,开发学生智力,激发学生情感,应该是顺理成章的。

语文的教育功能、审美功能也是显而易见的。语文教材中精选的优秀诗文、经典名著都诉说着一定时期的文化,表现特定人物的思想与情感,引导学生阅读它们,就是让学生穿越时空,和圣者、智者对话,和先驱者、跋涉者交流,感受伟大的心灵、深邃的思想、超凡的智慧和创造的力量。进行语文教育,带领学生在咀嚼、品味丰富多彩、文情并茂、文质兼美的语言材料的同时,必须在"情""质"上下功夫,发挥语文熏陶感染的功能。学生在学习语文的过程中,既感受、体验到语言文字表达情意的表现力、生命力,又受到优秀文化的熏陶,有利于开阔视野,提高审美情趣和精神品格,形成奋发向上的人生态度。在多元文化并存,外来扩张文化冲击下,母语教育更要坚守育人的重任,以丰厚灿烂的中华民族文化精华哺育学生健康成长,培育民族自信力,铸就一颗中国心。

发挥语文课程多重功能,既由语文性质所决定,又是实现课程目标的必由途径。它能去除教学中的"匠气",展现教师的天职。

3. 倡导自主、合作、探究的学习方式

学习方式的转变是时代的呼唤,有个性的自主学习的方式,是语文课程改革的重要组成部分。构建这样的新的学习方式,首先须清醒地认识:信息化社会来临之际,信息急剧膨胀,新知识新技术如潮涌,学生在学校学习,不可能掌握与储备日后必须用到的众多知识与技能,学校教育只能传授他们终身发展必备的基础知识和能力,更重要的是引导他们学会学习,具备获取新知识新信息的能力。语文陪伴人的一辈子,书是读不完的,关键在培养学生求知的浓厚兴趣与内在动力,激发他们酷爱读书,指导他们学会读书。学生如果没有主动学习语文的态度,不会自主地阅读、表达、学习,就不是真正学会学语文。

其次,要着力构建新型的师生关系。新型师生关系是这种学习方式的基础。教师是学生学习的组织者、引导者,"师傅领进门,修行在自身",教师指导学生在语文天地中遨游,辨别、品尝、探源、究根,心灵解放,能量释放。师生之间是平等的关系,不是以往的灌输与接受,指令与服从。

应该说,教师的语文素养总体是超过正在求学的学生的,但教师不可能全知全能,在每个方面都超过学生。平等对话,思想碰撞,就会溅出火花。当思想高度集中时,有些学生就能超水平发挥,不仅同学之间受鼓舞,教师也会深受启发。

教学过程是师生共同参与的脑力劳动过程,教师与每个学生之间、

学生与学生之间平等对话,共同琢磨讨论,学生的发现能力、质疑能力、思考探究能力、口语交际能力就会得到有效的锻炼,文本阅读、学习就不会浮在表面,而会纵向深入、横向扩展,形成发自内心的独特体验与感受。新的学习方式一旦建立,课堂上就会形成思想、知识、情感、能力、态度、价值观等交流的网络,在合作、探究过程中,学生加大了选择性,常会出现"神来之笔",令人振奋。开辟了个性化学习天地,课堂上就不只是一个"发光体"——教师,而是"能者为师",每个学生都会发光。学语文成为一种生命的活动,充满了激情和智慧。

《语文课程标准》内容丰富,理念先进,留给教师极其广阔的创造空间。教师深入学习,在实践中尽心探索,必能使学生深受其益。

把自我教育作为终身任务

语文教学是高难度的教学。它质量的高低不仅直接关系到学生语文能力的强弱、文化素质的好坏,而且影响到其他学科学习水平的进展,影响学生日后自学能力的高低。语文教学在学生成长中起这样的重要作用,因此,对教育事业怀有高度责任感的语文教师总是致力于探索改革的途径,千方百计提高教学水平,使之充满生命力。在这方面,许多老师为我做出了榜样。从他们身上,也从自己的教学实践中,我深深领悟到:要使自己的教学勃勃有生气,使学生深受其益,就必须认真地抓自身思想、文化、业务的建设,学而不厌,锲而不舍。第斯多惠在《德国教师教育指南》中指出:"教育者和教师必须在他自身和在自己的使命中找到真正的教育的最强烈的刺激……把自我教育作为他终身的任务……"语文教师要在教学上做到日有长进,月有长进,年有长进,当然要着力找到那"最强烈的刺激",即坚持自我教育。

怎样进行自我教育,不断提高自己呢?先从一篇文章说起。

晋代人木华写过一篇《海赋》,很有气势,文中用了许多"氵"(三点水)的字。有人说今天辞书查阅方便,把"氵"的字集在一起不难,木华之可贵在于没有今日之方便而写了如此意境广阔、气势宏伟的文章。这种说法貌似有理,其实不然。要是手头有一本或几本辞典,自己就会生出魔力来,那么今天岂不是会有许许多多的人写出种种稀世名篇?要知道木华之所以能写出《海赋》,是与他的思想情操、广阔襟怀、学识修养、文字功力等分不开的。由此我联想到：我们语文教师要有效地提高教学质量，不能只祈求别人的某些经验、某些教案或实录能在自己身上产生神话般的奇迹，不能亦步亦趋，只限于治标而向前迈步。当然，在初学阶段，要把课上下来，参考有经验教师的教案与课堂实录是起一定作用的。然而，更重要的还是要抓自身的基本建设；根深才能叶茂，居高方能临下。基础牢靠扎实，就能因教材、教育对象的实际情况而充分发挥自己的特长，在广阔的语言教学领域中导演出一幕幕精彩的育人戏剧来。

下面结合自己的学习与实践，谈一点粗浅的体会。

一、对自己的教学业务须有清醒的认识

一般说来，每个人对自己熟悉的事物应该认识得最清楚。然而，不都是如此。常在身边的事物往往由于长期不经意反而熟视无睹，有时一个偶然的过客或旁观者倒是能一目了然。此所谓"当局者迷，旁观者清"，人人都会有过这种经验。因此，一个人要清醒地认识自己，一个教师要清醒地认识自己的教学业务是极其不容易的。俗话说"人贵有自知之明"，真正做到自知，做到自己认识自己，其中大有学问。

我常常想，要有自知之明，首先应该抓什么？一个民族要得到发展，当然首先要抓物质文明的建设，因为这是不可缺乏的基础。然而，同时必须牢牢抓高度的精神文明的建设，从长远看，一个民族和另外一个民族、一个国家和另外一个国家在历史上，在当今世界上所处的地位，最终还是比文化、比精神文明。中华民族几千年来就是以高度的文明著称于世，今天应该在新的历史条件下继续发扬。我们从事建设是两个文明一起上，这实在是太好了。由此我想到个人，无疑人人应在物质生活方面有保障，但更应不断追求的是思想文化上的提高。我们常说，这个人比那个人高明，比的不是他们的物质条件，不是他们的地位，

比的是远大理想、高尚的道德情操、文化教养、为人民造福的能力和为事业献身的精神。因此，我总是提醒自己，要抓自己的头脑，抓自己的思想修养。

思想修养中什么是关键呢？我的体会是"虚心"二字。"虚"就是不满，志足意满，踌躇满志，还能容纳下什么东西呢？"虚"才能容物，才能主宰自己的眼睛去看，主宰自己的耳朵去听，否则眼睛上、耳朵上总蒙上障碍物，不是视而不见、听而不闻，就是看走样，听走音。"虚心"是鞭策自己进步的动力。

审视自己的教学业务，我觉得在四个方面存在着明显的缺陷。

1. 功底

我在大学不是学中文，毕业后教语文常感到知识不成串，教起来捉襟见肘，力不从心。教了10多年，似乎摸到一点边，其实不然，始终觉得功底不厚直接影响到教学质量。功底浅，知其然，不知其所以然，经不起问，深不下去。比如识字，原先认为不难，只要会使用工具书，勤于检查就行。随着教学实践的深入，越来越觉得识字不容易。韩昌黎说："凡欲作文，须略识字。"章太炎说："韩柳之文，都通小学……清桐城派略通小学。"他还说唐宋八大家除韩柳外，其余都不太识字。当然，这样说未免太过分了。但从他的话中可知识字不容易。比如《雨中登泰山》中的'喑噁叱咤'这个词，教此课前我曾仔细查考一番，教过之后写了"教后"。"教后"中我这样写："做了多年语文教师越来越感到识字最难。'喑噁叱咤'出自《史记·淮阴侯列传》：'项王喑噁叱咤，千人皆废。'其音读释义盖根据《汉书》：'项王意乌猝嗟，千人皆废。''叱咤'今人常用，'喑噁'则已不见。'喑噁'，司马贞《索隐》曰：'上于金反，下乌路反。'则'喑'读平声，音'阴'。《汉书》作'意乌'。晋灼曰：'意乌，恚怒声也。'汇而正读，'喑'乃于禁切，音'荫'。'喑噁'则读作 yìn wū。其义则晋灼的'恚怒声'、司马贞的'怀怒气'皆是。……以《汉书》读《史记》

最为可靠。'噁'现已不用,写作'恶'。"

同是一字一词,意义变化也不容易把握。比如"文化"一词,在英文为 Culture。英国雷蒙德·威廉斯常用字义变化研究社会文化之发展,对于 Culture,他说:它本是"天生成"的意思,在18世纪末和19世纪早期一变而有"习惯和心情一般状态"的意义;第二次又变成"社会""知识发展一般状况"的意思;再则进而变成"艺术一般总称"的意思;最后到19世纪后期就发展成为包含"物质、知识、精神全部生活方式"了。

从教语文那天起,我追求的目标是努力做到出口成章、下笔成文,真正在使用语言方面为学生做榜样。然而,由于底子薄,至今距离极大。

2. 视野

语文学科涉及的知识多达几十种,除了本身汉语、文学等知识外,还涉及天文、地理、科技、美术、戏剧等,真是丰富多彩,包罗万象。教学任务决定了语文教师既要精通本身的业务,又要广泛涉猎。专业有所长,路子又广,教学时就会逐步做到得心应手。

教课要能撒得开,纵横自如,更要能收得拢,聚意点睛。如果视野狭窄,谈不上登高望远。比如,在教介绍现代科学技术的说明文时,往往只能就文论文,干得很,因为缺乏有关知识,兜不转。不是说语文教师都应精通科学技术,这是不可能的,但一个科学盲的语文教师在教学中缺掉相当重要的一只"角",总是很遗憾的。

又比如借鉴外国的问题。要在语文教学中走出新路子,除了继承和发扬传统教法中的精华外,必须面向世界,了解外国,有所借鉴。这里就存在两个问题,一是不能阅读第一手的材料,即使阅读译本,也往往挂一漏万;二是捡到篮子里就是菜,抄一点,套一点,甚或以旧为新,乱套乱用。吸取国外教育教学进步的、有益的观点与方法,目的是滋养丰富自己,而不是失去自己。在这些方面虽有所注意,但毕竟读得少,研究得少，既未做到大量占有，更没能咀嚼消化，这也影响了自己视野的开阔。

3. 开拓

生活在现代社会，在新时代的课堂上从事语文教学，没有锐意进取、积极开拓的精神，是很难提高教学质量的。方向要认准，目的要明确，做法要慎重。我自己对"不改革语文教学无出路"这一点认识是有的，但在做的时候往往左顾右盼，考虑过多，一怕弄得不好影响学生的语文质量，二是自己把握不大，由于理论底子薄，对有些做法的科学根据不能一眼见底，故而逡巡不前。其实，开拓并不是什么都考虑好了再做，而是边实践边认识，在实践中开拓，在实践中求得完善。俗话说，艺术只分优劣，不分辈分。此话用来看语文教学，也是十分恰当的。中青年教师勇于开拓向前，自己要向他们学习，不做落伍者。

4. 驾驭

语文教学是科学，也是艺术，教师驾驭能力如何，直接影响教学质量。所谓驾驭，一是驾驭教材，有洞悉教材的能力；二是驾驭课堂，对课堂中学生活跃情况能及时运筹自如。钻研教材是无止境的，写了教案去实践，回头再来看教案，往往没有一篇没问题。且不说理解得深，就是理解得正确也十分困难。然而"正确"是教课的最为重要的问题，把知识教谬误了，就好比把稗子撒到学生心中，其后果可知。比如教《果树园》的第一部分，景物描写有特色，人物描写有章法，是把景物描写、翻身农民群众的欢乐、李宝堂的"苏醒"后的欢乐放在一个平面上理解，还是主衬分明？同样写欢乐，写法上相仿，还是有显露与含蓄之别？一些词语的选用是信手拈来，还是匠心独具、环环相扣、互相映衬的？凡此种种，教过以后比教之前要明白得多，这就反映事先理解不深，驾驭教材的能力不太强。课堂驾驭也是如此，学生积极性未充分调动时，教师容易教，反正你说他们听；调动起来后，天南地北，学生什么问题都提得出，如弓足、旗幡、马刺等，有修养有经验的教师，有时也难招架。

教学之路是一条艰辛的路，上面布满自己的缺陷乃至"创伤"。对此必须有清醒认识，并认真对待。法国文学家罗曼·罗兰曾这样说："累累的创伤，就是生命给你最好的东西，因为每个创伤上面都标志着前进的每一步。"我想语文教学也是如此，不足、缺陷是令人懊丧的，但是认识它、填补它，跨越过去，就能放开脚步愉快地前进了。

二、教师身上要有时代的年轮

作为一名教师，应该具有相当程度的职业敏感，要跟随着时代奋力前进。

人类社会已经跨越了19世纪的蒸汽机动力时代，又跨越了20世纪初期中期的内燃机动力时代，今天，科学技术已经发展到了一个全新的时代，即信息时代，电子计算机的运用进入了越来越多的领域，以空前的规模和速度应用于生产，使社会生产的各个领域面貌一新。时代对教育提出新的要求，教师要学会认识时代的特征，关心国内外大事，善于接受来自各方面尤其是教育、科学、技术方面的新信息，使自己思考问题、从事教学实践具有时代气息。

怎样才能使自己身上具有时代的年轮呢？

1. 从思考问题的习惯轨道上解放出来

较长时间以来，我们教语文总是看课堂里的学生多，看学生的学习成绩多。如果说想得稍远一些，那就是想到毕业考试，想到如何考入高一级的学校。因此，对语文作技术性的处理多，育人考虑得既少又肤浅。道理明摆着，教文是为了育人，育人是大目标，教文是为育人服务的，不从分数、考试、就文论文、题海战术等条条绳索中解放出来，育人的观点就树立不起来，考虑问题也就必然总在狭隘的圈子里打转，以致形成许多做法上的回环往复，跳不出圈子，迈不开步子。

邓小平关于"教育要面向现代化,面向世界,面向未来"的指示开阔了自己的视野,使我懂得了看问题要动脑子,要站在时代的高度。教育是为未来培养人才,我们培养的不是机器人,而是设计、制造和使用机器人的人才。未来不需要记忆型的人才,因为电脑在一定程度上可以代替;未来需要的是思想活跃、富于创造精神、有独立学习能力、善于吸收各种新信息的人。这种人有不断更新自己知识结构的能力,有开拓事业的精神。为此,我给自己立了条规矩,就是千万不能用"填鸭式"的方法把学生填塞成书架子、书口袋,一定要在知识、能力、思维、胆识等方面打下扎实的基础。在把握学生实际的同时,脑子里要有"明日建设者"的清晰的形象,用"明日建设者"的要求指导和促进对"今日学生"培养。教在今天,想到明天。今天的课堂教学要为培养未来的创造者服务。要认真考虑到那时现代化建设的成就已怎样,现代科学技术发展到怎样的水平,具有怎样的思想和能力的人才能适应。

教师由于工作性质所决定,目光不能短浅,不能近视,要看得远,看得深。教师必须与时代同步前进,思考问题在相当方面要走在时代的前面,而不能落后于时代。

解开思考问题的旧习惯的绳索,目光就开始敏锐起来,就逐步自觉地把语文教学工作和当今世界、和灿烂的未来紧密联系起来,探索改革的途径。

2. 着力于知识的不断增进与更新

教师要学而不厌,只有自己的知识长流水,学生才会得到灌溉。而在当今时代,这个问题显得尤为重要。

由于社会的进步,科技的迅猛发展,知识老化的现象日益显露。早在一个多世纪前,哲学家黑格尔就曾说过:"在知识的领域里,我们就看见,在许多从前曾为精神成熟的人所努力追求的知识而现在已经降为儿童的知识,儿童的练习,甚至已经成为儿童的游戏。"科学的知识降为儿童的知识、练习甚至游戏,岂不是知识的老化?知识是人把握世界的机器和工具,一种知识当它能用以指导人类认识世界和改造世界时,它就是有生命力的,为我们所需要,一旦失去了这种作用,就丧失了生存的价值而老化了。

回顾过去的历程,自己虽读过一些书,有一点社会科学知识和自然科学知识,但在实际运用中深感有些已陈旧,由于长时期不用,灰尘满布,而新鲜的、实用的又奇缺,因此,必须积极地增进与更新知识。

比如语文教学中总要讲到文学体裁、文学样式的问题,过去学的时候,脑子里就那么几大类,几十种;而今新的样式不断涌现,就要随时注意,认识辨别。例如微型小说,它的特点是什么?与长篇小说、中篇小说、短篇小说区别何在?除了篇幅上的区别外,特色何在?就须研究。又如,过去只知连台本戏,现在出现了电视系列片,这种片子在怎样的条件下产生的?它在结构情节、刻画人物方面有哪些独特的地方,也须认识、了解。再如,电视小说、电视报告剧、电视音乐剧的出现也都是新鲜的样式,教师要注意吸收这些新的信息,增加自己的知识储存。

语文教师对历史和地理的知识应该比较熟悉。当今世界与自己学生时代情况大不一样,许多民族国家独立,单是国家名称和首都所在地就够记了。如现已有168个国家独立,而第二次世界大战前夕,非洲仅三个独立国家。

从现实出发,用新的观点去重新认识历史,重新认识已有的知识,也是知识更新。如《史记》对汉高祖刘邦的记载:"高祖,沛丰邑中阳里人,姓刘氏,字季。父曰太公,母曰刘媪。其先刘媪尝息大泽之陂,梦与神遇。是时雷电晦冥,太公往视,则见蛟龙于其上。已而有身,遂产高祖。"这种神化封建帝王的迷信说教是传统文化中的糟粕,要否定、扬弃。又如秦始皇的坟墓问题,《汉书》有误,掘墓焚陵是讹传,《史记》可信,水银江河在地宫。这是根据考古研究新成果而获得的知识。

至于现代科学技术等知识,更是要甘当小学生,关心,学习,力求学懂一点。

3. 改革不适应时代潮流的教学方法

要把学生培养成"四化"建设的开拓型人才,教师自己就要有开拓的精神。而在开拓中用什么方法来教学生又是不可忽视的重要因素。传统的教学方法,对从事语文教学多年的语文教师来说无疑是驾轻就熟,即使对年轻教师也有很深影响,他们做学生时教师就这么教,习惯成自然。传统教学方法中合理的精华不可丢,但有些做法如重知识轻能力、多灌输少启发等要大力改变。时代不断前进,科技迅猛发展,不适应潮流,用与现实脱节的陈旧教学程式来进行教学,对学生的语文能力的锻炼、思维能力的发展都不利。

教学方法要力求与时代要求合上节拍。以教说明文《晋祠》的几个环节为例。课的起始阶段,我用三言两语引入课文后,就要每个学生口述一处祖国的名胜古迹,而且在速度与表达上有要求。学生从上海的小刀会起义地讲到西藏的布达拉宫,从杭州的西子湖讲到长白山的天池,思路广阔,兴趣浓郁。安排这个环节的目的在使学生在以下几个方面得到培养:锻炼口头表达能力;相互启发,开阔视野;了解一部深厚的中华民族文化史平铺在祖国 960 多万平方千米的土地上,受到爱国主义的熏陶感染,增强民族自豪感。此外,还活跃了课堂气氛,学生学得轻松愉快。第二个环节出示《中国名胜辞典》,听写"晋祠"的条目,听写以后将条目中说明的每一句话用数字标出,与课文中相应的内容相对照,辨别异同。这样做的目的是:激发学生的求知欲;训练学生听和写的能力;训练思维的敏捷性;检验阅读理解的准确度;训练事物相互比较辨别的能力。这样一环扣一环,环环有明确的培养目的,而每一环又起多方面的培养作用。学生的活动约占课时 80% 多,而这些学习活动又是在教师指导下进行的。学生思维处于兴奋状态,兴味盎然。

我举这个例子,意在说明教学方法要合乎时代节拍须把握以下要点:

(1) 出发点。把从教出发的立足点转换到从学出发,"教"为"学"服务。"教"不是统治"学",代替"学",而是启发学生"学",引导学生"学",使学生有充分用武之地。

(2) 联系网。把直线往复的教学转换为网络式的教学,即把教师与学生的单向型联系转化为教师与学生、学生与学生、学生与教师的辐射型联系,使课堂真正成为学生训练听、读、说、写能力与发展智力的场所。

(3) 节奏。一要清晰,二要灵敏。每个教学环节、每个教学活动要有很强的目的性,力避繁枝密叶,糊成一片。再则是训练思维的敏捷性,能快速地作出准确的反应与表达。

(4) 容量。精心设计讲和练的内容,考虑讲和练的角度与方式,努力把课上得立体化,内容丰富,使学生在有限的课时内,思想、能力、智力能获得多方面的培养。

(5) 时代活水。与现代化的教学手段结合起来,把文学、艺术等体现时代精神的表现方法改造运用到教学中来,让时代活水在语文教学园地上流淌。

自己的改进仅是起步,任重而道远,有待于今后兢兢业业地努力。语文教师齐心协力,经过山重水复,定能进入柳暗花明新境地,取得累累硕果。

三、锲而不舍是走向知识富有的道路

一个教师要有拼命吸取知识的本领与素质,犹如树木,把根须伸展到泥土中,吸取氮、磷、钾,直至微量元素。只有自己知识富有,言传身教,才能不断激发学生浓厚的求知欲。

要做到知识富有极其不容易。有人说这是一条"光荣的荆棘路",这条路尽管像"环绕着地球的一条灿烂的光带",然而在此中要有备尝艰苦的决心。对我们语文教师来讲,似乎更应如此。语文教师工作量大,负担很重,要想有整块时间学习是不可能的。为此,锲而不舍的精神尤为重要。把零星的宝贵的时间有计划地用上,天长日久也是可观的。

读书要会读,如果终日读书,学而不思,其实这算不得读书,而是"对书"而已,整天只是面孔对着书,学到的东西是有限的。冯至给茅盾的杂诗等十二首中有这么两句:"愧我半生劳倦眼,为人为己两蹉跎。"这是冯先生的谦辞,他是有成就的。然而从这两句诗中可得到启发,如果我们只是"对书"而不思,那就只是劳倦眼睛,收获不多。如果学而思,学一点,消化一点,即使时间零碎,日积月累,真才实学必大有增进。我常这样要求自己:

1. 重要的理论反复学,力求正确理解,学能深入,用能浅出

理论上的模糊必然导致实践中的盲目。我深切体会到,自己在教育教学上出现的无效劳动,往往是由于理论上认识不清,理解上有偏颇所致。对于理论的深入浅出理解与阐述是颇不容易的。就拿历史唯物主义基本原理来说吧,《在马克思墓前的讲话》中已经讲得很通俗,然而教师在教这一课时,要浅显地正确表达出来,使学生真正懂,就着实不容易。文中有这样的语句:"……人们首先必须吃、喝、住、穿,然后才能从事政治、科学、艺术、宗教等;所以,直接的物质的生活资料的生产,从而一个民族或一个时代的一定的经济发展阶段,便构成基础,人们的国家设施、法的观点、艺术以至宗教观念,就是从这基础上发展起来的,因而,也必须由这个基础来解释,而不是像过去那样做得相反。"对如此长句单作语法分析是不够的,讲深了费时,学生也不能理解,要浅出,讲得浅显,学生才明白。要浅出,前提是教师学得深入,唯其深入,才能浅出。我在教这篇课文时,颇花了一番功夫,力求能浅显地阐述道理,使学生能懂。近读刘心武的长篇小说《钟鼓楼》,竟发现其中有一处以艺术笔调阐发历史唯物主义基本原理,很有意思。作者写道:

  人们落生在这个世界上,最早意识到的是包围着自己的空间。这空间有着长度、宽度和高度,其中充满了各异的形态、色彩与音响……而后人们便意识到还有着一种与空间并存的东西,那便是摸不着、握不牢、拦不住的时间。在所存在的空间里度过着不断流逝的时间,这便构成了我们的生活,于是乎喜、怒、哀、乐,于是乎生、死、歌、哭……
  但每一个人都不可能是单独地存在着。他必须与许许多多的人共存于一个空间之中,这便构成了社会。而在同一个社会中,人们的阶级意识不同,政治方向不同,经济利益不同,人生态度不同,道德品质不同,文化教养不同,性格旨趣不同,生理机制不同,竞争能力不同,机遇遭际不同……于是乎便相争相斗,相激相荡,相斥相离,相轻相嫉……同时也必定伴随着相依相靠,相汇相融,相亲相慕,相尊相许……而这种人类社会的流动变化,从整体角度来说,便构成了历史;从个体角度来说,便构成了命运。

道理说得多么形象,多么生动!不是作者入得深,又如何能如此出得浅呢?
  又如对教育教学理论的学习也是如此。叶圣陶老先生提出"教是为了不教",开始不少人误解为"少教"甚至是"不教"。但只要结合实际仔细想一想,就能体会到千万不能用"等于"代替"为了"。教师"教"是今天的任务,"不教"是明天之目标;今天的"教"要达到明日"不教"的目的——学生能自学,独立工作。自学能力的培养非一朝一夕的,其中有个过程,"教"得法,就能更有效地达到"不教"的目标。

2. 紧扣一点深入学

要弄懂一点知识,必须深入学习,认真钻研。"一锹铲不出金銮殿",一定要锲而不舍地步步前进,层层深入。深入学习,其乐无穷。比如诗歌,每学期都教,围绕它读点书,可以得到许多有趣的学问。诗中有方位、色彩、数字,在诗人笔下多有妙用。

《木兰诗》中有"东市买骏马,西市买鞍鞯,南市买辔头,北市买长鞭",诗中以"东南西北"来写的屡见不鲜。《楚辞·招魂》中有"……魂兮归来!东方不可以托些……魂兮归来!南方不可以止些……魂兮归来!西方之害,流沙千里些……魂兮归来!北方不可以止些……",曹植的《游仙诗》中见到"东观扶桑曜,西临弱水流,北极玄天渚,南翔陟丹丘"的诗句。同是东西南北,有的是写到处奔波购买物品准备出征的繁忙,有的是写四方不可留,希望死者灵魂归故土,有的写受到猜忌,郁郁寡欢。同是方位词,表达则各有其趣。这种用法,楹联中、文章中也不少。《儒林外史》中所写杨执中屋里壁上的对联是:"三间东倒西歪屋,一个南腔北调人。"十分有趣。至于《捕蛇者说》中刻画紧张气氛"叫嚣乎东西,隳突乎南北",教师是周知的了。

诗中用词表色彩,方法多种多样。如有的诗句第一字就是表颜色的,杜甫的"红入桃花嫩,青归柳叶新"(《奉酬李都督表丈早春作》)、"青惜峰峦过,黄知橘柚来"(《放船》),"碧知湖外草,红见海东云"(《晴》),这类诗句一下映入眼帘的是颜色,可以收到使读者眼前突然闪亮的妙用。有些诗句把多种颜色写在一起,鲜艳、缤纷。这类诗句以七言多,如人们熟知的"两个黄鹂鸣翠柳,一行白鹭上青天",又如苏轼的"红叶黄花秋正乱,白鱼紫蟹君须忆"(《台头寺雨中送李邦直》),再如陆游《夏日》中的"白葛乌纱称时节,黄鸡绿酒聚比邻",真是彩色缤纷,怡悦双目。诗中的颜色当然是真色多,但也有假色。钱锺书在《读"拉奥孔"》

一文中说:"诗文里的颜色字也有'虚''实'之分,用字就像用兵那样,要'虚虚实实'。"苏轼咏牡丹名句"一朵妖红翠欲流",明明说的是"红",哪能又说"翠"呢?写色彩"而虚实反映,制造两个颜色错综的幻象,这似乎是文学艺术的独家本领,造型艺术办不到",说得就更精彩了。

诗里数字运用得妙,也能加深诗的意味情致。诗中数字用得较多的是"一""三""千",而"三千"连用最常见。众所周知的李白的诗句,如"飞流直下三千尺,疑是银河落九天","白发三千丈,缘愁似个长",又如《白氏长庆集》中白居易的《和微之春日》一诗中"江上三千里,城中十二衢"的句子,数字运用得很妙的如张祜的《宫词》:"故国三千里,深宫二十年。一声河满子,双泪落君前。"二十字中,用到"三千""二十""一""双"等数字,不仅不觉得堆砌,而是感到宫女的哀怨是那么凄凉缠绵。

学知识如汲深泉之水,越学越能品尝到其中的甘甜。

3. 开阔视野广泛学

在某个意义上说,语文教师的知识仓库里的货物不能不"杂",但要杂而有章。这就需要广泛地阅读,有选择地阅读,并且要善于在生活中学习,有条理地储存。

广泛涉猎,稍稍深入,每有会意,兴味无穷。比如我们常碰到"阳春白雪""铁中铮铮"等成语,前者今天常用来喻音乐则为高级音乐,喻文学则为高深文学,喻艺术则为高超艺术,后者用来比喻出色人物。其实今天应用在程度上与原来有点出入,只要读一读宋玉《对楚王问》《后汉书·刘盆子传》即可明白。但今天约定俗成,大家都这样用了,不必弄聪明纠正,但语文教师最好心中有个数。

读画、评画也能积累知识。英国19世纪著名政论家、艺术评论家罗斯金说:伟大民族的自传都有三种稿本,一本是以其业绩写成,一本是以其言辞写成,一本是以其艺术写成。人们欲懂得其一,非同时懂得其他两本不可;但三本中唯独后一本才是真实可信的。的确,一个国家的艺术，很能反映这个国家民族的生活、思想和情操。我常常喜欢把西洋画中可爱的小爱神丘比特与中国敦煌壁画中的飞天来比：胖胖的丘比特，背上有双翼，在天空中飞，虽可爱，但总觉得一对那么小的翅膀不足以驾起胖身子翱翔。飞天就不同，画家用一条迎风飘扬的带子，就让你看到仙女们在天空中飞得多么自由自在，这里包蕴了我们民族的智慧。评画也能扩大自己的眼界。吴冠中在《美术》1984年第11期的一篇文章中说道："出色的作品总印得不如原作，较次的作品印出后往往倒比原作效果好。"为什么原作与印出来的画有如此差异呢？因为珍贵的色的变异及敏锐的手的波动感是不容易在印刷品中反映出来的，而作品中那些疙疙瘩瘩、黏黏糊糊的油彩之病，经印刷工序给抹得含混不清后，倒起了遮丑的作用。知道了这些后，觉得自己在教学中必须避免疙疙瘩瘩、黏黏糊糊；要是看不到这些，反把课上得花里胡哨以为美，那就是丑而不自知的了。

我很爱读小说，年轻时读得入迷，往往欣然忘食。如狄更斯的小说都情节生动，引人入胜。据说《老古玩店》当时连载时牵动人心，引起轰动。连载的杂志一期一期在英国出刊，以帆船运往美国。人们对故事情节越看越入迷，纽约码头上等着买杂志的人越来越多。当刊登小说最后一章的杂志运到纽约时，码头上人头攒动，竟有五六千人之多。船未靠岸，人们一眼看到甲板上的船长，就迫不及待地问那燃烧在心里的问题："小奈儿究竟死了没有？"狄更斯的小说以情节取胜。其实引人入胜的何止是小说，其他文学样式中佳品也如此。如英国文艺复兴时期的诗人斯宾塞有过一部未完成的长诗叫《仙后》，据说当时手稿送到文艺庇护人索斯安普顿伯爵手里，伯爵读了几页，立即命人赏赐作者20英镑，再往下读，又兴冲冲地说"再赐20镑"。读着读着不能自已，最后竟不得不说："快把那家伙赶出去，再念下去我非破产不可。"文学掌故虚虚实实，说多了就当真了。这一掌故妙在没说一个"好"字，但实际上把《仙后》说得好得无以复加。

学习之乐，其乐无穷。我把平时学习所得写成笔记，完成了《学海探珠》一部稿子。《后汉书·列女传》中说："一丝而累，以至于寸，累寸不已，遂成丈匹。"多少年来，我就是以这种累寸累匹的精神要求自己，从语文的无知者中一步一步艰辛地走过去，摸索语文教学的大门。

在学习中我相信两句话，一句是"锲而不舍"，再一句是"学然后知不足"。认认真真去学了，才真正知道自己实在懂得太少。歌德说："尚未实现的崇高目标要比已经达到渺小的目标更为可贵。"任重而道远，自己要继续追求，孜孜不倦。教师只有不断地提高，教学才一直充满生命力。

教师素质与城市精神[①]

众所周知,塑造和培育富有活力、独具魅力、彰显时代特色的上海城市精神,是上海进一步发展的外在引力和内在动力,上海各行各业人员理应十分关注。教师作为社会主义精神文明的传播者和创建者,更是要加大关注力度,发挥重要作用。

一、塑造城市精神是时代的需要

为何现在在建设的进程中提出要塑造上海城市精神?城市精神又有怎样的内涵?在建设中起怎样的作用?这些问题值得探讨。

1. 现时代上海肩负着建设重任

上海是一个工业化城市,在1 600多万人口中各行各业的从业人员达800多万。在改革开放和经济建设的伟大历史进程中,上海人曾以"上海速度、上海效率、上海精神、上海风格"赢得全国乃至世界上不少国家与地区的认同与赞誉。但是,任重而道远,上海面临着新一轮的发展,要成为金融中心、经济中心、贸易中心、航运中心,要成为国际化的大都市、世界级的城市,就要率先在全国实现现代化,任务十分繁重。仅以长江三角洲的城市群建设而言,沪宁杭乃三个重要支点,上海为龙头,宁杭为两翼,其他城市如苏州、无锡、常州、湖州、嘉兴等为腹地,形

---

① 本文是2003年8月作者在上海市教师学研究会学术讲座上的发言。

成网络体系,朝一体化的方向发展。上海作为我国最大的城市和经济中心,地位要进一步提升,基础设施要进一步完善,国际化水平要进一步提高,必须迎接科学技术高速发展的挑战,必须迎接资源、环境、生态、社会发展诸问题的挑战,必须迎接人才激烈竞争的挑战。

要在竞争中取得优势、稳操胜券,就须确立经济与科技的制高点,有足够的人力资源。既抓物质文明,又抓精神文明,两手抓,两手都要硬。城市精神的建设、塑造,是社会主义精神文明的重要内容,是时代的需要。

2. 城市精神的内涵及其支柱作用

一般地说,城市精神塑造要注意三个层面。基础层面是科学精神、人文精神、艺术精神,反映真善美。第二层面主要体现民族精神。民族精神是民族的灵魂,国家的支撑,博大精深,团结、爱国、求实、创新、和平、民主、开放、勤劳、勇敢等均为其重要内容。第三个层面是体现城市特点和城市个性的精神。上海在明代就是江海运输枢纽,有沙船文化,不畏艰险,坚韧不拔。近代开埠后,移民多,背井离乡,敢于冒险,勇于开拓。近代工商业发达,遵守工业纪律、现代科技规范,崇尚公平、平等。中华人民共和国成立以后,工业发展相当迅速。改革开放以后,更是强调"上海速度"。凡此种种,体现的是上海城市的个性特点。

城市精神作为一种精神,它不是独立存在的,它是职业精神、公共道德、城市文明、人文习俗等方面的综合反映,它的内涵十分丰富,思想的、道德的、科学的、文化的,涉及的范围很广,探究起来,至少有以下一些特性:

(1)创新是发展的不竭动力,因而在发扬优秀传统中注意开拓创新,具有时代的特征。

(2)以海纳百川的胸怀参与合作,服务全国。有大局意识,具备开放的心态、合作的精神、虚心的态度,以及辐射的能力。

(3) 在艰苦奋斗中追求卓越,苦干,实干,争创一流。市场经济条件下特别需要奉献精神。

(4) 在敬业、诚信中提升道德,讲究文明,规范行为。

以上种种均为城市精神的内在要素。也有人认为表现在三个文明上。一是形象文明,包括行为举止,"七不"规范;二是功能文明,包括管理、服务;三是素质文明,包括思想境界、精神品格、自我修养。城市的外在形态如城市建筑、城市规划、城市环保、城市绿化、城市秩序等也可反映城市精神。内在因素与外在形态相比而言,前者的建设难度更大,更须着力。

城市精神内在因素看来似乎无形,但它如春雨一般,洒到各行各业,洒到市民中心,能润物细无声,能提高人的素质,凝聚人心,对城市的持续发展起重要的支柱作用。

二、城市精神培育,学校责无旁贷

城市精神的培育不可能靠某些部门、某些人就能形成,它是全体上海市民共同关心共同实践的大事,所有行业所有部门都应群策群力,形成众星捧月的大格局。众所周知,良好的社会风气,追求高尚的精神,和谐相处的人际关系,绝非少数人就能形成,要大家提高认识,身体力行,步调要和谐一致。比如社会环境的建设,有社会道德环境,遵守社会公德到什么程度,人与人能否平等相处,不势利,不嫌贫爱富;有社会生态环境,包括自然环境、文化环境,是敬畏自然,善待自然,还是乱砍滥伐,糟蹋损害花草树木;文化是引导积极向上,健康有品位,还是恶炒复古、洋化、低俗,乃至垃圾,把一切文化都视为赚钱的工具;有生活环境,如禁毒,打击犯罪,等等。从中可知,社会道德环境的建设牵涉方方面面,有浅表层的行为表现,有深层次的公民意识、思想道德素质、社会建设的指导思想,方方面面教育、动员,方能显现良好的效果。又如培养诚信精神,管理部门、企业、事业单位、文化部门、艺术团体等都要认真培育,做到诚实守信,办事公道,杜绝虚假,遵纪守法,言行一致,创造良好的社会风气。对弄虚作假的要憎恶、抵制,嗤之以鼻;对触犯法规的当然要绳之以法,这是另一个层面的问题了。

学校是创建社会主义精神文明的重要场所,培育城市精神当然责无旁贷。

教育的本质就是培养人,我们的教育就是要培养有中国心的现代文明人。我们的培养目标就是要使受教育者德智体美全面发展,有良好的思想道德素质和科学文化素质,身心健康,打好成为合格公民的基础。城市精神的培育不仅可促进学校教育的发展,而且注入了当代上海城市的特征,使学生心态更开放,视野更开阔,将来能更自觉有效地服务祖国、服务人民。

学校是传承文明、创建文明的场所,校园文化必须弘扬社会的主流文化,弘扬社会文化的主旋律,代表最健康、最积极向上的精神。学生进入学校,有一种如禾苗获得阳光雨露滋润的神圣感、幸福感,在耳濡目染中茁壮成长。

学校不是真空地带,社会上各种各样的思潮、文化,包括生活方式,都会渗透到学校,弄得不好,会形成冲击,影响学校教育的开展与质量。为此,学校对师生的教育必须敢字当头,敢抓敢管。学校领导须有很强的文化判断力,精心地弘扬正气,充分运用社会上良好的教育资源,创建城市精神中的感人事例教育学生,提高他们的认识,激励他们的热情。与此同时,敢于批评、抵制歪风邪气,提高学生的识别能力,增强免疫力,增强抵御的能力。社会上流行的,学校不能照单全收,更不能任意提倡。学校提倡的应是高尚的、健康的、积极向上的,有益于学生健康成长的。学校要坚持全面贯彻教育方针,让全体学生获得良好的培养,就须花力气排除种种不良干扰,树立学校教育的精神支柱,坚持正面疏导，制订校规校纪，强化行为规范，把城市精神适合青少年身心需要的因素融合于教育之中。"为学贵慎始"，将塑造城市精神的教育融入学生素质教育的全过程，日积月累，必有成效。

三、关键在于教师自身素质的提高

城市精神内在因素的聚焦点是：高尚。这与教师职业的特殊性，从根本上来说，是十分契合的。教师是育人的人，选择教师，就选择了高尚，对低俗的、肮脏的有识别力、抵御力。《论语·子路》中说："其身正，不令而行；其身不正，虽令不从。"教师的职业决定了教师本身必须修身正己，否则，就难以要求学生。同样一句话，出自不同的教师口中，效果可大相径庭。原因何在？教师在学生心中会形成具体的形象，这位教师德才兼备、言行一致，学生就自然而然地心怀敬意，教师信任度高，教育效果就好。如果某位教师言行不一，对己宽，责人严，在学生心中就会价值低落，教育的有效性也就大打折扣。教师工作的效果相当程度源于教师人格的魅力、人格的力量。教师人格高尚、完美，对学生有吸引力、感染力、辐射力，教育的有效性就比较高。

培育城市精神，教师既是引导者，又是实践者。引导学生认识、体会上海城市精神拥有的内涵，又引导他们身体力行、亲身实践，展示青少年学生良好的风貌。不管是晓之以理、动之以情，还是导以之行，都是以教师自身素质的提高为依据。敬业爱生，专业基础扎实，教学能力强，师德师能堪为表率，学生就能深受其益。

谈到教师的理想风采时，叶澜教授说过这样一段话："对人类的热爱和博大的胸怀，对学生成长的关怀和敬业奉献的崇高精神，良好的文化素养，复合的知识结构，在富有时代精神和科学性的教育理念指导下的教育能力和研究能力，在实践中凝聚生成的教育智慧，这就是我们期望的未来教师的理想风采。"这段话暖人心，有前瞻性。

在我们身边已能找到这样的教师,然而,在未来社会中,这将是一支值得人们敬佩和国家引为骄傲的,由千百万教师组成的大军。这支大军的组成必能实现,这是我们衷心的期待。千里之行,始于足下,组建就从现在开始。一件件事教育意义的凸显,一个个活动的精彩纷呈,一堂堂课撒播的做人良种的刻骨铭心,教师在工作中锻炼,在工作中成长。在培育和创建城市精神的实践中,教师自身提升了价值,发挥着重要的不可替代的作用。

以"心"教"心"[①]
——谈青年教师人格与未成年人成长

当前,大家聚精会神探讨研究如何贯彻落实《中共中央国务院关于进一步加强和改进未成年人思想道德建设的若干意见》的时候,我总是联想到青年教师队伍的建设。青年教师不仅是教育的"现在",也是教育的"未来",教育的希望。青年教师队伍建设得好,德育工作会相得益彰,生机盎然,时代活水流淌。

从数量上说,青年教师在学校的比例与日俱增。前些年占学校教师队伍的 20%~30%就已经很了不起,而今 40%~50%已十分普遍,有些学校青年教师数量已达 60%~70%,对学校教育质量起着至关重要的作用。

从成长环境看,他们与青少年学生有许多相近相似之处。年长的人容易忆旧,对学生进行教育时,有的常以自身经历之事勉励学生珍惜今日的生活,有的学生不理解,反觉得"这种忆苦思甜令人心烦"。青年教师与学生尽管家庭情况不同,接受教育的学校有异,但都生长在和平的环境里,物质生活明显改善,国家建设长足发展,享受着家庭、单位、社会多方面的关爱。如果当代青年教师对生活中的艰辛、社会发展的不易有正确而深切的体会,就能够拨动学生的心弦,进而引起他们的

[①] 本文发表于《解放日报》2004 年 6 月 17 日。

共鸣。

从年龄看,青年教师比青少年学生大不了几岁,思维习惯、遣词造句还有不少相近之处,共同语言多,沟通交流方便,心理隔阂少,容易做学生的知心朋友。

从事业追求看,许多青年教师充满生命活力,憧憬美好未来,有开拓进取的积极性,希望通过自己的努力,在教育上创造业绩,追求卓越。这种精神状态能给学生以良好的影响和鼓励。这些都是青年教师进行德育工作的优势,这支队伍如能充分发挥积极作用,其效果不言而喻。

当今德育工作所面临的挑战与难度前所未有。信息化社会,学生信息来源渠道众多,各种思想言行良莠夹杂,泥沙俱下,对未成年人均会产生影响。要对他们施以良好的思想道德教育,凭空泛的说理难以奏效,最有效的做法是依靠教师的人格力量。俄罗斯教育家乌申斯基强调:"在教育工作中,一切都应以教师的人格为依据。因为,教育的力量只能从人格的活的源泉中产生出来,任何规章制度,任何人为的机关,无论设想得如何巧妙都不能代替教育事业中人格的作用。"古话说得好,"正人先正己",要教育学生具备良好的思想道德素质,首先就要自我教育,完善自己的人格。《论语·子路》中说:"其身正,不令而行;其身不正,虽令不从。"要学生听师言,信师道,青年教师需不断提升精神境界,铸就一颗红亮的心。

心,生命的主宰,人格的凝聚,指挥着思想言行。心,虽仅方寸之地,但装载着什么,却关系人格的完善与残缺、品德的高尚与低下。对青年教师来说,心要装国运、装教育、装学生、装责任、装追求。要装载这些,须做到四个"学会"。

(1) 学会热爱。人是有感情的动物,都有爱的感情,但爱什么,不同的人有很大差异,甚至有天壤之别。比如,父母爱子女,是天性,是本能;而子女爱父母,孝顺父母,就要学,就要受教育,这是道德修养。青年教师是育人的人,就要学会热爱党,热爱祖国,热爱人民,热爱教育,热爱学生。感情问题来不得半点虚假。铭记党和人民的培育之恩,就会深刻领悟到国运兴衰,系于教育,就会对国家、对事业、对学生满腔热情满腔爱。情真,情浓,情深,就会有不懈的内驱动力,就会精神振奋,有使不完的劲。

(2)学会敬业。培养学生成长、成人,是教师肩上挑的千钧重担,一头挑的是学生的现在,一头挑的是祖国的未来,这就是教师工作的整个世界。只有恭恭敬敬、一丝不苟,才担当得起这个重担。记得有篇文章曾这样吐露一位母亲的心声:"世界啊,今天早晨,我,一个母亲,向你交出可爱的小男孩,而你们将还给我一个怎样的人呢?""你们将饮之以琼浆,灌之以醍醐,还是哺之以糟粕?他会因而变得正直忠实,还是学会奸猾诡诈?当我把孩子交出来,当他向这个世界求知若渴,世界啊,你给他的会是什么呢?"当我一想到这位母亲的焦虑、期盼,心中就一阵阵震撼。做教师应还给千千万万位母亲正直忠实的人,这是神圣的责任,容不得丝毫的懈怠与疏忽。

(3)学会正确的价值判断。未成年人缺乏生活阅历,缺乏文化底蕴,识别能力不强,当"腐朽"以"神奇"面目出现时,又由于好奇心的驱使,有的学生栽进去而不自知,故而特别需要教师做正确而有效的引导。当今,多元经济并存,多种文化碰撞,国际风云又复杂多变,青年教师更要学会用两只眼睛看世界,透过光怪陆离的现象看清事物的本质,识别真善美和假恶丑。对金钱至上、垃圾文化、腐朽文化污染人们心灵的状况不能掉以轻心。德国哲学家康德曾说:"愚昧的人之所以区别于聪明的人,根本在于他不具有判断力。"教师具有正确的价值判断,方向明,路子正,学生就会深受其益。

(4)学会教育教学的真本领。学历水平不等于岗位水平。学历水平只说明职前接受教育的程度,工作能不能胜任,能不能干出实绩,靠的是在岗位上自觉锻炼、摸爬滚打。现在的学生思维活跃,见识广,对教师的要求高,教师具有真才实学,教的课,说的话,学生才能入耳入心。如果教师的"教"与学生的"学"在一个平面上移动,学生必然厌倦,把话当耳边风。青年教师精力充沛,掌握电脑技术,记忆力旺盛,视野开阔,更要好学不倦,积极进取。学科教学是育人的主渠道,课堂教学是育人的主阵地,要悉心研究,把智育、德育融合起来,在学生心中撒播知识种子的同时撒播做人的良种。课上得有吸引力、感染力、辐射力,学生的情操就会受到陶冶,正确的价值观就会逐渐形成。在教育学生的同时,青年教师锤炼了自己的德、才、识、能,教学相长,师生双提高。

德育问题不是一个技术问题,也不是操作层面的问题,而是一个事关灵魂的问题。教师没有生命的真诚感动和全身心的投入,就不可能有真正闪光的思想,不可能创造丰富多彩的有效的育人方法。因而,教师队伍建设,尤其是青年教师队伍建设,要聚焦在铸就一颗红亮的心。

怎样学做人师[①]

一、教师的人格力量

我做了一辈子教师,但一辈子学做教师!汉代的韩婴在《韩诗外传》中说,什么人才能够做人师呢?做人的老师,他必须具备这样的条件,就是"智如泉涌,形可以为表仪者"。"智如泉涌",就是你的智慧要像泉水一样喷涌而出;"形可以为表仪者",就是你思想言行能够做别人的榜样。

因为做人师不是做教书匠,对孩子不仅是言教,重要的是身教!身教重于言传。教育家乌申斯基说过,在教育工作当中,一切都应以教师的人格为依据。因为教育的力量只能从人格的活的源泉中产生出来,任何规章制度,任何人为的机关,无论设想得如何巧妙都不能代替教育事业中人格的作用。因此我在想,要做人师的话,首先是要完善自己的人格。

二、榜样激励自己追求高尚人格

在我心目当中有许多榜样,我不仅牢记"智如泉涌,行可以为表仪者",而且我一直追求一些光辉的榜样。比如我非常崇敬鲁迅先生,他

[①] 本文发表于《新民晚报》2004年9月5日。2004年教师节来临之际,作者应邀在上海教育电视台作《怎样学做人师》专题演讲。演讲充满着生命激情和对教师工作的款款深情,富有启迪,令广大教师和其他观众如沐春风。

在北平师范大学教课的时候，不仅是课堂上坐满了人，走廊也站满了人，走廊里站不下了，就到操场上去上课，把饭厅里的方桌搬到操场上，周围全都是学生，人山人海，他就站在方桌上讲课。那时候没有扬声喇叭，没有扩音器，他就站在那儿滔滔不绝地讲，学生听得全神贯注，师生的心灵交融，这是世界上最美的乐曲。我看到书上记载的这个场景，真是非常感动，我想，做老师做到这个份上，真是人师了！

比如历史上有个非常有名的教育群体，就是西南联大。那里师资真是精英如云，各种各样的老师，各种各样的个性，那是智慧的海洋。我们都知道，那时条件是非常艰苦的，日本鬼子蹂躏我大好河山，所到之处，生灵涂炭，西南联大所在的地方也是不断地要受到空袭的威胁。有一次在一个破饭厅改造的教室上课，主讲者说：黄昏时分，从四面八方辐辏而来的鼓声近了，更近了，十分近了。神光照得天边通亮，满坛香烟缭绕……莘莘学子全神贯注。这是谁在上课呢？是闻一多先生。闻一多先生我们都知道，他是激情洋溢的，他的那种诗，哪里是语言啊，分明是心里喷射出来的岩浆！他的课学生非常珍爱，他简直是用音乐一般的语言在上课的，为什么这些教师教课有如此的魅力？那就是因为人格高尚，在他们的心里就是忧国忧民、为国为民，一辈子考虑的就是国家的兴衰、民族的存亡，他们是把自己所从事的教人的事业、育人的事业和国运兴衰、民族存亡紧密地联系在一起的。

他们学识渊博，研究到哪个领域，哪个领域就出成果！再看我们上海，我也是很幸运，有机会接触苏步青老先生、谢希德先生。

我站在他们的面前，我就感受到他们的人格的魅力，我觉得他们都是人格高尚、学识渊博，总有高山仰止的感觉。在我面前，他们是巍巍高山，我是一个平凡的人，一个普通的老师，所以我总是仰着头看他们。但是我又想，他们也不是生下来就拥有完美的人格、渊博的学识，也是一辈子不断追求、不断修养自己的结果!

我们中国有一句古话:千里之行,始于足下。你就是登上泰山之巅,也是要从泰山脚下一步一步攀登的。所以我就是以这样一些伟大的师表为榜样,从山脚下起步,一步一陟一回顾,走一走,回过头来看一看,自己提高了没有?问题在哪里?我想,做人要追求生命的价值和生命的意义,也就是一步一步地攀登。古希腊的柏拉图在《理想国》里说过,什么叫教育?教育就是把人从洞穴里头牵引出来,进入一个真实的精神境界,而知识、能力是攀登精神世界的阶梯。

我想我作为一个教师,应该追求的是完美的人格,那就是真善美的境界,不断地学习,以达到人格完美的境界。

三、"两把尺子"追求人格的完美

真正能够做一名合格的中学老师,必须追求人格的完美。第一个方面,就是自我认识。

人是很不容易清醒地认识自己的,中国有句古话叫"人贵有自知之明",为什么"自知之明"就贵呢?因为人多半是很糊涂的,很容易以己之长比人之短,越比心态就越不平衡,越比就越没有动力。能够清醒地认识自己是非常可贵的。在教师的素质里有一个基本素质非常重要,就是谦逊。谦逊是人的美德,对教师来说,尤其如此,因为他要育人,要育人就要不断地学习。虚怀若谷,才能听得进东西;而志足意满的话,就好像一杯水已经满了,那再倒也倒不进去了。什么叫聪明啊,我觉得就是"耳聪目明",就是眼睛是亮的,耳朵能够听得进人家的东西。要"入目入心"就要虚怀若谷!

怎样才能清醒地认识自己呢?我有两把尺子,一把尺子是量别人的长处,一把尺子是量自己的不足。在原来的第二师范,当我第一次上语文课的时候,非常紧张。我们的老组长徐老师来听我的课,自己清晰地记得当时我教的是王愿坚的小说《普通劳动者》。我教完了以后他就跟我说:"你当然有这个那个的优点,不过,语文教学的大门在哪里,你还不知道呢!"我听了这句话,简直像五雷轰顶一样。作为一名语文教师,语文教学的大门在哪里你还不知道,那就不合格了!我问他"门"在哪里?他没有告诉我。这个对我刺激很大,打击也很大,就变成了我一辈子追求的动力!我不仅要找到语文教学的大门,而且要登堂入室,我就不相信我这个人就找不到语文教学的大门。因此我就下决心一定要用把尺子去学别人的长处,不断地去量别人的长处。那时候我们教研组有18位老师,女老师很少,就我一个,那时高中阶段男教师多,我想我把17位老师的长处都学来了,我就成长了,这是用一把尺子不断量别人的长处。

另一把尺子是用来量自己的不足。教课之前,我是认真备课,问心无愧。20世纪五六十年代备课,可以说每天是明灯陪我过半夜,常常要备到第二天凌晨1点。那时教两个班语文,做一个班主任,再做一个教研组副组长。高中的语文,学生写起作文来,两三千字是家常便饭,你要和他交流,要改,很多是通过自己的批点和学生心灵交流的,他写两三千字,要批上个千把字。因为学生最喜欢看你的评语,他对你有一种企盼,一种渴望!我想到学生这样的一些心情,我就熬夜了,有的时候真是要熬到天亮!一学期学生要写8篇作文,还要写8篇小作文,16篇,那是怎么样一个工作量!但是我在改作文当中,真是感到学生的青春活力对我的教育,我特别感觉到那些男孩子,十七八岁,写起来真是慷慨激昂、淋漓尽致。要说我的成长,我真是感谢高中的一些学生对我的教育,那种青春的感染,使我觉得教师真正是世界上最美好的事业了!

我在课堂上一定要"要言不烦、一语中的"。当我有点含糊的时候,那就是废话最多的时候,为什么废话最多呢?因为自己吃不准,有点含糊。教师废话多，学生就如堕五里雾中，所以我就每次记下自己的不足。比如，同样教景物描写，每一次的景物描写要教出个性，不同的文章、不同的描写，自己要深入其中，然后才能讲出道道来，才有自己的语言。所以等到教完以后，回过头来再看一看，真是遗憾多多，所以我每上一堂课以后，都是有一个"教后"，很简单，1，2，3，4，5……记上学生的闪光点，记下自己的不足、缺陷。

有时学生学习能够超水平发挥，提出的一些问题会超出备课的想象，我都把它记下来。有些问题在备课的时候根本没有考虑到，学生对我的触发，帮助我思考这些问题，有的解答了，有的解答得不很完美，我就记下自己的不足。

四、学做人师还须德才兼备

智慧要如潮水、泉水一样喷涌而出。现代教学中，教师的教跟学生的学在一个平面上移动，学生是不服的。教师一定要棋高一着，也就是说在深度上要挖掘、在广度上要开拓，对学科发展的前沿，对学科的走势，对学科的来龙去脉要有所了解。教课捉襟见肘是没办法上好课的。怎么样才能够左右逢源呢？那就是靠教师宽广的文化底蕴。我读到学贯中西的钱锺书的书，觉得他的句句话都是宝贝，读他的《宋词选注》，深感他的注解就是学问，就是创作。有一次读到苏东坡的一句诗，写牡丹"一朵妖红翠欲流"。我怎么也看不懂，这红牡丹妖红，流下来怎么是翠的、是绿的？钱锺书先生他怎么解释呢？他说这诗里用词就好像用兵一样，可以虚虚实实、实实虚虚。红是实，翠是虚。虚虚实实、实实虚虚，红绿交错、红绿互映，造成一种幻觉。这种艺术的魅力就是文字特有的功能，它实际上比造型艺术的美还要成功。如果不读书的话，自己就无法理解，有的时候因为自己不懂，还误认为印错了，十分可笑。

五、学做人师更须开阔视野

教师更须开阔视野广泛学,为什么?因为现在的社会,它的科学精神和人文精神,有很多地方是可以交融的。教文科的老师应该学一点自然科学,教自然学科的老师应该学一点人文,因为这样可以打比较宽的底蕴。

比如,我教语文,过去我凭自己的个人爱好,喜欢看人物塑造非常精彩的小说。托尔斯泰的《战争与和平》中,独眼将军库图托索夫打仗的情景,在我脑子里活灵活现,对那种以情节取胜的小说,觉得很低级的。但是后来我就觉得不行。作为一个语文老师,了解小说的情节是很重要的。比如金庸小说里的武打全是情节。作为老师,就样样要学!我上课时经常有被学生将住的情况,有的时候问一些科学的问题,我真的讲不清楚。我们那个时候学的是经典物理学,他问爱因斯坦什么,我就讲不出来,这就逼得我再去学一学近代物理学。学了近代物理学我才知道晴空万里还有两朵乌云,这样拉开了近代物理学的序幕,出现了大科学家爱因斯坦。当霍金一出来,我马上就买《时间简史》看,不过看不懂。为了教育孩子,我还去研究美术,因为有的时候学生会拿画来问我,所以我家里画谱很多,经常读画。

六、"师风可学"与"学风可师"

在退休前,我比较强调"师风可学",要完善自己的人格,教师身上要有凛然正气,为什么?因为社会不是真空,它总是有真善美和假恶丑的,教师是代表着最先进的文化,是做人的模范、做人的榜样,因此要追求真善美,抵御假恶丑。在世界教育中,古今中外莫不如此。作为"人师",应力求"师风可学"。对假恶丑的东西应该是抵制的。因为现在强势文化的入侵太厉害了,思想浅薄、金钱至上、个人主义、垃圾文化、腐朽文化、黄色文化、凶杀文化，对我们没有生活经验的未成年人是极大的威胁。我们老师要坚守这一个阵地，坚守育人的阵地。我在"二师"做校长的时候，曾经提出来，不论大环境怎样，小气候一定要好，学校要有小气候，因为代表社会最主流的、最健康的、最向上、最先进的文化，因此身上要有凛然正气，"师风可学"。

后来我考虑到，要做到"师风可学"还必须"学风可师"。我们老师比较注意"师风可学"，但是对我们青年同志来讲，我觉得"学风可师"是非常重要的。要做一辈子教师，一辈子学做教师。完善人格，提升思想，提升境界，锤炼感情，教师的学风也是学生的榜样。我想这样的话，就能够完成我们国家和人民交给我们的光荣艰巨的任务。夸美纽斯讲过：教师是太阳底下最光辉的事业。我体会到，不仅是太阳底下最光辉的事，而且是太阳底下永恒的事业。没有教育，社会是一片黑暗，没有教育，就出不了人才。教育事业是永恒的，而我们的教师育人也是永恒的，让自己的学生，踏着自己的肩膀，一步一步地攀登做人的高峰，我觉得是此生有幸！

刚才主持人问我，有的人说，以后不选择当教师了。我说我是无怨无悔，我选择了教师，我就选择了高尚，我选择了教师，我就一辈子和年轻人在一起。学习政治、学习业务、学习做人的道理、学习文化知识，使我逐步脱离了低级趣味，逐步追求人生的理想，有了自己的精神家园，所以我说我一辈子的生命，是和肩负着的历史使命结伴同行。如果下一辈子还叫我选择职业，我仍然选择教育这多情的土地，选择我们可爱的学生，选择这永远光辉灿烂、青枝绿叶的教育事业！

挑起振兴语文的重任[①]

各位顾问先生、老青语会的同志、新青语会的年轻同志：

今天我到这儿来感到非常幸福。首先我代表教师学研究会党组和常委会对青语会成员表示热烈欢迎和衷心祝贺！

看到今天这个热气腾腾的场面，我自然想到 20 年前，也是在这个地方——那时还是上海市教育局——成立第一届上海市青年语文教师专业委员会。当时，刚刚改革开放，教师队伍非常不稳定，流失情况很严重，许多学校的外语、美术、音乐开不成课，以至在报上有这样的广告，上面写着招聘什么什么人，其中有一句话说"环卫工人与中小学老师不得应聘"。我看了以后，心里好像刀戳一样。后来正好有机会与上海市委书记陈国栋在一个人民代表小组开会，于是把报纸一张张拿给他看。我说："不是对环卫工人有所蔑视，但教师队伍的流失用这样的办法来卡是不对的，有句话叫'斯文扫地'，现在的状况是'斯文不如扫地'。"就在这样的背景下，一批年轻有志的语文教师自发地组织了青语会，在语文教育这块土地上辛勤耕耘，做出成绩。在当时的成立大会上，我和徐振维老师都非常感动，希望我们的语文土地是一片热土啊！因为它跟我们的民族情结、民族精神紧密联系在一起。当年的年轻同志组织起了队伍，不仅在自己本校的土地上耕耘，在上海耕耘，而且延

---

① 本文发表于《上海青语》2005 年第 1 期。

伸到全国各地。有一年暑假,钱汉东、步根海、郭开平他们组织了一个全国性的上千人的大会,研讨语文教学的性质、目的、方向,组织队伍,形成骨干。

真是光阴如箭,日月如梭,一晃20年了。但20年不寻常,青语会的很多骨干撒播在所有区县辛勤耕耘,支撑着语文教育的天空。有的同志埋头苦干搞起了金山大语文网站,有的同志掌管着全市语文教学的命脉,有的同志在教育第一线勤勤恳恳、兢兢业业……每次看到青年同志的成长和工作成绩我都非常感动。我一直认为教育的希望在青年身上。我经常对老教师讲,不管你承不承认,意不意识到,世界总是青年人的,他们一定要接班的,作为老一辈应创造种种机会,让青年教师快快健康成长。

时过20年,新一届青语会成立,现在青语会的任务跟原来不一样,教师流失情况不是很严重,但语文教学碰到了困境。在金山的中国语文高峰论坛上,我因生病没办法去,但我有话要说,我做青年教师时,语文在学校是处于老大的地位,第一块牌子,现在确实是小四子、小五子,从老五到老大要靠行动争取,放在新一届青年语文骨干教师身上的任务是四个大字——振兴语文。

对一个国家一个民族来说,语文非常重要。没有哪一个国家明智的领导是不重视自己母语的。法国为什么这么重视?法国管语言的办公室直属总统办公室,它在语言上是与英语抗争的,从老一代总统到现在的希拉克都有自己的独立思考。俄罗斯现在也感觉到语言是个危机,因为语言的教学、文学的教学关系一个人思维方式的成长、民族精神的树立。所以青年语文骨干教师在这个问题上应有极其深刻的认识,有了深刻的认识,就会有不懈的内驱动力,就会对自己的民族、国家、学生有感情,这是最重要的。

陆谷孙先生是外语专家,他说现在大家对外语极其重视,但最缺的是外语高层人才。缺什么？缺文化。现在把一些"庙堂"的东西都搞掉，搞些"江湖"的英语。语文也是这样，有人反对学文言文。文言文为什么不重要？这当中有这么多的民族精华，我们不是照单全收，我们只取优秀精粹作为琼浆。那么你都把它反掉了，中国人就没有东西了，因此，在这些问题上，年轻同志一定要独立思考，要捍卫我们自己的阵地，捍卫语文教学质量，振兴语文。

现在市场炒作很厉害，有些孩子从幼儿园起就厌学，这怎么得了。教育当中我们有很多成绩，特别是量上的，我们发展得很快，但是教育应以质取胜。西南联合大学只办了七八年，但出了那么多国家级的顶尖人物与世界级的顶尖人物。为什么？质量好啊！有雄厚的师资啊！

教师的质量影响教育的质量，而学校的质量说到底关键就是教师的质量，因为教师的工作是个体脑力劳动，如果个体脑力劳动质量不高，哪来的群体效应？年轻的同志，你们生活在21世纪，一定要站得高看得远。不是说不要考试，我觉得在我们国家现在最公正公平的还是考试。如果我们不考还得了？但是考什么，怎么考？考试不能只是看到技术性的东西，要看到整个的人。

在这次上海市教育工作会议前夕的座谈会上，我跟领导同志直率地讲，我们办教育是很艰苦的。那时我们跟美国的密歇根州立大学、英国的牛津大学搞青年教师职初培训的共同课题，后来到斯坦福去，他们大学一年的教育经费是10亿美元，相当于我们全国大学的教育经费。我们不能眼热别人的，我们的教育经费都是老百姓的血汗钱，在座的超过800元就要交税，我做校长时一个钱掰作两个钱用，为了上海的教育经费我曾大声疾呼。教育的今天是明天的科技，后天的经济。我们是培养人啊！

21世纪是什么之争？是科技之争、人才之争。我们不是没有人才，而是出不来。我们在培养人的过程中，千万要有人的观念。比如外国语,我们当然要学,走向世界,怎么不学外国语？但是要做中国人。如果学外国语做外国人,那还办什么教育？

我们中小学教师是含辛茹苦啊！我一辈子走过来,深有体会。我们教师靠什么？教师只有这个本领,四个字——以身作则。无权无势,就是靠以身作则,使学生尊敬、信服。我们千万要育人,不能把它变形为育分。如果分数好了,就一俊遮百丑,那么人就输掉了。素质教育怎么不要考试？考试是检测手段、选拔手段,但我们要用正确的教育理念使孩子得到全面培养,德智体美劳全面培养,而不只是培养分。英国的历史学家汤因比、日本的思想家池田大作谈到21世纪教育的时候,都讲到不能只是功利,应看到功利背后人的精神世界,人的全面成长。所以年轻同志在这点上一定要牢牢把握。

我们振兴语文是与国家兴亡、民族盛衰、全民族素质的提高紧密联系在一起的。当前,上海进行"二期课改",而进行改革是每走一步都有人反对的,不管你怎么搞都有人反对,因为要改变原来的,而原来已经驾轻就熟。改革从来都是步履艰辛,因此这中间要有一支精锐部队。从全国来看也好,从上海来看也好,改革的理念是正确的。教育部从事中华人民共和国成立以来的第八次课程教材改革,前面的七次课改,以知识为本,以知识体系为本,这次转为以人为本,这是极大的进步。

我们上海在"一期课改"时,理念在全国走在最前面,是我们提出人的培养,而且提出发展学生个性。上海是得风气之先,因为我们是开放城市,思路是非常活跃的。"二期课改"在原来的基础上有很多进展,但很多教师并不十分了解。

今年小学一年级第一册新教材推广下去,总体上是好的,很多青年教师做了很多工作。所以我想振兴语文是我们总的目标,而总目标的实现要靠我们一步一步走来,千里之行,始于足下。所以要立足于上海"二期课改",对教材也好,对课程标准也好,要用一种补救的办法,善意地提建议和意见。因为任何事都不可能十全十美，金无足赤，人无完人，挑毛病也还是要从爱护的角度。有些东西是要靠实践的，在办公室里冥思苦想是出不来的。记得1979年我到北京去，他们邀我作两个报告，讲到人民教育出版社的教材，我说在用的时候感觉到哪些好哪些有问题。当时人教社的编辑说，我们编的时候就没有想到。我说这非常自然，因为我是实践的，在课堂中实践，面对着几十个生机勃勃的孩子，几十个孩子的聪明才智弥补了我的认识，改变了我的认识。这就叫实践出真知。

我苦于年纪大了，真是舍不得三尺讲台，离开了课堂，我认为自己的生命已熄掉了一半。我非常羡慕年轻同志在课堂里摸爬滚打，这是教师生命最闪光的时候，所以一定要把课上好，这样才能立于不败之地。记得我刚教语文时，当时的老组长来听我的课，我非常想听他的课，他不让我们年轻同志听。他听了我的课后给我评价，当然讲了几句好话，最后说："语文教学的大门在哪儿你还不知道呢。"我听了这句话，如五雷轰顶，但这句话，激励了我一辈子。我想人是要自强的，我不仅要找到语文教学的大门，而且要登堂入室。人为什么活着，为了一口气，一口志气！我既然做了教师，就要对我所教的学生负责任。

在座的年轻同志，你们是教师队伍里的骨干，希望你们继承发扬前一届青语会教师的创业精神、奋斗精神，在现实条件下，也许困难更大，因此要拿出百倍的信心。千倍的勇气，把自己的基础打得扎实。为了我们的孩子，为了国家的兴盛，这是我们每一个有志向、有信念的教师应该尽的责任。

祝愿大家在课改的历程中，能够发挥自己的聪明才智，千万不要随风飘，否则飘到最后连自己都没有了。要独立思考，认准了就去做。多少年执着下来，必然取得成绩，必然取得巨大成功！

钟情·倾心·精神家园[1]

不少青年教师问我:"怎样才能当一名深受学生喜欢的语文教师?"并急切地希望我给他们以满意的回答。

问题问得好。"深受学生喜欢",学生喜欢教师,与教师在情感上就会"零距离",交流就能敞开心扉。爱屋及乌,爱教师,就会爱教师教的学科;教师教的课有磁性,吸引他们,他们就会产生兴趣,形成爱好,从而学习积极性高涨,孜孜以求。

回答这个问题颇有难度。绝非单纯的教学技能技巧所能解决,它受众多因素的制约与影响,如教师的人格、学养,课程设置,教材编写,业务水平,教学能力,与学生的关系,等等,非三言两语说得明白。回顾教学历程,经验教训历历在目,我只能试着回答,和年轻的同行共同探讨研究。

要深受学生喜爱,敬业爱岗是前提。当一名语文教师首先要对所从事的语文教育事业满腔热情满腔爱。宋代大词人辛弃疾在《贺新郎》词里说得好:"我见青山多妩媚,料青山,见我应如是。情与貌,略相似。"语文教师和语文教育知交、知心、知己,心心相印,课堂里就会产生教育的能量,给学生以温暖。如果对语文缺少情意,冷淡,冷漠,做一天和尚撞一天钟,教学中就不可能激发学生的学习热情,更谈不到有共振

---

[1] 本文发表于《中学语文教学参考》2005年第Z1期。

效应。

一、钟情于祖国的语言文字

汉字是中国文化的脊梁。作为一种表意文字，其结构形态有一个形成的过程。关于汉字的产生，有一个美丽的神话。《淮南子·本经训》作了这样的描述："仓颉作书而天雨粟，鬼夜哭。"创造了文字，人类社会文明发端，吓得天下小米，夜里鬼哭，听说龙也潜藏了。汉字有多大的魔力，多强的功能啊！字是怎么造的呢？"穷天地之变，仰观奎星圆曲之势，俯察龟文、鸟羽、山川、指掌而创文字"，依类象形，造化自然。显然，我们汉字的产生正是我们民族对自己所理解的世界样式的符号化的勾勒。

汉字由形、音、义构成，其中"形"是关键，区别于拼音文字，它兼有表意注音的特点(形声字占80%以上，现表声部分有相当数量已失去表音功能)。象形、会意、指事、形声等都是造字方法，它们充满了创造的智慧，只要看到"形"，就能受到强烈的直观刺激，知其意，开展想象，进行推理。例如，"羊"，这是个象形字，整个字形像羊的头部(甲骨文"羊"的图形↑)，用客观事物的局部形象代表整体事物。羊和善、温顺，从不伤人，因而被用来表示吉祥的意思。"祥"是后起的字，从古字"羊"而来。"美"，是会意字，由"羊""大"两个字组合而成。上"羊"下"大"，"大"像一个人，整个字形像一个人修饰打扮成羊首的形状，用来表示美丽、美好的意思。"美"字从美丽、美好的义项中又引申出赞美、鲜美、善事、好事的意思。"群"，是个形声字，"君"是声符，"羊"是形符，原上下结构，现左右结构。羊喜欢群体活动，"群"用"羊"字作偏旁表示群体。"兽三为群，人三为众"，许多兽畜聚合在一起，便成为"群"，许多人聚合在一起便成为"众"，"群""众"二字意义相近，便组合成"群众"一词。从一个例子，就可深味到汉字富有神韵，奥妙无穷。它是具体的、灵活的、富有弹性的,想象的空间特别大,深入其中,人会聪明起来,受到各种各样的启发。研究脑功能开发的学者提出,拼音文字是"单脑文字",汉字则左右脑并用,是"复脑文字",或"双脑文字",这是很有见地的。

汉字特别有灵性,审美价值很高。字形往往由视觉符号直接表示概念,图画性强,且注意笔画,注意间架结构,端庄、匀称、和谐,韵味十足。有些是沉稳,有些是飘逸,千姿百态。我常有这样的感觉:翻开外文书,见到的是一块块扁砖砌成的墙;翻开语文书,犹如步入画廊。"川",水在活泼欢快地流;"鸣",鸟引吭高歌;"马",马奋蹄疾驰……高高低低,疏疏密密,那种愉悦,那种美的享受,难以言表。记得小学刚写描红时,老师要我们把字写匀称,要我们把描红字对着太阳照,看字镶的红边美不美。汉字美不胜收,在我心中扎下了根。汉字字音的美妙也是天下一绝。字音是句子音律的基础。字有平声、仄声;平声、仄声又有阴平、阳平、上声、去声,过去还有入声。读起来或慷慨激昂,或娓娓动听,抑扬顿挫,妙不可言。有时候听别人读书、讲话,似乎在听乐曲演奏,悦耳娱心。

汉语言文字珍藏着我们中华民族5 000年的全部精神财富,是中华灿烂文化的重要组成部分。海德格尔的追随者伽答默尔在《人与语言》中曾这样说,"语言是储存传统的水库","语言是人类社会性遗传的主要渠道,精心地把自己的精神生活的全部痕迹都保存在民族语言中"。钟情于祖国的语言文字,就直接触摸民族的历史文化,领悟其价值和精神追求,体验各个时期各类作品表达的思想感情,在与语言文字为伴的过程中,自己也获得了成长。你一心一意热爱它,它就给你丰厚的回报。

二、倾心于语文教学

能有机会对学生进行汉语教育,应该说是一种幸福。

语言是基础,它的重要性常被忽视。人生活在语言中,生命刚开始,意识刚产生,语言就像空气一样围绕在身旁。语言使人有了人的世界,有了文化,有了历史,人不能离开语言而存在,人生活在文化、历史的世界之中。教育培养人、塑造人、提升人的精神世界,语言离不开思维、情感,没有语言就没有教育。对学生进行汉语教育,不仅让他们理解、领悟汉语言文字的优美、简洁、深刻、和谐,内涵丰富,联想空间大,而且能以优秀的文化传统对他们进行精神哺育,培养他们的民族情结。

　　如教学生诵读古诗词,就不能只停留在词句的解释层面,自己首先要读出感情,读出自己独特的感受,才能教出气氛,教出特色,教出效果。曹操的《观沧海》是名篇,其意境的开阔、心胸的宽广就给人以心灵的震撼。"秋风萧瑟,洪波涌起。日月之行,若出其中;星汉灿烂,若出其里。"天地宇宙,尽在胸中,那种浩大的气魄,那种纵横捭阖的思维方式,反映了中华民族的英雄气概和人与自然的和谐融合。这使我联想到法国大文豪雨果在《悲惨世界》中所说:"世界上最浩瀚的是海洋,比海洋更浩瀚的是天空,比天空浩瀚的是人的心灵。""一颗心灵的叹息,能比一城的喧嚷道出更多的东西。"

　　诗词表现的思维方式有多种多样,有时聚意点睛,有时反其道而行之,均能给人深深的启迪。如北宋宋祁的《玉楼春》中"绿杨烟外晓寒轻,红杏枝头春意闹",一个"闹"字生动传神,你尽可以展开想象,感受繁花似锦、蜂蝶飞舞的迷人春景。又如唐代刘禹锡的《秋词》:"自古逢秋悲寂寥,我言秋日胜春朝。晴空一鹤排云上,便引诗情到碧霄。"诗人的智慧体现在求异思维上,一反感伤情绪,表达了昂扬奋发的情怀。只要与诗中景、诗中物、诗中人、诗中情真诚相待,就能心灵沟通、情感交融,教起来能得心应手,学生受到感染。

　　有些文章简直就是语言的仓库,佳词美句、成语特别多,认真钻研,受益匪浅。如韩愈《进学解》中"业精于勤,荒于嬉;行成于思,毁于随""爬罗剔抉,刮垢磨光""纪事者必提其要,纂言者必钩其玄""贪多务得,细大不捐""焚膏油以继晷,恒兀兀以穷年""沉浸酿郁,含英咀华""佶屈聱牙""同工异曲"等,不再一一列举。对治学、修德,前人文学艺术的特点等阐述得言简意赅、言简意深,语言的表现力发挥到极致。遨游于其中,会乐而忘返。

有些作品语言的精当、有分寸、委婉曲折,简直令人拍案叫绝。如《林黛玉进贾府》有这样的句子:"天下真有这样标致人儿!我今日才算看见了!况且这通身的气派竟不像老祖宗的外孙女儿,竟是个嫡亲的孙女儿似的,怨不得老祖宗天天嘴里心里放不下。"王熙凤见到林黛玉后在贾母面前说的这番话极尽阿谀、奉承、拍马的能事。贾母心中真疼爱外孙女儿,王投其所好,赞林黛玉标致,讨"老祖宗"欢心。赞,绝非一般的称赞,而是天下绝无仅有,够意思,够分量。然而,王又生活在众多复杂的社会关系之中,王夫人、邢夫人得罪不起,众姐妹也不能怠慢啊,于是就有了两个"竟"的语言:明明是"老祖宗"的外孙女儿,"竟不像";明明不是"嫡亲的孙女儿",却"竟是个",像还是不像,是还是不是,尽在不言中。一句话,把上上下下,左左右右,全部摆平,大家不仅觉得悦耳,心里也舒服,这种语言艺术令人叹为观止。你对它有真情,这个"它"当然是美文佳作、精品、上品,它就会告诉你许多丰厚的内涵,让你处在不断的惊喜之中。

学生写错别字,文理不通,教师也不要气恼。劈头盖脸地批评,罚抄写多少遍,实在是下策,除了增添学生厌恶之情,很难说有所得。如果满怀感情,从"趣"字入手,学生煞有兴味,就在好奇氛围中入耳入心。如学生很容易把"染"写成"染"、"刺"写成"刺","炙""灸"不分,"裹"的笔画错位,乱七八糟。和他们讨论时,开玩笑地告诉他们"染坊""印染厂"是不卖"丸药"的,"九"指"多",印染厂有各种各样颜料,能印色彩纷呈的织物。"束"中间有根腰带"一","刺"是尖的,没有腰带,刺刀、刺眼、刺耳、刺针,全是尖锐的、刺激的。"炙"是会意字,把肉放在火上烤,是一种烹调方法,"夕"是"肉";"灸"是形声字,上声下形,将火附在物体上烧,用在人体的穴位上,治病;烤肉不是治病,混淆不得。"裹",字形结构一分析,"衣"字中间包着一个"果",包裹。学生这类字一点就通,就不会多一笔少一笔,乱写了。教学,目的在让学生理解、学会,不一定都要从文字学、语言学的角度剖析,只要他有兴趣,一点就通,收到效果就行。

心贴在语文教学上,会悟到教文育人的许多新鲜事,有趣事,意味深长的事。

三、语言,我的精神家园

人之所以为人,当然不能只停留在生物学的层面。人有知觉,还有情义,因而,人还要进行精神层面的追求。物质生活是生存的基本保证,基本满足就能获得快乐,而精神上的追求永无止境。古今中外至圣先贤执着追求的是人的生命的意义、生命的价值,追求生命内在的丰厚、完美,追求诗意的精神家园,让生命的清泉汩汩流淌,为事业添彩,为人类造福。语文教师是育人的人,精神上的充实、升华、伸展,当然是应追求的目标。

我从事语文教育,语文就是我的精神家园。我与它朝夕为伴,交往,对话,倾听,诉说,从中享受自然、体验人生,经历苦难曲折,步入思想高地,领略无限风光。那种欢乐,那种情怀,那种在母语家园里边遨游边吮吸雨露甘醇的自由自在难以言表。

长期居住在城市里,喧嚣、烦躁、劳累不断袭击,常感生命不堪承受之重。此时此刻,读一读陶渊明,读几篇山水游记,似乎立刻变了一个人,心境平和起来,徜徉于山水之间,美景如画,目不暇接。就说柳宗元的《小石潭记》,读过,教过,不知读过多少遍,但一捧起它,不仅有老友重逢的欢快,而且仍然觉得十分新鲜。水声清脆如环佩叮咚,不仅作者耳闻,也弹奏到我们读者心中。潭水澄澈空明,游鱼"影布石上,怡然不动;俶尔远逝,往来翕忽,似与游者相乐",寥寥数语,绘声绘影,生动传神。鱼的影子映在潭底石上,痴呆地一动不动,忽而游到远处,倏忽地来来往往,似乎与这位贬居的游客取乐,慰藉他的心灵。读到这些,你会欣然感受到天地造化了不起,有那么多可爱的小生灵娱目慰心,还有什么烦恼不能排解?至于"潭西南而望,斗折蛇引,明灭可见。其岸势犬牙差互,不可知其源",就会联想到人生道路何尝不是如此!尽管溪岸犬牙交错,还是要勇往直前探其源。

汉语言文字文化底蕴深厚,描摹客观世界,刻画内心的思想、情感,那种准确、逼真、灵动,会把人引入美的世界,许多优秀作品几乎是美的海洋,哪怕只是在海边沙滩上捡几个贝壳,也会享受到审美的乐趣。比如鲁迅《社戏》中月夜行舟的美景,只要你调动视觉、听觉、嗅觉、触觉,就会和"迅哥儿"一样"自失起来,觉得要和他弥散在含着豆麦蕴藻之香的夜气里"。人与自然是如此和谐交融,达到物我两忘的境地。美哉,少年;美哉,水乡夜景。同样是乡村水景,《好的故事》呈现的是色彩斑斓的美的人和美的事,"错综起来像一天云锦,而且万颗奔星似的飞动着","缕缕的胭脂水,然而没有晕",大红花被拉长成"泼剌奔进的红绸带。带织入狗中,狗织入白云中,白云织入村女中……"水天同景,变幻莫测,美丽,幽雅,有趣,然而彩笔绘的竟是梦境,朦胧中追求的美好,醒来后连一丝碎影也没有。向往美好的背后深藏着无限的悲凉。沈从文的《边城》把湘西的美景写得如诗如画,就拿白河来说,"河底小小白石子,有花纹的玛瑙石子,全看得明明白白",水中游鱼"如浮在空气里",两岸高山上的细竹"长年作深翠颜色,逼人眼目";更美不胜收的是"近水人家多在桃杏花里","凡有桃花处必有人家",夏天日光下晾晒的是

"紫花布衣裤",炫目耀眼……疏疏几笔把人间刻画得犹如仙境。然而,就在这依山傍水的美景中,演绎着两代人的爱情悲剧。什么叫悲剧!就是把美好的东西撕裂给人看,使人痛心疾首,挥之不去,从而产生珍惜美好、拥抱美好的情感。例子不胜枚举。深入语言文字构筑起的王国,咀嚼,品味,感悟,深思,会认识人世沧桑,受到美好情操的熏陶感染,净化和丰富自己的心灵。

更使我心灵震撼的是作品中或显现或蕴含的思想高地、智慧高地,它们驱使我不得不思考一些严肃而又不是唾手就可解答的问题:生活道路的走向;生命的意义和价值;如何善待生命的美好,发挥聪明才智,不负此生,不虚此生?先哲先贤、思想者、践行者,在一篇篇充满智慧的文章、一部部感人肺腑的作品中唤起读者精神上的觉醒,牵引人的灵魂往上升。例如《论语》《孟子》《庄子》对天、地、人的精辟论述,宋代张载的"为天地立心,为生民立命,为往圣继绝学,为万世开太平",古圣先贤的博大胸怀和非凡智慧对自己认识社会、思考人生、修身养性有无穷的启迪。

诗歌是诗人生命的冲动,感情的倾诉,"情动于中而言溢于表",当外物和人的内情猛然撞击或交融时,就形成动人的诗篇,就会产生千古绝唱。工作上碰到困难,人生旅途中遇到曲折,顺境也好,逆境也好,读几首诗,背几句诗,立刻会胸襟开阔、干劲倍增。教师没有眼界,没有心胸,难以成事。杜甫的《望岳》"荡胸生层云,决眦入归鸟。会当凌绝顶,一览众山小",增添我奋勇攀登高峰的精神养料。白居易《赋得古原草送别》的"离离原上草,一岁一枯荣。野火烧不尽,春风吹又生"暗示我要锤炼顽强拼搏、百折不回的意志。读这些诗不是简单地从中找到答案,排除某个困难,接受某个教育,而是进入诗的意境,触摸诗人脉搏,受思想、智慧的浸染,是一种心灵的洗礼,是一种自我的超越。

杜甫的《登高》是名诗,起句"风急天高猿啸哀,渚清沙白鸟飞回",狂飙好似从天外飞来,突兀,悲壮,而我们更为传诵的"无边落木萧萧下,不尽长江滚滚来",它究竟有怎样的魅力?探究其内涵,会顿然领悟到人又何尝不是长江边的一棵树一片叶,总要萧萧落下。那是不是因为要"落下",就马虎,就沉沦,就无所作为?不,"不尽长江滚滚来",长江无尽,滚滚向前,当一片落叶融入滚滚长江之中,就由短暂获得永恒。这种困境中自拔,生命意义的惮悟,艺术化到极点,没有大智慧,怎能道出一二?由此,我联想到我国的不少诗文,在追寻、拷问生命价值时,常常具有悲壮的色彩,那忧国忧民的思想、言行形成浓郁的氛围,紧紧地裹住你,启你深思,助你奋起。辛弃疾的词《破阵子》描绘了沙场秋点兵的磅礴气势和壮观形象后,一句"可怜白发生"催人泪下。壮志虽难酬,但诗中洋溢的为国献身的赤诚与意气,构成了激动人心彪炳千古的爱国篇章。陆游的一首首诗又何尝不是如此?"一身报国有万死,双鬓向人无再青"(《夜泊水村》),"僵卧孤村不自哀,尚思为国戍轮台。夜阑卧听风吹雨,铁马冰河入梦来"(《十一月四日风雨大作·其二》),这种忧国忧民的拳拳之念,报效国家的强烈感情至死不渝,即使离开人世,也同样牵肠挂肚——"王师北定中原日,家祭无忘告乃翁"(《示儿》)。这种用血泪、身躯,用至真至纯的赤诚酿就的精神财富,是琼浆,是醍醐,每读到它们,总是思绪万千,激动不已。联想到清末林觉民的《与妻书》,现代殷夫的《别了,哥哥》,诗也好,文也好,为真理而澎湃的青春热血,能涤荡读者的灵魂,净化读者的感情。

汉语,是我的精神家园。作为一名语文教师,在这儿追寻真,追寻善,追寻美。无数的圣者、贤者、智者引领我向前迈步,我吮吸民族精神的精华,民族语言的精粹,生存得很充实,发展得也有滋有味。我在学习汉语、应用汉语中成长。我曾经这样傻想:如果有一天谁剥夺了我热爱汉语、倾心语文教学的权利,那我就失去了精神家园,成了无家可归的人；如果那样的话，我的生命也就枯竭了。

年轻的同行，爱我们的汉语，爱我们的语文教育吧，它是那么丰富，那么美妙，那么奥秘无穷，你会从中获得无限的欢乐、无限的智慧！

了解，研究，走进学生世界[1]

这次课程教材改革是中华人民共和国成立以来第八次课程教材改革。与前几次相比，它的显著特点是以学生为本、以促进学生的发展为本。从以知识为本、以知识体系为本发展到以学生为本，以促进学生的发展为本，应该说是极大的进步。

改革至今，时日虽不算长，但教师对此已耳熟能详，不少语文教师在教学实践中想方设法努力实现。然而，为什么要树立这样的教育理念，如何把这先进的教育理念转化为教学的现实，现时代我们的教育对象学生具有怎样的特点，我们的语文教学究竟怎样才能走进学生世界，特别是学生的心灵世界，我们了解得还不深入，研究得还不透彻，故而，多在方法上、窍门上兜圈子，有时还是从教师的主观愿望、主观设想出发。点子虽不少，学生不领情，尤其高中阶段学生更是如此。知"心"才能教"心"，教学的实效性与教学的针对性紧密相连，不可小视。

一、促进学生的发展是大事

为什么要以学生为本，以促进学生的发展为本？这次课程教材改革的宗旨在于真正实现素质教育。一谈到考试，不少人神经紧张，认为办学就是为了"考"，教师教就是为了"考"，学生学就是为了"考"，"考"

---

[1] 本文发表于《中学语文教学参考》2005 年第 3 期。

似乎与素质教育水火不相容。其实，素质教育不是不要考试。就当前而言，考试还是最公正最公平的手段，无论是选拔还是检测，除极个别的枉法外，其在社会上的受信任度还是比较高的。但我们不能错把手段当目标。目标是培养人，为培养合格公民打下良好的素质基础。认识和行动上如果错位，淡化或忽略"人"的培养，或者只育"分"不育"人"，后果的严重性将不堪设想。

以学生为本，以促进学生发展为本，至少可从以下几个方面考虑。

1. 时代的呼唤

综合国力的竞争实质上就是人才的竞争，国民素质的竞争。众所周知，今日的教育就是明日的科技，就是后天的经济，今日课程的走向影响明日的国民素质。社会主义现代化建设必须依靠科技进步和劳动者建设者的素质提高。与许多发达国家和有些发展中国家比，我国国民素质所处排名位置较低，不尽如人意。几十年来，我国教育取得巨大成就，但就教育理念、体制、结构、培养模式，乃至教育内容、方法等而言，相对滞后，影响了青少年的发展，不能适应提高国民素质的要求。以学生为本，促进学生的发展，正是当今时代对我们教育的急切呼唤。

2. 战略的需要

基础教育是普及教育，它的指导思想如何，质量如何，关系全民族素质的能否提高。它不是一地一校局部的事，而是影响民族素质的全局，因而具有战略意义。放眼看世界，为了国家的生存、发展、富强，许多明智的领导人都十分关注教育，把教育放在重要的战略地位。

教育抓什么？最为关键的是培养人，培养怎样的人。从相当规模的调研资料来看，我国中学生在学校接受教育，得益最多的是知识与能力，而批判性思考、责任感、自主获取知识的能力、价值判断、创新意识和精神等均较差，人文精神缺失。学生在学校学习，获取知识的能力得到培养，是教育应承担的责任，是好事，但不能局限于此，更何况由于机械操练的影响,能力中缺陷甚多。获取知识与能力不是教育教学的全部,其他方面残缺不全,必然影响学生的健康成长。局部不能代替整体,片面的教育质量观对学生的全面发展是极大的障碍。培养思想道德素质、科学文化素质、身心素质良好的现代文明人是我们建设有中国特色社会主义的战略需要。

3. 教育本质的聚焦

教育的本质是培养人,增强人的精神力量。古希腊哲学家柏拉图在《理想国》中就曾借苏格拉底之口,用"洞穴中的囚徒"为隐喻,说出了教育的真正含义。教育是把人,把人的灵魂、精神引向真理世界,从黑暗引向光明,从意见世界引向真理世界。英国历史学家汤因比与日本思想家池田大作关于21世纪的对话中谈到当代教育,认为教育本质不应以谋实利为动机,而要寻求"精神存在"之间的心灵交流,开启人的心灵与富有的大脑。现代教育"长度"增加——终身教育,不能忘记深度,教育最终为人的精神服务。我国自古以来,教育强调"人"的教育,"大学之道,在明明德,在亲民,在止于至善","千教万教,教人求真",强调精神达到高处的真实之境。精神的牵引实际上就是人生境界的提升,而知识、能力正是帮助精神攀升的阶梯。因而,教育的本质聚焦在人的培养、人的发展、人的精神的提升上。学生在学校接受教育,学习各门功课,无论从学生个体的成长来说,还是从社会的实际需要来说,都要着力于他们的发展。"发展"是学生的基本权利,把每个学生蕴藏的潜能变成发展的现实,他们将终身受益。深刻领会这一点,教育教学以学生为本,以促进学生的发展为本,就会顺理成章。

当然,教育教学实践要牢固树立这样的教育理念并付诸实施并非易事。因为教学中对教师最强烈的刺激莫过于教材与考试考分。一个个具体的问题、一件件具体的事,关注得多,投入得多,全局的观念有时反而淡漠起来。居高方能临下,大局在胸,牢牢把握教育的本质与课程改革的核心，目中就会真正有"人"，脑中就会有一个个学生鲜活的形象，处处为学生今日的健康成长和明日的长足发展着想。心中有学生，教学就能产生热情，产生智慧，充满活力。

二、学生世界繁复多彩

众所周知，认清材料的质地是雕塑工艺师的基本功。对所雕塑的材料进行仔细的研究，摸清它们的纹理、曲直、坚硬程度，以及能承受的压力大小，因材雕刻塑造，才能制作出巧夺天工、令人赞叹不已的工艺品；如果忽视这项基本功，拿到象牙、玉石、水晶、黄杨等宝贵材料，不识材势，不辨脉理，鲁莽地下刀、使锯、运凿，其结果不是卡了丝，就是损了块，材料被糟蹋。

教师不是工艺师，但同样有识质的问题。教师培养的对象是青春年少充满活力的学生，任务是培养他们成长、成人、成才。不言而喻，这个工作比制作工艺品更复杂千百倍、精细千百倍。教学工作要想取得成效，一定要重视和锻炼识质的本领。语文教师要花相当力气了解学生，研究学生，洞悉他们的内心世界，把握他们在成长过程中的发展与变化，把自己的教学工作建立在科学的基础之上，按照规律办事。否则，从主观臆想出发，就会盲人骑瞎马，事倍功半，师生的时间与精力都有所浪费。而这个方面正是当今教学中的不足，甚至是严重不足与缺陷。功夫往往花在操练与考分上，对学生群体与个体的了解、研究不予重视，甚至还有人认为"我只是教书、应考，我只管语文，管什么'人'不'人'"，这不能不说是教育的悲哀。思与行都偏离了准星，走了线。试问，目中如果无人，教学又怎能从实际出发，有的放矢呢？

1. 认识和研究学生的新情况新特点

当今，科技飞速发展，经济与社会发展日新月异，学生生活在现代社会，多元经济并存，多元文化碰撞，信息传媒普及，都会对他们产生正面的或是负面的影响,他们的思想、道德、情操、价值观,他们的兴趣、爱好、追求,他们的行为举止,无不渗透着时代的气息。用我们教师做学生时的时代眼光与判断标准来看当今的学生,就会不适应,就会有刻舟求剑的尴尬。

学生世界繁复多彩,他们的生活世界、知识世界、心灵世界充满了奇幻,又充满了现实的追求。他们成才的愿望特别强烈,不甘于做平常人。他们见识比较广,接受外界信息的灵敏度比较高,有时看问题尖锐和深刻的程度大大超过他们的年龄,有的甚至有历经沧海桑田,似乎看破红尘之感。他们敏于思索,善于质疑,不轻信教师的话,对社会对人生常有自己的看法,不与别人苟同,以表示自己的见解独特。他们的兴趣十分广泛,对古今中外的人和事往往带着猎奇的心理了解、询问,对现代化科技、媒体、网络、时尚产品、歌星球星,更是津津乐道以至神往。他们对生活用品、时尚的了解,教师常常远不如。

学生思维活跃,科技知识起点高,生活知识丰富,憧憬美好的未来,这是时代造成的必然。但与此同时,他们又存在明显的不足,如国家意识淡薄,道德观念、集体主义观念淡薄,阅读经典、文化积淀与解题能力比较,简直是大为逊色,甚至是不成比例。他们喜欢开放性的事物,但由于是独生子女常内心封闭,与外界沟通少,乃至与父母都不愿沟通,更不用说倾心交谈。由于民族优秀文化传承的薄弱,有的学生对西方文化不辨良莠,不识美丑,照单全收,缺乏正确的文化判断力。

学生的种种情况既给语文教学带来有利的条件,又给语文教学带来严峻的挑战,如何让语文教学进入学生的知识世界、生活世界、心灵世界,而不是游离于学生世界之外,沦落为应考的雕虫小技,是语文教师值得重视并值得付出心血研究的问题。母语教学不是一般性的技能技巧的教学,关系民族后代心灵的塑造、情感的滋润、正确价值追求的形成,而这些都要通过语言文字传神的教学、一篇篇美文佳作的熏陶感染方能实现。怎样才能让学生心中真正有母语的地位与价值,热爱它,情有独钟地学习它?恐怕干瘪的思想、狭窄的视野、刻板的训练难以奏效。要在讲究基础性的同时,兼及丰富性、深刻性和艺术性,吸引他们学习,发扬他们的长处,引导他们克服自身的不足。

2. 审视学生之间的差异,保护和调动各类学生的积极性

教育面向全体学生,教师就不仅要认清当代中学生的共性,认清他们对语文的认识、感情、兴趣、追求以及评价,而且要审视学生之间的差异,保护和调动各类学生学习的积极性。语文教师面对着上百个学生,尽管同在一所学校,但由于遗传基因、家庭情况、周围环境等种种不同,他们的思想、性格、习惯、学习基础、接受能力也就有明显的差别。教师教学,胸中不仅要有班级的全局,而且要有一个个学生鲜活的形象。

我们的教育教学长期以来善于"一刀切",用一个标准要求所有学生。其实,寸有所长,尺有所短,在被视为语文水平差的同学中,仔细研究,他们的语文能力中也有强项。我教过的学生中,有些字写得歪七斜八,文章前言不搭后语,但口才好得很;有些背诵默写总漏字、添字、张冠李戴,但在解答问题时常在语句不顺畅中透露出独特的看法。人有多元智能,在一个人身上,有强势智能,有弱势智能,这已经得到大家的共识。学生也是如此,有些语言智能强,有些逻辑思维强,有些音乐才能强,等等。但不管是弱势智能,还是强势智能,都应具体分析。语文水平不是混沌世界,不是铁板一块。强的同学中有弱点,弱的同学中有强项,发扬他们的长处,激发他们树立信心,他们的语文能力、语文素养就能获得较好的发展。

早在2 000多年前孔子就强调"因材施教":强调教学生要"观其所以",观察学生的日常言行;"观其所由",观察学生所走的道路;"察其所安",考察学生的意向;"退而省其私",考察学生私下的言行。目的在摸清学生的志趣、才能、特长。今日的教育重视学生有个性地发展,就是让性格不尽相同、志趣迥然有异的学生都能受到保护,都能健康发展。语文课程标准给学生有个性地发展留下了相当的空间,语文教师大有用武之地。只要重视这件事,多思考,多花功夫,多侧面多角度观察,不凭一时一事了解所得为依据下判断,就能逐步进入学生纷繁多彩的世界,洞悉他们的个性。

三、和学生的心弦对准音调

苏联教育家苏霍姆林斯基曾说过这样一段精彩的话:"在每个孩子心中最隐秘的一角,都有一根独特的琴弦,拨动它就会发出特有的音响。要使孩子的心同我讲的话发生共鸣,我自身就需要同孩子的心弦对准音调。"确实如此,语文教师不和学生的心弦对准音调,说的话就不可能在学生心中引起共鸣。振幅极小,或没有振幅,师生的思想感情得不到很好的沟通与交流,教师话语的感染力也就大大削弱。

要"对准音调",首先要发现每个学生心中那根"独特的琴弦"。有些学生性格开放,容易发现他们内心的活动,更多的是心里的某一角藏着奥秘,教师没有精细的目光很难找到那根琴弦。教师不能只站在学生世界的外面观察,要站到学生世界之中眼看耳听,搭准他们的脉搏。要有眼力,巨细不漏,越是细微之处,越不让它在眼皮底下溜走。就拿课堂上来说,某个同学撇一撇嘴,某个同学脸上掠过一丝笑意,某个同学目光中突然出现某种异彩,等等,全是心弦弹奏的信号,尽管那些细微的表情或动作瞬息即消逝,教师如果迅速捉住,和彼时彼地彼事联系起来思考分析,就可窥见学生心中的那"一角",可以窥见他们对语文,对某篇课文、某个练习的态度,可以窥见他们对某些问题的所思所想,大至社会、人生,小到一句话语。遗憾的是在教学中我们常只注意实现预定的目标,而丢失了生动的进入学生心灵世界的良机,从而,教学的针对性、有效性大打折扣。

要"对准音调",还要在沟通、理解上多下功夫。"对准音调"的基础是师生要有共同语言,他们的喜爱、心情、愿望、语言、行为等,不能简单地以成年人的想法来框,认为是粗糙的、幼稚的、鲁莽的,甚至是可笑的。语文教师一教,学生语文水平立即显著提高,那是神话;如果不费吹灰之力,一学就会,要我们语文教师干什么?学习是个过程,语文学习靠日积月累,细水长流,语文教师多站在学生的位置上设身处地想想,就能增加理解,减少浮躁,少下"禁止令",少设"阻挡栏",而是积极引导,为他们出谋划策。学生兴趣广泛,对影视、歌曲、球赛方方面面如数家珍,教师少不得也要关心、熟悉,乃至培养兴趣。知心才能交心,师生之间共同语言多,那根"独特的琴弦"就会发出特有的音响。

"音调"不是固定不变的。青少年学生在成长时期,知识日益增长,能力不断提高,智力不断开发,思想、性格、兴趣、爱好等都处于变化之中。有的顺着原来的方向发展,加深,渐趋成熟;有的进步缓慢,似乎裹足不前;有的变化比较大,不是在原来的轨道上移动,而是拐弯,形成了角度。如好动的变成好静的,学习态度马虎的认真起来,某些知识缺陷弥补后出现了飞跃。因此,教师了解、研究学生的工作不应是静止的,停留在某一点或某一阶段,而要有连贯性,做点简要记录,比较分析,从而摸索有效的教育教学好方法。

"语文课程应致力于学生语文素养的形成与发展。语文素养是学生学好其他课程的基础,也是学生全面发展和终身发展的基础。""高中语文课程要充分发挥其促进学生发展的独特功能,使全体高中学生获得应该具备的语文素养,并为学生的不同发展倾向提供更大的学习空间;要为造就时代所需要的多方面人才,弘扬和培育民族精神,增强民族创造力和凝聚力发挥应有的作用。"

要在语文教学实践中真正落实义务教育阶段和高中阶段上述的教

育理念,语文教师研究学生,进入学生世界就是应有之义,就是应具备的基本功。这方面的基本功扎实,学生对语文学习的厌倦态度就有望克服,出现生动活泼的教学美景。

好词典会让教师心有所托[①]

《现代汉语规范词典》一出版,我就去书店购买了一本。这不是别人推荐,而是我自觉自愿。原因很简单,因为我是语文教师。

中学语文教师没有大学问,但课必须教得既生动活泼,又一清如水,尤其是字词教学,一是一,二是二,不能有半点含糊。一名热爱祖国语言文字又比较负责任的教师,必然案头放着好几本词典,如《辞海》《现代汉语词典》等,随时查用,向这些不说话的老师请教,疑难就会迎刃而解,获得解惑的快乐。

为什么要急于购买《现代汉语规范词典》呢?就我而言,至少有三点理由。一是改革开放以来,社会上各行各业出现了数量不少的新词新语,甚至产生了很多全新的词语搭配方法。与此同时,也出现了语言空前混乱的现象。网络语言、广告语言、流行歌曲语言不规范的比比皆是,媒体上字词的差错常令人哭笑不得。如何对待这些现象,哪些是规范的,可用的,哪些是不规范的,不应该使用的,心中没有底,就很想有一本能反映国家语言规范标准的词典。二是由于第二次汉字简化方案(草案)废止后,留下了不少负面影响,常出现不该简化的乱简化等现象,还有异读词、异形词,常常混淆。这些问题只有靠规范词典来澄清。查检一下,把握大了,说话、下笔就有了底气。三是外来强势语言、强势

[①] 本文发表于《中国教育报》2005年3月17日。

文化的浸染使中学语文教学的价值与地位日趋下降,在学校学科教学中沦为"小四子""小五子"。不被重视,只因为这个学科质量的提高无法急功近利。社会上就更不必说,外语成了佼佼者。我们要走向世界,学外语当然重要,但不能颂外抑中,数典忘祖。余光中说得好,"中文乃一切中国人心灵之所托,只要中文长在,必然汉魂不朽"。母语是历史流注的民族精神,万方辐辏的智慧融合。学生学好母语绝非雕虫小技,而是关系到民族文化的传承与发展,关系到民族素质的提高。在语言现象混乱和对民族文化缺少认同感的情况下,出版一些好的词典,展现中华语言文字的深厚积淀和感人魅力,无疑是在弘扬民族精神,教育青少年学生。《现代汉语规范词典》在"规范"上下功夫,满足了教师、学生、文化工作者语文学习和教学的需要。

我国是个人口众多的大国,尽管这些年来经济长足发展,但普及教育、普及科学文化,仍然是极其艰难的事。要识字,要有文化,就要读书;要读书,就要借助各种各样的工具书,而汉语词典是最基本的一种。由于广大群众有不同的文化层次,出版不同层次、不同规模的词典就显得十分必要。小学生用的词典和大、中学生用的词典,由于需求不一样,当然就会各有选择。繁荣词典的编辑与出版,出现各具个性特色的词典,是学习文化、繁荣文化的需要,这项工作的本身就是学术,就是文化,是非常有意义的事。

当今,社会生活节奏加快,查阅词典的教师、学生希望在较少的时间内获得较多的信息,也就是说,希望词典能够多功能,免除查这本查那本的辛劳。《现代汉语规范词典》的编纂功能比较齐全,适应了读者的需要。比如流行语"酷",初次听到,很不习惯,因为与脑子里已有的词义"残暴""苛毒""表示程度深"等距离很大,"长得酷""唱得酷"等说法究竟可不可以、规范不规范,没有把握。这本词典作了明确的回答。它把"酷"这个形、音相同而意义上没有联系的字,分立两个字头,第一个字头是我们通常掌握的词义,第二个字头是新作的诠释。先说明这个词的由来,是英语"cool"音译;再释义:"帅;洒脱有个性;特别时尚";然后举了个例子;最后正音,统读"kù"。翻检一下,一目了然,解决了心中的困惑。流行于口头的还有"酷毙"的说法,词条内未收入,说明这种用法还不规范。

这本词典的多重功能在以下几个方面表现得尤为突出。一是字形的辨析。除了呈现繁体字、异体字,对如何正确书写,作了简明的指导。如"场",右边是"㇇",不是"夂"。由"㇇"构成的字还有"肠""汤""杨""畅"等,由"夂"构成的字有"伤""饬"等。这就规范了有关"㇇""夂"字形的写法,防止书写中"㇇""夂"不分的差错。又如"尝",说明:左边没有口;"尝"不是"赏"的简化字,"赏"的简化字是"赏"。针对书写这两个简化字时常发生的差错进行有的放矢的指导,规范写法。这样的字形辨析对各个文化层次的读者均有帮助。二是按义项标注词性。拎出汉语中一个词,孤零零的,很难标注词性;但在语文教学中准确地掌握一个词的词性,尤其是具有兼类功能的词的词性,很有必要。标注词性的词典不多,按义项来标注,明确具体的词性,给语文教学带来很大的方便。三是词义的诠释注重发展脉络的梳理。不从事语言文字工作的人,对词义的理解往往是一知半解,零敲碎打,对它们发展的源流演变不探讨、不清楚,因而,理解与运用时出现这样那样的不妥、差错就不足为奇。这本词典从词义发展的历史观出发,力求遵照词义发展的脉络排列词典的义项,让多义词词义的来龙去脉一清二楚,掌握起来就方便得多。

词典是最体现质量的书,来不得半点马虎。这本词典收了 13 000 单字,68 000 余词目。当代新词语、新义项 4 000 多条,不能不说是个大工程。它是许多专家、学者在无国家拨款的情况下,花费了 11 年的工夫潜心研究,一丝不苟地完成的。在追求功利、浮躁心态泛滥之时,这种艰苦奋斗造福社会的精神显得更为可贵,更为难得。这种对祖国语言文字的深情,对语文规范工作的高度责任感值得我们敬佩。希望这本词典能受到我们中学师生的欢迎,在语文规范工作中发挥很好的作用。

撒播知识与做人的种子[①]

感谢三位执教老师为我们付出的辛勤劳动！我觉得深受教育的是这些孩子们。三个班级的学生真是非常可爱，他们积极学习，全神贯注，而且发表欲十分强烈，坐着不行要站起来，站起来还要往前面走。这种学习气氛令我这样一个年纪非常大的人十分感动。如果我们的小学生每堂课的学习都是这样全身心地投入的话，那么我们的母语教育对孩子来说，真是在心中撒下了终生难忘的知识的种子和做人的种子。

其实民族精神教育和语文教学只是研究如何提高语文教学质量的一个突破口。研究这个课题，首先是提升我们的教育理念。因为我们平时讲得很多的是要教书育人，但是怎么教书，怎么育人，怎么使两者水乳交融，这对于我们每个老师来讲都是必须研究的课题。其实教任何学科都是为了育人的大目标。因为21世纪之争是科技之争、经济之争，说到底是人才之争，我们的小学和中学是打基础的。小学中学开设的学科都是为了明天的国民素质，今天的基础教育质量就是明天民族素质的质量。将来我们民族的素质怎样？每个公民的素质怎样？就看今日我们是怎样进行教育的。上海市贯彻两个纲——"民族精神纲要"和"生命教育纲要"，从战略的高度、从根本上来解决育人的问题。我们

[①] 本文发表于《上海青语》2005年第4期，是作者在"民族精神教育与语文教学"专题研讨活动上的发言。

现在的教育,说老实话是走了许多曲曲折折的路。"育分"远远超过"育人","育分"是口号,"育人"是守则。在小学情况好一点,而在高中、初中,到毕业班简直就是"分、分、分"啊,那是学生的命根,教师的命根,家长的命根!因此如何还教育的本质——"育人"的本质,是我们整个教育进程当中必须解决,但又十分难解决的问题。

我觉得今天上的三节课各有特色,对我来说是一次学习。比如《家乡的桥》,那是潺潺的流水。这样一篇传统的课文,把我们江南的桥的风格、风采描绘得美不胜收。而《采蒲台的苇》这样一堂课是一种革命精神的教育,这里需要的是挖掘,怎么样来很好地阅读文本,能够让孩子理解出我们民族的精神。而《开国大典》,卢老师上得是激情洋溢,全场沸腾。我觉得三节课各具风采。

从民族精神教育来讲,我觉得还有值得探讨的地方。其实语文课就是语文课,贯彻民族精神教育绝对不是外加什么东西,而是要对文本的解读有深入的理解,要能够真正地挖掘文本的内涵。语文课的本质特征就是教师教这篇课文,能够教给学生在个体阅读时看不到的、听不到的、想不到的、感受不到的东西,把这些东西挖掘出来,让学生沉浸在祖国母语的表现力、生命力的氛围当中,感受到作者所表的情、所达的意。这样我们的语文课上和不上就不是一个样子,学生也就不会有厌恶感。如果教师教的和学生个体阅读是在一个平面上的话,那他们就没有学习的积极性了。因此,我们探讨民族精神和语文教学之间如何水乳交融,实际上是促进我们的落实。

我们课改最根本的亮点就是"三个维度",我们要以学生为本,而不是以知识为本。以学生为本就有三根支柱——知识与能力、过程与方法、情感态度与价值观。这三根支柱只有真正落实了,我们才能做到以学生为本,也就是培养人。语文课是以语文知识传授、语文能力培养为核心,融合了情感态度价值观的熏陶、引导和培养,在这个过程当中指导学生培养自己的思维能力、观察能力、阅读理解能力和表达能力。一堂课就是一个过程,这个过程是要抓住文章的主旨,调动所有学生的积极性,读书,思考。读书,让学生的全部智力,即观察力、思维力、记忆力、想象力乃至创造力跟我们的书本融合起来,创造一种奇妙。这种奇妙就是开阔学生视野、增长学生见识、发展他们的智力、完善他们的人格,也就是把教书育人落到实处。所以研究民族精神教育和语文教学之间的关系,实际上是落实我们上海"二期课改"和新中国成立以来第八次课改最核心的问题——以学生为本。与此同时,促进我们教师专业化的发展,要把民族精神教育、生命教育和语文知识的传授、语文能力的培养结合起来,达到"无缝衔接"的境界。

小学的课和中学的课不一样,小学的课"形美"是比较多的,但是"形美"还得"神真"。小学生比较容易调动,积极性很高,做到生动活泼比较容易,但是如何让其深入地理解文字背后的东西,值得我们思考。

今天的三篇课文,从民族精神教育的角度来说有两篇是显性的,有一篇是比较隐性的,那就是《家乡的桥》。周老师讲家乡的桥,通过各种各样的阅读方法,让孩子理解家乡的桥的千奇百怪,了解它们有趣的名称,了解它们是玩的乐园,串得非常好,但有一点是不是请周老师考虑一下:作者写这座桥的背后意义是什么?为什么"长相忆,长忆家乡的桥"?忆什么?只是忆它的形态吗?只是状态吗?够不够?只是忆它的一些名称吗?如意桥啊,骆驼桥啊,震龙桥啊,只是玩的乐园吗?我想"长相忆,长忆家乡的桥",这里可是大有文章啊!忆什么?为什么人忆故土,忆故乡,有一种思乡的情?我们所有的华侨走到世界各地,最忘不了是故乡的情思。为什么?故乡是中华文化哺育他成长的地方。这个民族文化是他精神家园里非常重要的东西。一个人物质的需求毕竟是有限的,对精神家园的追求是无限的。当一个人真正对家乡认识的时候,那个家乡的民族文化的情结是时时刻刻萦绕在他心中的。家乡的桥的这种千奇百怪里有民族的智慧，民族的思考。那些桥都是中华民族的文化呀！"如意桥"中的"如意"，就是中国化的东西呀！周老师引了王维的诗句，很好。又如其中的"骆驼桥"，它选择的一些东西无不隐含着民族文化，民族的思想方法。一个民族是一个群体，有民族经济、民族文化、民族政治、民族风俗习惯等，而这里的文化认同是非常重要的。这是打不垮、摧不烂的，所以"文化在，民族精神在"，因此欠缺的就是这么一点东西——到底忆什么？如果能从这些形状、这些名称、这些字体最后能够挖掘出它的一种民族精神、民族文化，我想这就更美满了。

另外在教课的时候，教师一定要对每一个细节都考虑得十分周到。比如讲故事，这里就有许多故事，周老师选择的一个故事正好讲的是震龙桥。其实这个故事最好不要说，因为你把"龙"震住了！如果你选一个"如意桥"或是"骆驼桥"呢？其他的桥也可以。教学就是艺术，就是科学，就是创造，太难了！我说学校里最难的事情没有难过老师教好每一节课，所以这里要非常精细，要筛选。比如这些字体，除了两三个比较好的以外，其他的不太理想，行书、草书都是不太像的，因此无需用那么多的时间。我讲这些毫无指责周老师的意思，我去教，也教不好的。孙犁说，如果要学素描，是不断要用橡皮擦的，这笔画下来不行要擦一擦，那笔画下来不行要擦一擦，直到把不满意的东西都擦掉了，最后这一笔是最精彩的。你要上好一堂课，就要用橡皮不断地把你不太够的地方去除。

比如《采蒲台的苇》，就是另外一种形式。它是以质疑激发孩子的兴趣，然后通过课文的学习，不断自我解答提出的这些问题，我觉得这一点是非常好的。因为在我们的教学中，语言和思维训练应该放在同等的位置，而我们在这一点上往往还是不够重视。"语言是思维的外壳"，一个不会思维的学生，他的语言能力不可能很强。因此用质疑来组织课堂教学,能够让孩子在阅读课文当中,不断深入地思考,我觉得这是很好的。比如对"清白"一词理解,孩子查了字典,字典上的诠释和课文中对"清白"的理解,是有距离的,陈老师在课堂上指点学生如何根据工具书上的诠释,在特定的语言情境中理解词语,我觉得这是学习的深入,也是学习方法的学习,让孩子明白应该怎么学习,若单是照搬字典是很难理解的。这节课的不足在什么地方呢?非常遗憾的就是四个字:"不是"和"没有"。这两个词,孩子们已经是用尽力气来读,但是每一次的"不是"和"没有"后面还有很多的文章,因为"不是"的背后是"是","没有"的背后是"有",有许多深层次的东西隐藏在这简单的两个词后啊!如果能把握住,那教学效果就不一样了!

卢老师教课激情洋溢,整体的考虑非常好,板书也写得非常漂亮,确实有阳刚之气。他的许多设计都非常好,比如卢老师出示了三件激动人心的事,人员的出场和会场的布置,我觉得别具匠心,那是一层一层出来的。我们现在很容易用一个多媒体,"啪"的一声全部出来。其实像今天这样用板书,画一个示意图,这就好像画画一样,是一笔一笔添上去,用原来画好的和课堂上添加上去的简笔画构成了开国大典的整个会场。我觉得这对训练孩子的逻辑思维是非常有好处的。我想到数学,为什么孩子没做过这个题目就不会解?因为我们现在经常是五六个步骤"啪"的一下打出来,其实老师在解题时是有思路的,一步一步怎么样来推导的,你一步一步推导时已经在训练孩子的思维了。因此我们在利用现代化的教学手段时,不能忘记板书和简笔画。卢老师这样一来,学生脑子里对开国大典的场景就有了清晰的印象。如果只用多媒体,学生不会讲得那么清楚。所以任何工具、教学手段都有它的"利",但是超越了"度",它的"弊"就会出来了。这样的设计很好,这样的消息"传播出去",中华人民共和国的地图出来,什么是"长城内外""大江南北""白山黑水",层次非常清楚。遗憾的是最后一个教学环节——叫孩子写"新闻稿",实在是太难了,他们又不是新华社记者!开国大典他们毕竟没有参加啊!即使参加了,要写200字的新闻稿也是不行的。卢老师的这堂课是以写作来组织教学的,怎么写?最后真的要孩子写了,200字怎么写得出来呀!什么叫好?适合学生身心发展的就是最好的。卢老师后面的弥补——如果你写新闻稿,这个新闻稿的标题,你会起什么题目?这个设计实际上是让学生在学了课文的前半部分以后,提炼出什么是最重要的!新闻稿的题目就是提炼出来最深的体会感受。卢老师的弥补是好的,而前面则是"画蛇添足"。让孩子讲讲自己想的新闻标题时,孩子讲得很好,比如,有的孩子激动得讲不出话来,这是真的,所以他说"毛主席万岁!"。确实,激动的心情不是那么容易表达的,他只能借助这句简单却包含真情的语言来表达自己的感受,"唯其真,方可贵"呀!但非常遗憾的是卢老师自己拟的标题没有学生讲得好,这"开天辟地"是件大事情,怎么会是一天呢?开国大典是开天辟地,但绝对不会是一天。

我讲这些不足,绝对不是责备或是不尊重我们三位执教老师的意见。世界上著名雕刻家讲过,什么叫雕刻?雕刻能震撼人心的是什么?那是在雕刻人头像时,把不是它脸部的东西全部去掉。把没有用的剔掉了以后,它就变成了完美的人头雕像。我讲这些,是一个老教师向青年教师寄予的无限期望。你们一定要顶上海的语文教学的这片天。

为有源头活水来[1]

知识长流水,读书伴一生

宋朝理学家朱熹的《观书有感》,教师可说是无人不知。"半亩方塘一鉴开,天光云影共徘徊。问渠那得清如许?为有源头活水来。"其中的情趣、理趣,大家皆能领悟一二。其实,教师教学的"半亩方塘"是否也应该像一面镜子那样澄澈明净,天光云影都能反映出来,闪耀浮动,情态毕现呢?

当今的教育对教师的要求很高,远不是很多人想象的那么简单,那么单一。社会飞速进步,新信息、新知识如潮水般涌来;社会急剧转型,价值观发生变化,教师的理想信念、认识水平、业务能力等均受到严峻的挑战。学历水平不等于岗位水平,要在岗位上从容不迫地做好工作,取得教育实效,就不是"一桶水"和"一杯水"的问题,而是要知识长流水,不断学习,充实自己。"方塘"之所以"清如许",是因为有永不枯竭的源头,"方塘"不是无源之水,而是有源头源源不断地为它输送活水。教师教育教学中要做到"半亩方塘一鉴开",就须在工作极其繁忙的情况下挤出时间读书、学习,让源头活水滋润自己的心田。

阅读的重要性,古今中外的名家不知作过多少深刻而精辟的论述。只是教师由于忙于处理工作,而无意识地把它挤在一边,总觉得那是

---

[1] 本文发表于《上海教育》2005年第Z2期。

"软任务",放一放关系不大。其实不然。读不读书,关系大得很。有这样一个故事,国际创造性与领导学基金会有次邀请约瑟夫·布罗茨基作演讲,演讲结束,主持人表示谢意,这位孤傲的诗人毫不客气地当众宣称:"一点也不用感谢我。我坐在这里,并不完全是我自己,我是我所读过和所记得的东西的总和。一旦我不记得了那些东西,一旦我成了街上的普通人,任何人都可以捅死我也不会造成很大损失。但是只要我记得,我就是件珍品!"

只有视文化为全部生命的人,才会在现代世界中还能为拥有文化与传承文化而自负。正因为如此,约瑟夫·布罗茨基在1987年诺贝尔文学奖获奖演说中才会沉重地说:"鄙视书,不读书,是深重的罪过。由于这一罪过,一个人将终生受到惩罚;如果这一罪过是由整个民族犯下的话,这一民族就要因此受到历史的惩罚。"这是一个典型的例子,说明阅读对个人、对民族具有无可比拟的重要性。在现代社会要做文明人,要做合格教师,不认真阅读,不大量吸取信息,怎能生存?怎能发展?阅读是人生的伴侣,开人心窍,给人智慧。

教师首先应该是文化人

一位教师无论教什么学科,都离不开文化积淀。教文科的教师当然要钻研本学科的业务,但也要开阔视野,读一些自然科学的书;科学、技术,哪怕是常识性的知识,也应了解一点。教理科的教师除了钻研自己教授的数、理、化、生课程,须读一点人文读物,增添自己的文化底蕴。文化底蕴大约有这样几个层面:厚实的民族文化素养是文化底蕴的基石,对中华文化的基本认识;现代文明在传统文明的基础上大大发展,对现代文明基本观念的认识;育人的教育事业与时俱进,对现代教育发展的认识;学科有其发展规律,对所专学科的渊源和走向以及相关学科发展的认识等。这四个方面都是知识的海洋,但对每位教师而言,都须了解,有所涉猎。这些知识的获得、观念的形成,是不可能在大学里完成的,只有在工作岗位上不断学习,终身学习,才能获得。

教师不应该只是学科教师,他首先是文化人。对学生的教育本身就是文化的综合教育。有位数学教师说得好:"在教学中,我深深体会到,一个称职的数学教师单有学科知识是不够的,还要有教育学方面的知识、心理学方面的知识,要有人文知识。"就拿道德论来说,记得尼采说:"道德是强者的无畏。"耶稣说:"道德是对弱者的仁慈。"柏拉图说:"道德是有效的整体的和谐。"对这些说法的综合研究,使我对道德教育有了更深一层的理解。学文学、史学、哲学等知识,其实对学科教学都有很大的促进作用。

教师要走出学科,注重学科与学科的渗透。但是,这不等于说学科知识不重要了。学科知识当然要学,而且要深入地学,关心学科的有关渊源与走势。比如教语文,就要关心语言、文字、文学。经典文学作品要读,走势也要清楚。经典文学作品给人以"心灵的愉悦,艺术的享受",形象鲜明,情节生动。可是,20世纪初西方现代主义文学问世,情况就不一样。1922年艾略特的长诗《荒原》和乔伊斯的《尤利西斯》问世,"难懂""乏味"就成了文学经典与否的标准,离开注释和其他解读资料就不可卒读。有人说"文学被绑架了",文学标准走向了理性的反面,但人民大众还是需要文学的,于是,言情小说、武侠小说、推理小说、科幻小说,乃至恐怖小说纷纷登场,适应读者喜爱令人陶醉的情节的需要。文学作品很难有雅俗之分,但有良莠之别。文学总要符合美的规律,具有愉悦性;内容总应更具审美魅力,给人以感染。西方文学是否已走到了尽头,孕育着变革?作为语文教师,读相关的书,了解与学科有关的文化走势,都应在学习的视野之内。

教师的文化积累要吸取前人留传下来的丰富的文化遗产,又要学习新的知识,对一切新的东西永远睁开好奇的眼睛,文化底蕴也来自每个人的文化敏感。

比如世界著名宇宙学家史蒂芬·霍金研究的黑洞理论名扬天下,他的《时间简史》更是洛阳纸贵的科学读物,即使不搞物理的人也想亲睹一下其中的奥秘。可是,据今年的《每日电讯报》报道,霍金宣布他已经解开了黑洞最大的谜团之一。这一宣布立即在天体物理学界引起了轰动。霍金将在今年7月21日的一次科学会议上正式公开他的黑洞新理论:黑洞并非如他和其他大多数物理学家以前认为的那样"完全吞食"。英国剑桥大学的理论物理学家、霍金教授的同事玛尔科尔姆·佩里将霍金新理论的意义与他30年前宣布的"霍金辐射"相提并论。人的认识不断发展,新知识不断涌现,认识会随着不断深化而不断修正,是动态的,而不是静止的。因而,阅读某本书不可能一劳永逸,而要关心新知识的出现。

读书求知——世界上一条光荣的荆棘路

阅读是人类特有的神圣权利,教师一定要珍惜并用好这个权利。北京大学教授、中国社会科学院哲学研究所研究员贺麟生前曾这样语重心长地说:"人与禽兽的区别,虽有种种不同的说法,但根据科学的研究,却只有两点:(1)人能制造并利用工具,而禽兽不能。(2)人有文字,而禽兽没有文字。其实文字亦是一种工具,传达思想、情感、意志,精神上人与人内在交通,传久行远的工具。说粗浅一点,'人是能读书著书的动物'。故读书是划分人与禽兽的界限,也是划分文明人与野兽人的界限。读现代的书即所以与同时的人作精神上的沟通交谈。读古人的书即所以承受古圣先贤的精神遗产。读书即可以享受或吸取学问思想家多年的心血的结晶。所以读书是人类特有的神圣权利。"这段话十分精辟,可作为教师的座右铭。

教师从事的是学生的精神建设。教师精神世界丰富,学识广博,不仅自己教学时无捉襟见肘之窘,而且可放开手脚,信手拈来,左右逢源。然而,说到底,还不是强调为师的快乐,而是学生遇到这样有真才实学的教师,可深受教益,乃至受益终身。须知,打仗失败只是武力的失败,而读书失败,就是精神的失败。

  读书,对教师而言,最大的困难是没有时间。不是不想读,而是各种各样的事情把时间填得满满的,自己分身乏术。平心而论,教师确实难有大块时间阅读,但是,"小块"时间还是挤得出来的。《后汉书·列女传》中说:"一丝而累,以至于寸,累寸不已,遂成文匹。"读书就是要用这种"累寸""累匹"的精神。一天挤一小时,实在忙,挤半小时,一日不多,十日许多。教师要用锲而不舍的毅力去学习、去阅读,使自己有丰富的智力生活,从知之甚少到知之较多。读书求知就是世界上一条光荣的荆棘路,我们要有勇气登攀,要有毅力坚持,要有眼光辨别,要有智慧运用。教师是引领学生进入知识宝库的人,自己当然要身体力行,坚持学,深入学,广泛学,力求用人类创造的知识财富武装自己的头脑,成为堪称学生榜样的知识富有的人。

在上海市中青年语文教师论坛上的讲话[①]

各位老师、各位专家：

首先感谢上海市青语会、普陀教育学院和同济二附中等承办单位办了这么好的论坛。刚才我和步根海同志听了八位老师的发言，以及老师们提出的一些问题，我觉得我们上海的语文教学还是大有希望的，真是感到非常受鼓舞。其实我参加这个会议是青语会等单位给我一个学习的机会。我谈不上点评，只能谈一些肤浅的感想，谈三点。

第一点，就是刚才八位同志所谈的内容，在观点上是很有碰撞的。为什么会有这样的碰撞？我觉得首先是现代教育观和后现代教育观的碰撞，把它提到再高一个层面，实际上是现代哲学和后现代哲学一些观念的碰撞。大家都知道，全国的第八次课改和我们上海的"二期课改"，在理念上有相当程度吸收了后现代主义的观念，刚才很多同志在谈自己的认识和例证的时候，都用了后现代主义的观念。后现代主义的课程观念中我们常说到四个字：建构，生成。

刚才很多同志谈到怎样以学生为本，在学生已有的学习经验和生活经验的基础上，让他们充分发表自己的意见，这里本身就是后现代主义的教育观念。这跟我们的现代主义教育观念是有很多碰撞的，而我们长期以来是受现代主义教育观念支配。长期以来，我们有特定的目

[①] 本文发表于《上海青语》2006 年第 2 期。

标,有特定的课堂教学的流程,教师是主导,学生是被动接受,而且十分重要的是训练,而训练本身就是工业流程里的做法。这里它确实是以知识为核心,是以知识体系为核心。

我也参加了教育部关于课程、教学大纲的研究和实践。其实在搞义务教育语文教学大纲的时候,我们参加的人都觉得这是不科学的,但是你必须要拿一个全国统一的东西出来,从东海之滨到青藏高原是一个标准。这当然就有很大的困难。后来才是"一纲多本",它有个过程。对知识的认识有不一样的看法。从"知识就是力量"传开以来,就是知识统率实践,但是现在看来,恐怕知识与能力和智慧比起来,知识并不是最为重要的东西。所以这里的建构和生成跟我们原来的灌输加训练的育人模式就有很大的差距,有很多的碰撞。我们不是大学的博士、专家,我们对这个课程是怎么发展的不太清楚。原来我们知道的课程就是教材,教材就是课程,现在不是这样了。后来杜威提出学生的生活经验就是课程,因此我们现在非常重视学生的生活经验;再后来我们知道计划就是课程,目标就是课程,但是说计划、目标是课程又缺掉了教学过程,它又是不完善的。因此,现在我们课程的理念是多元的,教材是课程,教师是课程,学生是课程,环境因素是课程。由此我们看到课程的发展、课程标准的发展,确实从单一走向多种因素的综合。这对我们教师特别是语文教师的教学来说,要求很高,难度很大。过去拿一本教材备课就可以了,现在它要求的方面很多。

我们现在讲建构,但是建构是不是就是唯一的呢?恐怕并不简单。其实,后现代主义的教育观念和我们的传统的语文教学有很多方面是不谋而合的。因为中国有几千年的深厚的民族文化,而且民族文化里语言文字这一方面是最强的。比如阅读,我们要讲品味,要讲整体感悟,品味、整体感悟是后现代主义的,但是我们本身的传统里就有很好的经验,比如推敲、咀嚼、感悟、整体感知,有很多是不谋而合的,当然它在新时代有新的发展。所以刚才讲到的一些问题本身就是现代主义教育观和后现代主义教育观的一种碰撞。比如任其斌老师讲的知识序列问题，其实课程标准基本上是打掉知识序列的。为什么？因为我们过去编审教材是按语文知识点、知识体系，字、词、句、篇把它序列化的，实际上全国义务教育初中语文教材的48个知识点的提法是不科学的，那些能力点，说得不好听一点，是我们那些所谓的语文较为内行的人硬凑起来的，当时在谈的时候就觉得能力点是很难截然分开的，因为语文本身是综合性非常强的学科，因此很难按照学年段把它分下去，也很难安排先教什么后教什么，它往往是浑然一体的。所以这次关于知识，它用了六个字：强主干，删枝叶。其实在这之前，我们的很多语文专家是做了铺垫的，比如语法，过去一直要讲体系的，我参加过全国的语法学会的成立会，全是大专家，有王力先生、吕叔湘先生等，中学没什么发言的。我记得在武汉开会，就我一个中学老师，张志公先生要我讲讲中学的情况。我就提出，各家对语法的界定各有说法，但是我们要求最好统一一个说法，我们在课堂里好教，否则我听谁的呀。后来在哈尔滨召开语法教学会议，实际上有不同意见。语法问题不断地在改，因为说不清楚，你要把它说清楚没那么简单，因为语法本身就不是我们本土的，不是植根于汉民族语文的，它是舶来品！从《马氏文通》以来，都是国外引进的，这对我们语文老师来说真是太难了。所以现在它就不能以知识体系为本，而应以学生为本，对知识的处理是"强主干，删枝叶"。因为我们中小学语文教学教的是知识的核，是最重要的东西，读、写、听、说能力一辈子要用的。这样一个变动，从知识体系到随文学习，是很难的，跨度是很大的。关于语法学习，张志公先生讲过要精要、要好懂。我们的中小学语文教学是积累，要应用，它不是培养专家，不是培养语法家、文学家。所以，我们对一些问题的种种看法，确实存在碰撞。

比如评价体系，过去是一考定天下，一个结论。现在就不是了，它要多元评价。但是什么叫多元评价？我总觉得对我们老师不断地提要求（因为我是一直在第一线的），实在是很难的。不仅身累，心也累得不得了。我们为什么讲学校最难最难的事情就是上课，因为有的校长认为上课是很容易的，语文课更容易，因此我就讲，学校所有的工作最难的莫过于上课，上课是老师的即兴创作。不管什么样的教材，什么样的大纲，什么样的课程标准，他面对的学生不同，他都是要即兴创作的，那是非常困难的一件事，但是往往人家对我们的劳动的性质、强度、深度缺乏深刻的认识，这个还有待于慢慢地不断地提高。因此，我这里提出一个问题，现代主义课程观念和后现代主义课程观念有很多碰撞。

　　第二点，是我们碰到的一些问题，实际上就是本土语文和国外理念的碰撞。有一次我接到一个电话，是一名博士生的，他要我做他的研究对象，他们有一个课题，研究的是教学中的反思问题。他说于老师，我们要研究你是怎么进行反思的。我拒绝了。我这个人喜欢笑，我从来不说一句重话，但那天晚上我实在是有些"意气用事"，我说并不是因为我没时间，而是我感到很悲哀。为什么？20世纪50年代学凯洛夫是外国的，现在统治我们中国的教育理念还是外国的，研究我们中小学教育教学的案例是为外国的教育家做"论据"的，我不愿意，我感到屈辱。我就是这么说话的。为什么呢？50年代学凯洛夫很荒唐，你到苏联去，凯洛夫是不知名的，不大知道的，只有中国所有的中小学全是凯洛夫！我们年轻时候上课，课堂评价到什么程度啊，你最后一句话说完，课下了，你这个课就是好的，合格的。人又不是机器，多说一句话少说一句话有什么关系呢？这是非常荒唐的。其实苏霍姆林斯基、赞可夫他们的影响要大得多。

　　当然，西方的欧美的很多教育理念确实比较先进，但是有的人在他本国也不见得有多大影响，一个布鲁姆不得了，简直是奉为神灵，我这个人是不把任何人奉为神灵的，你来我都要看看你到底是什么，这一点很重要。我们教母语啊。母语是本土的东西,汉语言文字是我们国家的宝贝,是民族文化的根,当然,我们应该是"他山之石,可以攻玉"。我说我从70年代开始,我是反思的,不过没有这个名词,我教完之后,写一个教学后记,我这堂课哪些是好的,哪些是不好的,重点是记下不好的。到现在我们原来做的似乎都没有价值,现在反思流行,因此你来做我的论据!

我国粉碎"四人帮"30年了,改革开放到现在20多年了,如果再过50年我们仍然没有中国自己的教育学,这是可悲的。因此,我非常反对中国人讲外国话,中国人就要讲中国话,教语文的理念应该是本土出来的,是我们汉语言文字生成的。为什么我一定要讲外国话,言必称希腊?今天很多时尚的东西,如讨论,孔老夫子时代就有了,多少个学生,因材施教。我绝不排斥国外的先进理念,其实我自己在教学当中也吸收很多国外的东西,但是要把它们变成我们语文本土的东西。我们要教几十个学生,说话要站在中国的土地上,要讲国情,我们就是这样的教育国情,就在我们这个课堂的土地上、学校的土地上来做自己的事情,尽量把它做好。

还是鲁迅先生讲得好,我们要有自信力。我们中小学教师当中有些人有非常丰富的经验,不要把我们的经验变成外国的名词,我们自己确实应该有自信力,要采取拿来主义。我觉得要立足本土,开阔视野,对国外好的东西,拿来为我所用,要有汉唐那样的胸襟。我们的青年教师还要在"融"字上下功夫。刚才有位老师说教师也是花。老师当然是花,老师不是花怎么能够培养出学生的花朵?而且你是非常香的花,开得时间很长的花,开不败的花!

第三点,就是要学习。教师要学习,教师绝对不是仅仅付出,在当今这样的时代,语文这些困境、这些困惑、这些无奈,是我们进步当中的问题。怎么解决?我想,要靠学习,首先是自身的业务钻研。当今的语文教学绝对不是过去的那种启蒙教育、识字教学,它有相当程度的学术内涵,它有正确的课程观作指导,要有文史哲方面的底子,要了解世界、认识世界,要向社会学习,向生活学习,向书本学习,向自己的教育对象学习。学习是非常重要的。

什么是教师?教师要和学生一起成长。我一辈子只追求"合格"二字,这个"格"太难了,这个"格"是国家的期望,人民的重托,那是不容易的。因此,学习是第一任务,教师的学术魅力,教师的人格魅力,离不开学习,没有第二条路。宋朝张载讲:"为天地立心,为生民立命,为往圣继绝学,为万世开太平!"我们承担的任务就是"为往圣继绝学"!"孔子奖"第一次不是我们中国人得的,孔子是我们的老祖宗,但是奖不是我们的,是印度人的!遗憾!中华文化博大精深,我们既要学习传统文化,又要开阔视野,广泛学习,使得自己有厚实的文化基础。"修身、齐家、治国、平天下",只有修身才能具备两个魅力——学术魅力和人格魅力,才能教好学生,我们的语文才能够教到学生心中,而绝对不会只在课堂上飘荡。我们的语文教到学生的心中,学生就有了做人的底气,就有了文化的底蕴。一个人,一个民族,有了文化的底气,有了优秀的文化传统,就可以立于不败之地。我想,要实现我们民族的伟大复兴,我们要把祖国的语言文字教到学生心中,让它们扎下深根,这是恩泽后代的事,是奉献国家的大事!

挫折也是一种财富[①]

有青年同志羡慕地问我:"于老师,你一辈子大概很顺利吧,看你谈到教育,那么专注,那么神往。"年轻人很可爱,总是把事情想得那么简单,那么美妙。

中国有句俗语:"人生在世,不如意事十之八九。"此言有相当道理。走路时稍不当心还会磕磕碰碰,何况人生旅途?人的认识、人的主观愿望和客观实际有距离,甚至有较远的距离,这是常态,因而,挫折是难免的。直面挫折,正确对待,妥善处理,挫折有时就会成为一种难得的精神财富,促使自己成长、成熟。就简单地说那么几件事吧。

那是虚岁15岁的时候,用现在的话来说,正是花季少女,心里全是一个个美丽的梦,完全不识人间愁滋味。怎么也没有想到父亲染上了肺结核病。在那个年代,就是不治之症。没多久,父亲病故,家里的天塌下来了。我正好初三毕业,找事做,一是年龄太小,二是没有伯伯叔叔、姑姑姨姨,求职无门。要继续求学,家庭无力负担:祖父中风,母亲是家庭妇女,弟妹很小,小妹妹只有1岁。这种挫折、这种打击对一个少女来说,真是不能承受之重。也就是这种挫折,这种家庭灾难,使我突然长大起来。我不再整天贪玩,而郑重其事地考虑:我要自立,要挑起家庭的担子。再难,也要考学校,要继续读书,读了书才有本事,才能

[①] 本文发表于《大众心理学杂志》2006年第2期。

找到工作，养活一家。

继续读书谈何容易？家里沉浸在父亲丧事的悲痛之中，祖父认为家里那么困难，女孩儿又何必读书。我只能一再恳求母亲。母亲既有爱女之心，又认为只有自立才有生路，才不会受人欺侮。时值暑假，正好有外地师范学校来我家乡招收初中毕业生，我报考，被录取，开始了一人在外求学的生涯。师范学校一切免费，供应食宿，我十分珍惜这样的机会，勤奋学习。天无绝人之路，只要精神上不被击垮，人就站得起来，就会积极地寻找机遇，把握机遇，就会扫除阴霾，获得柳暗花明又一村的喜悦。

我曾说过，我这一辈子一直和两样东西抗争，一是无知，二是疾病。本来文化底蕴就不厚，再加上学科教学一再改行，教学中捉襟见肘的情况经常出现，因而，要不断和无知做斗争。清楚地记得改行教语文时，教研组长徐老师听我的课。教的课文是王愿坚的《普通劳动者》，这一课的内容是人物分析。老组长听完课轻描淡写地说了几句优点，然后严肃地说："人物形象是这样分析的吗？贴标签！语文教学的大门在哪里，你还不知道呢！"这番话，我的直接感受是"五雷轰顶"，一下子被打闷了。我定了定神问："那么，门在哪儿，怎么分析呢？"他悄然一笑，不作回答。

对我而言，这是工作中很大的挫折。门在哪儿都不知道，怎么能教学？又怎么能算是合格的教师？当然不行。那个时候，年轻教师要听老教师的课十分不易，不获得别人应允，不能随便进人家的教室。我一再提出听课的要求，终未能实现。徐老师的话分量很重，也十分刺耳，但我仔细想想，这又何尝不是催我奋进的号令？做教师的绝不能耽误学生的青春，不懂就学，不会就练，不仅要找到语文教学的大门，而且要登堂入室，探索规律，适应规律。世上无难事，只怕有心人。只要坚持不懈地努力，总能脱掉门外汉的帽子，入门入室。由于年轻，有那么一股击不垮的劲儿,天天明灯陪我过半夜,勤学、苦读、深入钻研,逐步的,教材烂熟于心,有自己独特的感受和体会。五雷轰顶的话成了我不懈的驱动力,挫折成了我前进的财富。

二是疾病。大大小小的疾病总是与我为伴,纠缠不清,犹如湿手抓面粉,怎么甩也甩不掉。大学毕业刚工作不久,就患严重的胃溃疡,不仅经常疼痛难熬,而且还不断出血。那时,医疗条件相对落后,病因不清楚,基本不能对症治疗,只是打外围战,这个法,那个法,包括饿饭,长达四个月只能吃流质,瘦得干柴一根,身上输过几次血,真是苦不堪言。更有甚者,此病稍有好转,又染上肝炎,被关进传染病房。由于是科盲,医学方面的盲人,对肝炎一无所知,一拖再拖,肝肿达到四指,平卧都困难。治疗且不说,单是检查就够吓人的了。从两根肋骨之间用两寸多长的类似针一样的器械穿刺到肝上,然后要屏住呼吸,钩出一丝来化验。那一刹那,真是扯得心疼痛。再后是用沙袋压着,24小时不能翻身,不能动,否则大出血就完蛋。这真是遭大罪,逃脱不了,只能面对。首先,静下心来,忍受疾病折磨,认识它,了解它,不和它赌气,越赌气,它越得逞,越猖狂。你心情好,它就难以节外生枝。其次是配合治疗,讲究科学。经过身心的不断调整,肝病远离而去。后来又有腹部动手术的问题,有时上课一阵疼痛,就昏倒在教室里,让学生紧张好一阵子。疾病对我而言,损害健康,影响工作,是灾难,是挫折,但冷静对待,乐观向前,就锻炼了意志,锻炼了毅力,锻炼了开朗的胸怀。每次生重病,我总把它看成是打仗,看谁拼得过谁,是心情的考验、意志的考验。住病房,我把它看作是难得的大块时间的休息,趁此机会读书、求知,病中求乐,其乐无穷。

也许是疾病中锻炼了坚强的意志,因而,能度过"文革"一劫,活了下来。尽管自己已30多岁,对社会实际上仍缺乏认识,无所知晓。从家门到校门,到学校后也总是在班级和教研组,工作忙得厉害,从不串门,可算是世事不知。"文革"暴风骤雨般地涌来,措手不及,一下子就被掀起、卷倒。首先是脸面关。"士可杀不可辱",对我们首先是"辱",戴高帽子、挂黑牌子、乱剪头发,冠给我的"美名"是"修正主义教育路线吹鼓手""反动学术权威"。开始我确实受不了。这种挫折从来没碰到过,也没见过,我一个普通教师,哪知道什么路线?上公开课,学生欢迎,就是"权威"吗?"权"在哪里?"威"在何处呢?放眼一看,左邻右舍,不少家庭都遭难,进学校劳改队的达20多人。扫地也好,认认真真,在劫难逃,这样一比一想,坦然了,倒要冷眼看看事情如何发展。

有些挫折要敢于顶,豁出去,敢于据理力争;有些挫折要反躬自省,看看自己该负多少责任,不推诿,不狡辩。也是在那个黑白颠倒疯狂的日子,我在被关的学校宿舍楼打扫卫生时,突然冲过来一个手握皮带的男学生,指着三楼的窗口,叫我跳下去,恶狠狠地说:"你不是一直受表扬吗?现在落到这个地步,怎么有脸活下去?给我跳,跳下去!"这名学生我不熟悉,年轻无知,就这样视人生命为草芥,可怜可悲。我不知哪里来的勇气,直着嗓子对他说:"我不跳,我绝对不会跳,我有什么问题什么'罪',党会作出决定;除非是你硬推我下去。但是,你要知道,杀人是要偿命的,我家里人也不会饶过你。"你硬,他软,溜了。一次开批判会,有位老教师上台说:"你的课上得好死了,自己班级教完,还借别的班级,还要跨年级借班级,公开、公开,你票友一下走了,别人怎么进教室,你这是突出自己,不顾别人……"他说得唾沫四溅,气急败坏。天哪,我哪要借别人班级上课,不得已啊,领导要我上,我没有办法。冷静下来想想,确实不应该。每个教师上课有每个教师的个性特点,各有长短,因为向学校、向区里、向市里公开的需要,随便借班上课,对别人就会形成伤害。学生年龄小,爱新鲜,爱新奇,偶尔去上一课,学生的积极性容易调动,对原任课教师必然造成压力。想到这些,我心里很愧疚。自己不是没有责任,为什么一篇课文要重复上几遍?有本事应该每节课都是优质课。从此以后,再不借班上课。1978年我被评为首批特级教师后,堂堂有人听课,少则二三十人,多则几百人,前后上了2 000节左右的公开课。尽管毛病不少,但求其真、求其实,心中总想着别人,从教训中获得了精神养料。

年纪一大把了,一辈子碰到的挫折不胜枚举。关键在自己要有信心,要有胸怀,要有坚强的意志和锲而不舍的奋斗精神。有了挫折,跨越过去,就会增长见识,增添智慧,告别脆弱,奋然前行。因而,挫折也是一种财富。

说了以上一番话,不知青年同志有何感想?我总是想,一个人无论顺境也好,逆境也好,都要精神振奋,永远前进!

最粗浅的话[①]

《窗边的小豆豆》的作者黑柳彻子的妈妈黑柳朝在《小豆豆与我》中一再强调对孩子的教育、家庭、晚年生活，说的都是"最粗浅的话"。然而，读了以后，"粗浅"印象全无，感受到的是坦诚直率、母女情深，对美好生活不仅憧憬、向往，而且努力缔造，与家人、与读者共同分享；感受到的是娓娓道来，无斧凿之痕，有时文笔跳荡，夹杂些微幽默，让人忍俊不禁。简直想不到这轻松诙谐而又不失严肃的作品出自一位八十高龄的老太太之手，作品中依然闪现着生命的青春。

　　作者笔下书写的均是琐细小事。可是，生活中又有谁能离得开那些日常的、平凡的小事呢？小事有时并不小，其中蕴含着大学问、大文章。对孩子的教育，当今几乎成了家家户户十分关注而又甚感艰难的大问题。怎么教育、怎么认识与怎么处理——看来是一件件一桩桩小事——才能有益于孩子的成长，从《小豆豆与我》的叙事中可获得不少启迪。

　　对待孩子，对待子女，应该有个基本看法，基本心态。社会上急功近利、浮躁心态也会入侵到家庭生活，于是，对子女求全责备，超越年龄的做法屡见不鲜；于是，和谐的气氛少，紧张的气氛重，子女也好，父母也好，都是负重前进。黑柳朝在《小豆豆与我》中这样表达她的看法：

[①] 本文发表于《新闻晨报》2006年7月16日。

"全世界的孩子都是一样的,他们本来就有无尽的才能和可能性","感谢上苍赐给"她抚养孩子的机会。显然,"可能性"变为现实性有个成长、发展的过程,不可能一蹴而就。操之过急,拔苗助长,违背规律,其结果必然是禾苗枯死。"可能性"变为现实性,靠带着感恩的心情来抚养。这种心态是宽容的,温馨的,不怨天尤人,不训斥苛责。子女成长,家庭是第一环境,父母是第一教师,父母对子女的认识与心态是塑造子女成长环境的最为重要的因素,切不可小视。

做人要有底线,要具备基本素质。尽管黑柳朝遭遇到种种困难,但生活的原点不动摇,心平气和,不怨恨,不气馁。"再苦再累,即使哭泣也要忍耐,永远不要忘记有一颗上进的心","对于那些自己想做的事和必须做的事,一个人无论怎么辛苦,也必须抽出时间认真去做"。母亲这样努力,这样奋斗;女儿饱尝生活折磨,也是奋斗不息,母女见面从不言"辛苦",心灵默契在自信能过上幸福的生活,洒脱地做应该做的事是自己的一份责任。这种昂扬的生活态度,这种生活中的韧劲,靠说教在孩子心中不可能生根,一件件事如此身体力行,孩子就形成认识,形成习惯,形成良好的素质。

有所不为,才能真正有所为。现在家庭教育对孩子的要求不是德智体美全面发展,而是全能、全才。不管孩子有没有这方面的兴趣,有没有那方面的才能,都是样样学,样样要。黑柳朝是怎么说怎么做的呢?小豆豆——彻子很喜欢长笛,很想学习拉小提琴,学过钢琴,但都半途而废,没能坚持下来。母亲对此无要求,不责备,而是说,"你呀,就跟乐器没缘分",四岁的时候,"你连小提琴的'小'都说不清"。没有埋怨,没有斥责,母女哈哈大笑,"统一"在"放弃"上。做父母的一定要摸清孩子的实际,孩子在某方面没有潜能,再怎么逼着学,除了形成孩子的厌学与怨恨,浪费精力,浪费年华,得不偿失。黑柳朝认为"彻子这孩子在乐器上的确没有天分",不像她爸爸和弟弟,而是像自己。"放弃是最好的选择"。正因为毫不犹豫地放弃,女儿在表演、写作等方面有长足发展。什么材料派什么用处,凭主观臆断,一厢情愿是行不通的。

沟通与理解是人与人之间和谐相处必不可少的纽带与桥梁。父母与子女之间也不例外。人是有思想的动物,对待任何一件事情,不同的立场,不同的视角,不同的感情,会作出迥然有异的判断,有的确实有是非、美丑的问题,但大量的是可此可彼,如果各执一词,往往会闹矛盾,伤感情,因而,交谈、沟通至为重要。小豆豆的虫子恐惧症,母亲从未劈头盖脸批评,而是追根溯源,弄清楚怎么会产生这种心理状态。原来彻子是个老病号,从腰到两条腿都被石膏固定,面对任何虫子的袭击,她都无法躲开,因而落下这种病,设身处地想想,就多了一份理解,多了一份原谅。女儿工作了,经常去国外,当面沟通的时间少了,就电话里聊天,黑柳朝说,有时聊得入迷,"从晚上 11 点一直打到早上 4 点的时候"。关键不在形式上的联系,而是心连心,心贴心,"不管多小的事,我们都会一起高兴,一起愤怒;美好的东西我们会一起欣赏和感激"。她深有体会地说:"在孩子们成长的过程中,我也被教育。"确实如此。真诚、坦率,教育孩子的同时,坚持自我教育,家长的榜样作用引领着孩子健康地迈开人生的步履。

"最粗浅的话"往往是最平实的,无矫揉造作之势,细细品味,其中蕴含着丰富的道理。读一读这部作品,眼前会浮现家庭教育的又一个世界。

学会追求,学会拒绝[1]

一辈子做教师,我有八个字的秘诀:"学会追求,学会拒绝"。

学 会 追 求

对于教师来说,思想道德素质是十分重要的,所以我说教师要学会追求。

1. 教师需追求的素质

社会上不是任何人都可以做教师的,要做教师,有几点是必须明确的。

第一,选择了教师职业就是选择了高尚。因为社会上有各种各样的职业,而教师必须是思想高尚的人来做。教师是为国家培养未来的人才,国家把自己的希望交付给了教师,教师的一言一行都会对孩子产生影响。

第二,做教师必须德才兼备。古人讲,什么人才能做教师,"智如泉涌,行可以为表仪者,人师也"。教师的智慧像泉水一样涌出,教师的言行仪表可以作为别人的榜样。我们中国古人扬雄认为教师就是模范。欧洲各国认为教师就是榜样。教育就是以人格教育人,因此他必须德才兼备。

第三,作为教师必须要有谦虚的品德,作为教师必须与时俱进。现

---

[1] 本文发表于《现代教学》2006 年第 9 期。

在的教师与20世纪六七十年代的教师不一样,有很多学的东西,尤其是大学时学的东西几乎没用了。作为一名教师就必须不断学习,与时俱进。21世纪的学生,与我们那时候的学生完全不一样。教师对学生内心世界的了解十分重要。记得教20世纪80年代的学生,我要把足球队员的名字背出来,足球队员的站位、任务我要把它搞清楚,因为你要教学生,就必须和他们有共同语言。现在孩子喜欢什么?动漫、卡通,初中学生喜欢还珠格格、"超女";那么高中学生心中的偶像是谁呢?是周杰伦。这个周杰伦起码可以吸引我们80%的高中生。你搞不清楚周杰伦唱的歌有什么好,但学生就是那么着迷。周杰伦一首歌可以使他如痴如醉。你要教育他,就要进入他的心灵世界。我对学生讲,其他流行歌曲也很好,比如韩红唱的《青藏高原》,那种嘹亮、高亢的曲调多么好听。腾格尔唱的《我的家乡》,多么感染人。可学生就觉得周杰伦好。为什么呢?因为他唱的别人学不会,他的标准就是别人学得会就不好,学不会的就好。我听周杰伦唱歌,觉得就像普陀山的和尚念《金刚经》,可为什么他受欢迎?周杰伦有些中文底子,又了解西方的摇滚,又会作曲,因此把中西方文化融合在一起,又唱又跳。做一名教师,谦虚十分重要,你不可能什么都知道,你要教现代学生,你必须要学习。德国教育家第斯多惠说:"要使得你的工作富有勃勃生机,你就一定要找到生命最强烈的刺激——自我教育。"这个对教师来说太重要了。作为教师,只有不断学习新的东西,你的教育教学工作才有生机。

  谦虚好学十分重要。因为一个人一旦志足意满,就会视而不见,听而不闻。我遇到过许多教师,其中有两位教师由于性格上的差异,一个就学得比较好,另一个认为自己很不错了,从二十几岁到五十几岁都差不多,他忘了一个教师终身学习是多么重要。如果不学习就没有新鲜的东西,课堂上就没有时代活水,又怎么能吸引学生呢?所以,作为教师,这三条十分重要。

2. 教师需要学习的榜样

我有很多学习的榜样。一个人成长一定要有榜样，20世纪60年代初，我们学雷锋，从校内学到校外，那时风气很好，夜不闭户，路不拾遗。现在孩子心中有榜样，但那些都是什么样的人？是偶像。我的一生将很多前辈作为榜样，我不断地和他们作比较，找身上的差距。比如鲁迅先生，他救国救民的思想，对青年、对莘莘学子的炽热之心，钻研学问的严谨态度，是我的榜样。又比如闻一多先生，他上课那种吸引力、辐射力，我一辈子都学不完。他在西南联大上课时，教室十分破烂，灯光非常昏暗，他教屈原《九歌》，说："黄昏时分，从四面八方辐辏而来的鼓声近了，更近了，十分近了；神光照得天边透亮，满坛香烟缭绕……"破烂的教室里坐着的学生分不清课堂上讲课的是闻一多，还是2 000多年前的屈原大夫。2 000多年前的屈原大夫，由于闻一多的创造性教学活在了现代人的心里。因此我想教学就要有这样的魅力，它就像磁石吸铁一样，把学生牢牢吸引住。我脑子里不断有这些前辈的榜样，经常拿来比一比，自己就进步了，这是我做教师一辈子的追求。

3. 教师需有精神上的追求

作为教师，在当今时代非常不容易，现在外面的世界太精彩，对我们的诱惑很大，对孩子们的诱惑也很大。一个人总是要有追求的，作为一名教师，他今生的追求非常重要，为什么？第一，教育的本质——培养人，中国人的教育本质就是培养有中国心的人，有中国心的现代文明人。用古希腊柏拉图的话讲"把人从洞穴里引出来，把灵魂向上牵引"。这就是提升人的精神世界，达到真实的境界，知识与能力是攀登精神世界的阶梯。我们从事的事业是精神世界的事业，精神世界讲的是真善美，"四书""五经"里有很多这样的话。打开《大学》，第一句话就是：大学之道，在明明德，在亲民，在止于至善。陶行知"千教万教，教人求真"。这一点如忽略了，人的精神世界就会变异。人的内心世界非常重要,人不能自然成才,他要靠培养,而在学校教育、家庭教育、社会教育中,学校教育应该是最主流的、最重要的、最健康的。

4. 教师需追求立体的教学

作为教师要清醒地认识自己。人往往以己之长比人之短,这是很容易的,特别是现代思想进来了,特别是美国的个人主义思潮,样样都说自己的好,说自己的好要有信心。自信心能够使自己更出类拔萃,但是自信心并不等于自我感觉良好,如果什么时候都自我感觉良好,他就会故步自封。要清醒地认识自己,我觉得这一点是非常重要的。现在的知识比过去多很多,因此我提出了教学要立体化,课要多功能。相同的时间,特定的空间,教学效果大相径庭,孩子学到的东西不一样,受益也完全不同。为什么课是立体的?任何一篇文章都有文字训练的功能,因为文字本身也是文化。如《岳阳楼记》中的"先天下之忧而忧,后天下之乐而乐",我们教这篇课文,并不只是认识这几个字,教这个句子的同时,这个思想就进入孩子的心里。登岳阳楼的诗人可能有很多,为什么范仲淹的文章就流传千古?因为他"不以物喜,不以己悲"。孟子的"与民同乐"就很了不起了,而范仲淹是"先天下之忧而忧,后天下之乐而乐",超越了他同时代人的精神境界,因此就变成了民族精神的精华,流传千古。在教这个语句时,这个思想就要教下去,这不就是教育功能吗?

我们课文中有些国外的东西也有认识功能。学了《瑞恩的井》,感受了孩子的善良,这篇课文就有了审美的功能。一节课是线性的还是立体的,对孩子的教育是不一样的,孩子要多方面地接受教育。上海市"二期课改"提出了立体的三个维度,一个是知识与技能,一个是过程与方法,还有一个是情感态度与价值观。其实,20世纪90年代,我们就提出要学习小学语文的课改,要让中学教师听听小学教师是怎样上课的,空的虚的都没有了,它很实在。而当时的《一课一练》这些教辅材料铺天盖地,已经把我们的语文教材"碎尸万段"了,这个看一个手指头,那个看一个脚指头,那不叫语文,而叫肢解。

5. 教师应追求完美,不断完善自己

不断追求,归根结底是为了我们的孩子,从事孩子的教育事业是功德无量的事。一个孩子遇到一名好教师,他一辈子得益;遇到一名不合格的教师,他就倒霉了。我记得那个时候,"五讲四美"要作报告,上海我也分到一讲。当时,孙道临老师和我作一期讲座。尽管他是一位著名表演艺术家,但遇到吃不准的字,他还是认真查字典,我想正因为孙道临老师这样严谨的作风才使他成为一位表演艺术家。作为一名教师就要这样追求完美,不断克服自己的不足,不断向"污点"进攻。学会追求是为了孩子,他的学习根基越深厚越广泛,发展就越好,所以,基础教育十分重要。我真是佩服小学一年级的语文教师,我就教不来。适合的才是最好的,讲得高深不一定好,讲得对了,学生有兴趣了,他学会了,这就是最好的。

6. 语文教师需追求全能

语文教师要是全能专家。要做到全能就要学会找突破口。一个大目标是做一名合格的教师,在朝着大目标努力的过程中,要找准小目标,找准突破口,不断进步,要做到八个字:胸中有书,目中有人。胸中一定要有书,教材一定要烂熟于心,就好像是你写的,如出自己之口,如出自己之手。这样的话,你教书就能够左右逢源,否则一个学生问个问题,你可能就不知道了。备课要有突破,要有鲜明的个性,条条大路通罗马,殊途同归,教师要发挥自己的优势。另外,作为一名语文教师,用语要规范、丰富、生动。口头语言对学生的影响也很大,不要有口头禅。

学 会 拒 绝

1. 教师应拒绝诱惑

人的一辈子会碰到很多挫折、很多诱惑,有精神的,有物质的。我做过师范学校校长,我做校长只抓两样东西。一抓校风,校风是凝聚人心的,是道德层面的而不是法规,道德是需要提倡的。二抓教师培养,抓年轻教师培养,有教师才有学生,校长要依靠教师。

我这人最大的优点就是爱学生,看着孩子们渐渐长大、懂事,就觉得没有白活,自己的心血没有白费,非常快乐。我从校长的位置上退下来后没有闲着,我审教材,从小学到高中,上百条建议没有马虎过,我累死了,每天晚上到 11 点多睡觉,我都 77 岁了。人不可能同时做好几件事,一个人的能力是有限的,时间是有限的,因此要学会拒绝乱七八糟的诱惑。

2. 教师应拒绝跟风

英语从来没有像现在这样疯狂过,我认为有些搞双语教学是用来赚钱的。哪一个民族母语能用外语来教学?是非不分。但现在到处刮双语风,我们要明辨风向,拒绝不合理的。上海市"二期课改",理念从整体上讲是不错的,因为上海市"二期课改"总的指导思想是马克思主义哲学,培养全面发展的人,以人为本,这是很大的进步。因为我们长期以来是以知识为本,以知识体系为本,如今追求以人为本,那就是个进步。我们提倡以人为本,因材施教。那么怎样才是以人为本,因材施教?有的人语言智能比较好,有的人文字智能比较好,有的人形体智能比较好,每个孩子发展都不一样,我们应对他们进行多元评价。但多元评价并不是把标准去掉,而应该有一定衡量标准,不能对学生产生误导。教知识是不允许有丝毫差错的,你作为教师不规范,学生可能一辈子不规范。

感悟、诵读,自古就有,东方文化本来就是整体的,西方文化是讲究科学分析的。现在有些东西跟我们以前讲的整体感悟有所不同,我们没有把这些东西从教育哲学上弄清楚,因此,就会把有些东西无限扩大,整个课堂就是讨论、讨论,教师没有发挥自己的作用。课堂需要教师的引导,名师出高徒,教学手段要趋利避弊,不一定都要用多媒体。对这些东西,教师要有自己的看法,学会拒绝。现在教育领域各种口号很多,各种风刮得也很大,这个时候我们更需要优秀教师,需要独立自主思考,不要一窝蜂。任何发展,都要实事求是,从上海的教育实际出发。

学会追求,学会拒绝,是教师提高教育的有效性和可行性的真谛。

阅读：一种高尚的精神生活[①]

在信息渠道多样化,电视、网络、手机飞速发展,潮水般涌向学生时,声、光、色、形频频作用于学生的耳目,文字读物的吸引力无形中大大降低。现代信息技术的发展是时代的需要,学生接触多种信息媒体也无可厚非,然而,不管音响、画面多么琳琅满目,色彩缤纷,也不能排斥或挤压学生阅读文字读物的时间和兴趣。阅读,是学生成长过程中所历经的心智锻炼,它引导学生吮吸精神养料,领悟社会、人生,是任何媒体手段无法替代的。

北京大学著名哲学家贺麟先生早在20世纪40年代就精辟地指出:"人与禽兽的区别,虽有种种不同的说法,但根据科学的研究,却只有两点:(1)人能制造并利用工具,而禽兽不能。(2)人有文字,而禽兽没有文字。其实文字亦是一种工具,传达思想、情感、意志,精神上人与人内在交通,传久行远的工具。说粗浅一点,'人是能读书著书的动物'。故读书是划分人与禽兽的界限,也是划分文明人与野蛮人的界限。读现代的书即所以与同时的人作精神上的沟通交谈。读古人的书即所以承受古圣先贤的精神遗产。读书即可以享受或吸取学问思想家多年的心血的结晶。所以读书是人类特有的神圣权利。"这段话高屋建瓴地阐述了读书的价值、读书的意义和读书的神圣权利。人要脱离愚

[①] 本文发表于《湖南教育》2006年第34期。

昧,脱离野蛮,成为文明人,必须阅读,必须求知。文字传承文明,发展文明,创造文明,学生从小与阅读为伴,与文字为伴,承受优秀的精神遗产,不断开启智慧之门,就能受高尚的情操、深邃的思想、精湛的语言的熏陶,心灵逐步丰富起来,健康成长。

学生课业负担重,考试争分与文化追求失衡,相当数量学生在题海题库中日夜浮游,挤不出时间读书。再加上浮躁风气和急功近利思想的浸染与影响,读书求知的重要性在不少学生心中已淡化。有识之士对这种状况不仅揪心,而且在各种场合呼吁,并身体力行推荐读物,指导读书。诗人、散文家约瑟夫·布罗茨基在20世纪80年代诺贝尔文学奖获奖演说中曾这样说:"鄙视书,不读书,是深重的罪过。由于这一罪过,一个人将终生受到惩罚;如果这一罪过是由整个民族犯下的话,这一民族就要因此受到历史的惩罚。"他将读书对个人对民族的重要性剖析得入木三分,令人心灵震撼。学生成长时期尤其要阅读。学生求知虽有自己特定的生活经验,也参加一定的实际上是少量的乃至极少量的社会实践,有一点直接经验,但经常的、大量的是来自间接经验,间接经验包括教科书和课外各种读物。因而,读书是学生特有的神圣权利,不可小视,千万要珍惜。

读书必须慎加选择,特别是青年学生,人生经历少,求知时间又总不够用,在出版物、非法出版物鱼龙混杂、泥沙俱下的情况下,须锻炼自己的眼力,选择好书阅读。坏书,像蓬勃滋生的野草,伤害五谷,使五谷枯死,读这种书,徒然浪费时间,浪费精神,有时还在不知不觉中受到不良影响。读经典,读优秀作品应是学生首选。精选的语文读本也在选择之列。编者花费大量时间与精力在佳作、美文中进行筛选,从学生的知识基础、理解能力、兴趣爱好、美好憧憬的实际情况出发,提供阅读的优质资源,让学生享用,既激发学生求知的欲望,又节省学生的时间,免除无头绪地在茫茫书海中检索、淘沥之苦。《感悟阅读》就是一本提供学生优秀阅读资源的读物。

怎样阅读才能收到比较好的效果？阅读是读者的个性化行为，阅读的过程是富有创造性的过程。学生阅读一篇篇美文佳作时，应该伴随着主动积极的思维和情感活动。学生在主动积极的思维和情感活动中，加深对作品的理解和体验，有所感悟和思考，受到情感熏陶，获得思想启迪，享受审美乐趣。这本读物定位于"感悟阅读"是很有见地的。首先，尊重学生是阅读的主体，学生不是被动接受者，而是自己自主阅读，自己思考、体验。其次，尊重阅读的规律，学生阅读作品真正有所感，有所悟，就脱离了"我是我，书是书"的状况，进入作者所描绘的情景之中，所议论的人与事中，与作品对话，与作者心灵沟通。俄罗斯小说家邦达列夫说："一个人打开一本书，就是在仔细观察第二生活，就像在镜子深处，寻找着自己的主角，寻找着自己思想的答案，不由自主地把别人的命运、别人的勇敢精神与自己个人的性格特点相比较，感到遗憾、怀疑、懊恼，他会笑，会哭，会同情与参与——这里就开始了书的影响。所有这些，按照托尔斯泰的说法就是'感情的传染'。"这段话把书对人的感染力、影响力讲述得十分生动、十分精彩。阅读佳品、精品，不深入其中，当然不可能深味其中的佳妙。由此可见，读而感，读而悟是何等重要。再次，这本读物对如何在阅读中有所感悟，作了简明扼要的引导。对某篇佳作确能有独特的体验，领悟到某种道理，就须先过理解关，读懂作品的语言和内容。从遣词造句到情意的表达，从谋篇布局到写作技巧的运用，均得作一番推敲。用主编李先生的话来说，就是要"学会分析""学会整合"，既了解文章的局部，又把握文章的整体，这样阅读，"感""悟"就有了坚实的基础。指导"学会分析"时，并非巨细不分，而是要言不烦，启发学生思考；"学会整合"难度不大，学生经过努力，能够达到预期目标；"学会感悟"重一点、两点，不求大求全；与此同时，还注意到词句的积累。这种种考虑切合中学生阅读的实际，学生能深受其益。

单元的编排也是煞费苦心,组合了文化主题与文章体裁的特点;不少标题对学生有吸引力,使其产生浓厚的阅读兴趣。

阅读是一种自由的生活,精神的生活,智慧的生活,祝愿学生读者愉快地阅读这本读物,在自由愉快的阅读中开启智慧,丰富情感,增强审美愉悦,品尝文字魅力,享受高尚的精神生活。

"八荣八耻"：师德建设的强劲推动力①

胡锦涛总书记提出的"八荣八耻"社会主义荣辱观，既高度凝练了爱国主义、集体主义、社会主义思想的基本要求，又充分体现了社会主义基本道德规范和社会风尚的本质要求，是建设和谐社会的及时雨，是引导社会主义建设事业迈步前进的指南针，具有深远的战略意义。

良好道德价值取向的确立，良好社会风气的树立，既是经济社会顺利发展的必然要求，又是人民群众的迫切愿望。国家大事重在固本，物质文明建设与精神文明建设均为"本"，"本"固则国兴。社会主义荣辱观弘扬了以爱国主义为核心的民族精神和以改革创新为核心的时代精神，打牢全国人民团结奋斗的共同思想基础，这种固本的建设意义非凡，不仅有现实意义，而且造福子孙后代。

学校担当着培养青少年成为社会主义合格建设者和接班人的重任，今日的教育质量就是明日的国民素质，理应在弘扬和践行社会主义荣辱观方面走在社会前列。为此，要切实加强青少年学生"八荣八耻"的教育，引导他们从小打下正确而坚实的价值观根基，养成良好的道德品质和行为习惯。

育人先育己，要在学生道德荣辱观培养上卓有成效，教师首先要认真学习，领悟精髓，加强自身的师德修养，以身作则，率先垂范。思想家

---

① 本文发表于《思想理论教育》2006年第10期。

卢梭说得好:"你要记住,在敢于担当培养一个人的任务以前,自己就必须要造就成一个人,自己就必须是一个值得推崇的模范。"教师是学生最直观的榜样,对可塑性极强的青少年学生起着重要的感染作用,因而,教师必须具有高尚的道德、磊落的行为,只有以德才能育德,否则,空话连篇,假话一串,不仅无育人实效,而且口不应心,言行不一,只能起负面作用。"八荣八耻"的荣辱观对新时期师德建设有强劲的推动力,它既传承与发展了传统美德,又十分切合当前社会实际,观点鲜明,内容具体,引导我们切切实实提高自身的素质,在社会上塑造教师崇高的形象。

提升认识,激荡感情

要使"八荣八耻"内化为自己的思想道德,表露在自己的言行之中,首先必须对这种荣辱观的实质与意义有深刻的认识。社会主义荣辱观着力疾恶扬善,冲刷社会上的污泥浊水,弘扬社会主义的正气,帮助个体擦拭心灵蒙受的灰尘,闪现真诚、善良、美好的光芒。"八荣八耻"是社会风尚的价值基石,也是个体养成德性的情感基石。总体上说,我们崇尚真善美,憎恶假恶丑,力争为学生做榜样。但毋庸讳言,社会上一些不良风气,是非不分、美丑混淆、荣辱颠倒的想法、看法和做法,会通过多种渠道、各个层面影响到我们,乃至污染心灵。尽管治国方略在强调依法治国的同时,也强调以德治国,一直坚持社会主义精神文明建设,以热爱祖国、服务人民、崇尚科学、团结互助为主旋律,但由于经济飞速发展,社会深刻变化,各种文化,先进的、愚昧的、健康的、污浊的,碰撞、激荡、影响着价值观念和道德观念。金钱至上、个人第一、享乐主义腐蚀人心,败坏社会风气。教师作为社会的人,立道德之本,使自己思想健康不受浸染,至为重要。

立德须有知耻之心。孟子曰:"人不可以无耻。"人不可以没有羞耻之心,不知耻,必然是非不辨,善恶不分,错把腐朽当神奇。历史上有这样一个典型:东晋大司马桓温曾大言不惭地说:"男子不能流芳百世,亦当遗臭万年!"真是以耻为荣到极点,这种语言本身包藏的就是一颗私欲膨胀到令人可怕的奸邪之心。今日看来,当然是人所不齿,但个人私欲膨胀、损人利己、见利忘义的现象仍屡见不鲜,需要我们识别与警惕,同时憎恶、鞭笞那些丑恶现象。

情感世界是人类独有的,作为育人的教师,情感世界的爱憎分明、晶莹透亮更是有德性的标志。对要大力弘扬、引以为荣的思想、道德、行为要倾心热爱;对戕害人心、败坏社会风气的思想言行要疾恶如仇。情感基石扎实、牢固,就会有"渴不饮盗泉水,热不息恶木荫"的美德。

身体力行,率先垂范

"八荣八耻"内容具体、全面,对国家、对集体、对人、对事,价值取向鲜明,操作性很强。教师自身为人处世应该以此为标尺,大到国家利益、人民利益,小至生活小事、身边小事,严格要求,形成习惯,化为素质。教师不断地在社会生活中,在工作与学习中体验、感悟、践行,久而久之,必然成为心灵丰富、道德高尚之人,成为引领学生健康成长的人生导师。

对学生进行社会主义荣辱观的教育,同样也推动教师自身的道德建设。要贴近学生的实际,贴近生活的实际,对学生落实"八荣八耻"的教育,就要观点鲜明,分析具体,细致深入,以理服人,以情动人。在教育学生的过程中,教师自己也受教育,褒荣贬耻,以情激情,师生思想道德双提高。

师德建设贵在自觉,自我扬弃,坚持不懈,必有成就。

现代教师要坚守阵地、坚决抗争[①]

今天当教师十分不容易,教育面临着中华人民共和国成立以来最大的挑战,外部环境对教育有着太多的干扰。面对这种干扰,我的态度是"坚守""抗争"。

平心而论,我们的教育取得了很大的成绩,我是引以为豪的。我们以这么有限的教育经费,办出了有2亿多在校生的中小学教育,并且达到了一定的质量,这在世界上是少有的。芬兰的综合国力世界第一,教育经费占GDP的18%多一点,我们的综合国力虽有很大提高,但还远不及人家,教育经费还在争取达到GDP的4%。我们就是这样的国情,对这一点要有充分的认识。当然,在肯定成绩的同时要看到确实存在的问题,但看到问题不应畏难,也不应埋怨,而应当大胆实践,勇于探索,改变这种不理想的状况。我们不能做旁观者,而要做战斗员。我这一辈子一直在教育第一线摸爬滚打,最深的感受是茹苦含辛。人民群众对教育的要求这么高,教育自身又存在着种种问题,只有靠人的努力,靠全体教师的奋力拼搏,才能办出让人民满意的教育。

今天,学校教育面临着粗俗文化的包围。文化的影响是看不见、摸不着的,但又是无孔不入、无处不在的。一些腐朽的垃圾,打着娱乐的幌子在毒害青少年,弄得学生神魂颠倒、失魂落魄。前几天报上登了这

---

① 本文发表于《教育参考》2006年第10期。

样一条消息，一名高中生好不容易考上了大学，全家欢天喜地，白天他去办理了户口转移手续，但不多久就被戴上了手铐，原因是他受了网上色情内容的毒害，当晚去拦截女青年。垃圾文化就像蛀蚀楼房的白蚁一样，在吞噬着学生的心灵。面对如此严峻的现实，在多元文化的背景下，教师要坚守阵地，守住教育这个神圣的殿堂，要竭尽全力，拿出九牛二虎之力来坚守，来抗争。除了面对粗俗文化、垃圾文化的干扰，教育还面临着一股浊流的冲击。一些人打着科学的招牌干着违背科学规律的事。比如，那些名目繁多的《一课一练》等为了应试的习题集，它导致了学生只会解题不会读书。在一些高校的期末考试中，不少一年级的学生居然成绩都不及格，原因就是他们不会读书。不要说举一反三了，他们是"举三反一"，甚至是"举百反一"，而"一"还不清楚，没做过的题目考试时就不会做。面对这一现状，失去信心是不对的，要抗争，有着独立人格的教师要呼唤，要呐喊，以自身的行动来推进教育的发展。

  我对当代教师是心存敬意的，选择了教师职业就是选择了高尚，选择了教师职业就是把你的生命、你的智慧同青少年的成长捆绑在了一起。人是要有脊梁骨的，教师是要有师魂的，有了这种精神才会奋斗不息。奋斗过程中最为重要的是要提升自己，育人先育己，修身齐家，首先是修身。提升自己要有养料，要读书。宋代诗人黄庭坚曾说过，三日不读书，面目可憎。如果说没有时间读大部头的著作，那么，《现代教师读本》精选了许多经典文章，还有《教师人文读本》，每天读上半小时，日积月累，必有好处。当然，书读了还要用于实践，把那些新的理念通过实践变为教育的现实。教师要有满腔的热忱，要有慷慨激昂的精神，以正压邪，排除干扰，让我们的学生健康成长。

自胜者强[1]

有青年教师向我诉苦说:"和你们比,我们难多了。哪像你们那时候得到重视、关心?今天再努力,付出与获得不等价,距离名师目标似乎遥遥无期。"

年轻教师的心情我能理解,但这番话却似是而非,正误纠缠在一起。"和你们比,我们难多了",这是不容争辩的事实。今日改革开放,多元经济并存,多元文化碰撞,社会上各种各样的思想,大至宇宙人生,小到生活细节,对学校教育、对青少年学生的成长形成包围之势,学校教育遇到了严峻的挑战。办学的方向,办学的操守,营造怎样的教育环境,教育的价值取向,教育的针对性实效性等一系列问题,教师要直面,要思考,要判断,要坚守,要抗争,与我们年轻时候比,不知要复杂多少倍,艰难多少倍。教育是国家固本的工作,育人的难度再大,也要迎难而上,做出成绩。因而,对坚持在教育第一线兢兢业业尽心尽力教学生健康成长的教师,我总是心怀敬意。在外面世界十分精彩的诱惑下,他们不坠育人的青云之志;在课程教材改革的召唤下,他们勤于学习,勇于实践,为探究学科教学规律、探究育人规律,奉献智慧,努力创造。

然而,教育不是百米赛跑,冲刺一阵子,而是万米赛跑,乃至马拉松,不可能有什么爆炸性新闻,更不可能像炒作的歌星一夜成名。它需

---

[1] 本文发表于《新语文学习》2006年第11—12期。

要教师的心放在心窝里，不能飘飘忽忽，无所聊赖。重视、关心当然是好的，不过，那是别人的事，自己无法主宰，关键还在于自强自胜，自己完全做自己的主。就关心与重视而言，今日的年轻教师比我们要幸运得多。

想当年领导要我改行教语文时，只一句话："工作需要，在战争中学习战争，最高指示。"改行，困难重重。隔行如隔山，我连 b，p，m，f 都不认识。为了能听教研组长一节课，我每天早到办公室，扫地、擦桌子、拖地板、倒痰盂、泡开水，"有事弟子服其劳"，想感动"上帝"。然而，每次提出听课，每次都遭拒绝。一天，冷不防地他突然来听我的课。我推开教室门，看到他坐在最后一排椅子上，一脸严肃。我很紧张，好不容易定下神来开始讲课。我清晰地记得那天教的是王愿坚的《普通劳动者》，对作品中的将军与士兵小李进行人物分析。课后我向他请教，他郑重其事地说："语文教学的大门在哪儿你还不知道，人物形象分析是这样贴标签的吗？什么热爱劳动，平易近人！"他的话犹如五雷轰顶，我的头一下子炸开了。再向他请教，他又不吭声了。

这样的"关心"对年轻的我来说，确实有不能承受之重。但我咬咬牙，挺住了。语文教学的大门究竟在何处，作为一名语文教师，非找到不可，即使路漫漫其修远。老组长这句"金石之言"成为我教学生涯中不懈追求的动力。我常常反躬自省："你入门了没有？'堂'在哪儿？'室'在何处？你清楚了多少？一名对学科教学不入门、不辨堂室的教师怎能称职？怎能对得起学生？"外力在教育历程中化为我内驱的动力，从此，我更是夙兴夜寐一灯明，寻寻觅觅。

而今，对青年教师关心、培养的重要性已形成共识，课内课外，校内校外通过多种途径促进青年教师快快成长，期盼青年教师成为教育教学的顶梁柱。这种期盼出于对教育事业的挚爱，对莘莘学子的深情。其中的真诚，其中的急切，就差用激素来做催化剂了。年轻教师如果对此有所理解,心里就会热乎乎,工作时就会倍感温馨。

教师的成长、成熟非一朝一夕,有个不断积累经验教训、不断学习提升、不断修正错误完善自我的过程。优秀教师是在课堂里站出来的,是在进行大量教学实践中锻炼出来的。靠关系,靠侥幸,靠外力,也许会煊赫一时,乱人耳目,但毕竟人格有损,因为是"水货",失真。学校里最难的事莫过于把课上好,让学生深受其益。我所说的把课上好,不是几节公开课、示范课,而是要力求把每一堂课上好。上课不是演戏,做给别人看,而是要让学生真正学有所得、学有兴趣、学有追求、学有发展的后劲。教师为此付出的辛苦、心血难以用数字衡量,更难以用金钱衡量。一名优秀教师对学生精神世界的培育、生存发展能力的增强,其作用可能是影响学生一辈子的生活道路,这种付出是无价的,功德无量的。

要培养学生健康成长,教师首先要求自己健康成长。成长与否的关键在于是否有自胜的能力,是否能战胜自我,克服不足与缺点,是否能不断超越自我,步履坚实地攀登。现在流行说"名师",处处在打造"名师",因而"名师"就成为我们追求的目标。我常想,把名师作为高悬的目标,准星是否有点偏离了?"名"应该是自然形成,是对一名教师大量的实在的、有效的、卓越的教育教学工作的肯定与称赞,素质良好的学生群造就了教师的"名"。教师追求的应是育人的高质量,追求的应是自身德、才、识、能兼备的人师,"智如泉涌,行可以为表仪者,人师也"。眼睛盯着"名","名"再和"利"挂钩,心潮就会因外界的褒贬起伏,得得失失在心中翻腾。思不正,气不顺,不可能专心致志做好工作。《庄子·田子方》说:"宋元君将画图,众史皆至,受揖而立,舐笔和墨,在外者半。有一史后至者,儃儃然不趋,受揖不立,因之舍。公使人视之,则解衣般礴裸。君曰:'可矣,是真画者也。'"这个故事很值得深思,那些舐笔和墨受命恭立的画匠,想法很多,唯恐君主不赏识,恭立之意不在画；而那位"解衣般礴"的迟到者，神闲意定，不拘形迹，心无旁骛，情有独钟，"真画者也"，反而被选中。执着追求做真教师，心有所依托，快乐也就与之为伴。

教师不仅要有清醒的头脑，谦虚的胸怀，而且要有坚忍不拔的意志、毅力。改正自己的缺点、错误，弥补自己的不足，从来不可能一蹴而就，有时简直要水磨的功夫。年轻时往往会自我感觉良好，体会不到要做好一件事、上好一堂课，其中种种艰难往往不容易预见。要边干边学，边学边干，增长见识，修养自身。比如，"文革"中我挨斗的有一条罪状就是借班上课。20世纪60年代初，由于学校及市里、区里语文教学的需要，我经常借班，不仅是本年级，而且借到别的年级上公开课。当时年轻，不以为意，认为这是上面叫我上的，有几分得意，殊不知埋下了祸根。至今我还记得一位老教师批判我的场景："你教得好死了，到别的班级上课，别人怎么进课堂……一个人有一个人的教法，你知道带给别人怎样的伤害？"对我而言，这简直是灵魂的洗礼。做任何事都要为别人着想，公开课多花了力气，教得好一点，没什么稀奇，给别人制造麻烦，确实不应该。上课是老老实实的学问，不是表演，不是花架子。此后，我就下决心再不借班上课。粉碎"四人帮"后，上课巡回演出之风盛行，我总是婉言拒绝。有些在全国巡回"演出"的人讥讽我不敢上课，我既不动气，更不动怒，心中坦然。我是学教育的，对学生不深入了解，怎么从学生实际出发？怎么加强教学的针对性？从1978年评上首批特级教师后，粗略算一下，我上了近2 000节的公开课，少则二三十人，多则数百人，堂堂公开课，甚至早读课都有人听，批改的作业也是全部公开。这不是因为我的水平高，而是全国各地语文教师对语文教育事业的至诚追求和倾心热爱。正由于在同行、专家的督促下从事教学，我不敢有丝毫的懈怠。每堂课下来都反思，都写教学后记，认识自己的不足，思考如何改进。十分遗憾，一辈子没有教过一堂十全十美的课，不是这里有毛病,就是那里有缺陷。正是这些累累的创伤让我深深领悟到教学事业是"遗憾"的事业,只有直面这些创伤,跨越过去,战胜自己,才能提升思想,净化感情,增强本领,追求并逐步实现理想的教育境界。

青年教师要在"入"与"出"上下坚忍的功夫。要付出得多,付出的质量优,对学生成长真正有益,就得坚持不懈地读书学习,丰富自己。入不敷出,教课时总感到捉襟见肘。课对学生有无吸引力、感染力,恐不在于设计多少方法,不在于花样翻新,相当程度看教师的文化积淀。厚积薄发,教学时就能游刃有余,课的质量就厚实,学生就会感到学习真有滋味。而今社会,科技进步飞速,信息如潮水般涌来,获取知识的手段、渠道多种多样,教师不勤于学习,充实自己,有时与学生对话都缺少共同语言。"士大夫三日不读书则面目可憎",这是苏门四弟子之一黄庭坚的精辟判断;他的老师苏轼则说,"腹有诗书气自华"。无论是正面论述、反面论述,都强调读书学习对人的精神世界、气质风度的重要性。教师要挤出时间读书,适应新时代教育的要求,做有道德、有文化的学生人生的导师。

从事培育学生成长、成人、成才的高尚事业,心底平静、洁净、纯净、沉静,必能破乌云、驱迷雾,获得自胜的快乐,享受育人的幸福。强者,自胜也。

师德·责任·与时俱进[①]

上海市教育委员会领导嘱我对市全体在职特级教师谈自己的成长经历,我深感惶恐与惭愧。我已是一名退休的教师,能有机会与在职的特级教师进行交流,光荣感、幸福感油然而生。

下面谈两点认识与做法,恳请批评指正。

一、意外的惊喜,清醒的定位

1978年在全国教育工作会议上,邓小平同志提出:"要采取适当的措施,鼓励人们终身从事教育事业。特别优秀的教师,可以定为特级教师。"根据邓小平同志的讲话,教育部、国家计划委员会制定颁发了《关于评选特级教师的暂行规定》,在全国开始了评选特级教师的工作。

最早只在报纸上看到北京评出了小学特级教师的喜讯,人数少之又少,多少万人中挑一个,那是很神圣的事,从未与自己联系起来。

一天,突然接到区委办公室通知,说区委书记要来我校,接我去市政府大礼堂开会,说我评上特级教师了,要参加颁发证书的仪式。那时没有自己申报特级教师的手续,尽管开过不少座谈会,听过不少课,但我全然无知,上面保密工作做得好。如此大的荣誉意外地落在自己的头上,我又惊又喜,兴奋不已。当时颁证的场景历历在目。兴奋的同

[①] 本文是2006年12月作者在上海市全体在职特级教师大会上的发言。

时,不得不冷静思考:凭什么天上掉下这么大的馅饼给我,对我特别青睐?中学各学科教师共评八名,其中七名来自市重点的名校,唯独我从教的学校是区重点,名不见经传。被评上,有相当的偶然性,相当程度是机遇。

我简单地分析了原因,可能是自己所带的 77 届年级组,所教的班级在 1977 年恢复高考中取得很好的成绩,年级组团队被评上市先进单位;可能是"文革"后电视首次直播语文课上课情况,我应当时需要,上了高尔基的《海燕》,受到好评;也可能因为"文革"前积极投入教学改革,上了很多公开课;也可能因为"文革"中尽管挨斗,没有趴下,把一个个乱班带好。但这些都是稀松平常的事,是一名教师应尽的责任。其实,课教得好的教师很多,有学问的老教师也很多,我不过是有了上公开课的机遇,有了上现场直播课的机遇罢了。世界上没有绝对公平的事,评上的不一定是最好的,最好的也不一定能评上,其中有种种的偶然。我想,既然好运降临到我身上,我就不能让荣誉蒙上灰尘,一定要让偶然性为必然性开辟道路,加倍努力,真正起特级教师应起的作用。

特级教师在德、才、识、能诸方面有全面要求,要成为"师德表率、育人模范、教学专家",是教师队伍中的佼佼者,一定要起榜样作用、引领作用,不辜负组织的培养,学生、家长、社会的期望。而今迈步从头越,一切从零开始,边干边学,边学边干。面对落在自己头上的天大的恩泽,我下了这样的决心。

二、追求卓越,向名副其实的目标奋然前行

用一句话来说:近 30 年的辛苦不寻常,夙兴夜寐,孜孜矻矻,走了一条老老实实学做特级教师的路。其中艰辛一言难尽,有四个问题一直叩问我的灵魂,迫我深入思考,认真对待,以实际行动毫不含糊地回答。

1. 压力

我还是我，就是那点水平，可是冠以特级教师以后，别人对我的要求一下子高了起来，高很多很多。一切教育行为、一切思想言行都在众目睽睽之下，似乎你什么都应该懂，什么都应该做得十全十美。一下子怎么做得到呢？因而，压力极大。

面对压力，要么被压垮，要么变压力为动力，坚强地挺立起来，其他别无选择。德国教育家第斯多惠说得好，一名教师要使自己的教育工作勃勃有生机，必须找到自身最强烈的刺激，那就是自我教育。清醒地看到自己工作中的不足、缺点，一点一点改正、提升，每做一件事，都要有长进，力求做得好些，更好些，更完美些。自己鞭策自己，挑战自己。有了自我教育的内驱动力，就会精神振奋地往前奔。与此同时，学习至圣先贤的教导，从中国优秀传统文化中汲取精神养料，汲取力量。《易经·乾卦》中象辞说：天行健，君子以自强不息。人就要像苍天像日月星辰一样刚健运行，自强自立，奋勇拼搏，毫不懈怠。三十而立，四十而不惑，四十多岁的人不能再稀里糊涂，应建立清晰的内心价值系统，把社会给予的压力变为一种生命张力，心志奋发，态度从容，以敞亮的胸怀、无限的热忱迎接来自各方面的挑战。

比如：立刻要出版教学成果的书，经验录、教案选。实在腾不出手来，我就采用讲的办法，每周六讲半天，《上海教育》两位记者把音录下来，整理成文。书出版，我不想冠以自己的名字，起了个《中学语文教学探索》。对我来说，也是梳理思想，梳理教学经验，提高认识。两位记者听了许多课，开了一些座谈会，与我讲的内容找到对应，找到结合点。至于教案，"文革"中已被烧毁，因为"知识越多越反动"，作为罪证被烧了，只好从现在的备课笔记中选出付印。

又比如：每一节课都有同行听课，有的师范大学教授拎了录音机来听，听后整理成实录发表。听课少则二三十人，多则几百人，压力极大。

课教完,还要解说,还要介绍。为了对得起学生,对得起远道而来的教师,我不敢懈怠,备课全身心投入,天天明灯伴我过半夜,前后上了近2 000节公开课,阅读、写作、作文批改等都在同行的监督与促进之下,形成了严谨、一丝不苟的好习惯。

再比如:全国语文报刊约写文章,有些几乎是"命题作文",而且要"立等可取",这就逼得自己勤思考、勤动笔,锻炼了运用语言文字表情达意的能力。其他如经常录课,审教学大纲、教材,社会兼职多,会议又多,忙得真是不亦乐乎。诸多事情,诸多活动,包括上课、录像,我都看作难得的学习机会、锻炼机会。我总认为人的视觉有两种功能。向外,拓展世界。有机会学习,参加活动,就是拓展世界、增长见识。向内,发现内心。吾日三省吾身,检查自己的动力、动机、行动,始终有个永不满足、奋勇向前的好心情。

2. 辐射

"一花独放不是春,万紫千红春满园。"特级教师应是有行动能力有人格魅力的人,既有理想主义的天空,又有现实主义的大地,心中燃烧着热爱教育事业、热爱学生的圣火,这种炽热要辐射,要带动队伍共同前进。

要做到这一点,我努力克服思想上的障碍:自己那么多事情根本来不及做,书来不及读,哪来那么多精力? 其实这种想法是愚蠢的表现。一花独放不是春,更何况自己不是什么名贵的花,顶多算是草花一小朵,教育园地要繁花似锦、万紫千红,才能春色满园。教师是个体脑力劳动者,个体质量很重要,但又是群体效益,须有良好的团队精神,二者完美的结合,队伍建设才有好质量。因此,每名成员都应为队伍建设出力,更何况特级教师?

为此,我悉心培养青年教师,采用师带徒的方法。本校的、外校的、本区的、外区的,大学毕业生来当助教,脱产住我校跟班学一年,这些年轻教师除了听课,每周我还得作专题讲座,还得听他们的课,课后讲评。

我悉心带教研组,从备课、听课到参加区里、市里的教学竞赛,到作文批改、考试命题无不交流、研讨、指导,全方位、全天候。看到他们一个个成长,教学竞赛获奖,心里比吃了蜜还要甜。

全国各地的教师,特别是青年教师,凡在语文业务上要探讨的,要推荐文章的,乃至出书写序的,我都尽力而为,有求必应。对个别教师文风不正的,我也真诚地指出。任职校长期间,我的主要精力放在培养青年教师上面。青年教师是教育的未来,教育的希望,在师德、师能,在专业水平方面着力培养,成立学校专门培养的组织,落实措施,一步一个脚印,在学校营造青年教师健康成长的良好氛围和空间。比如听课后的评课,就不是简单地判别这节课的是非得失,而是从理论和实践结合的高度探讨学科教育观、学生观、质量观,探讨教学的规律。听一节课,至少用两三节课时间评论,畅所欲言,集思广益,共同提高。抓科研能力培养也是如此,舍得花时间,花精力,力求有实效,而不是走过场,搞形式。

我之所以在扎扎实实、坚持不懈上下功夫,是因为从思想上解决了两个问题。

(1) 为我,还是为学生?

为自己就觉得不合算,得不偿失。为学生就觉得忙得应该,忙得其所。一名青年教师在岗位上获得良好的培养,就可成长、成熟,成为优秀教师;而一名优秀教师就能恩泽许多学生,乃至使他们受益终身。我这名教师生命中最大的事就是一心为学生,因而培养青年教师与培养学生一样,是我应尽的天职。

(2) 付出,还是提升?

送人玫瑰,留有余香。看起来付出的是时间和精力,实质上是互相学习,互相促进。学习使我了解了许多信息,许多知识,学习到别人教学中的许多优点和教育智慧,思维受到启迪,视野大大开阔,自己得到了提升。当一名教师付出的劳动对同行有些作用时,觉得有天地之气凝聚在心中,心灵得到安慰,深感无穷的快乐和幸福。

3. 诱惑

人生活在社会上,总是会碰到各种各样的诱惑,如何对待,确实是叩问灵魂的事。

为教育经费、为教师待遇和地位,我在市人代会、市人大常委会等多种场合,不遗余力地呼唤、呐喊,但对物质生活总严于律己,不敢有丝毫松懈。教师是人中的模范,要有清醒的头脑,坚定的意志,不为物质生活所累,才能保持心境的纯正与安宁,做好育人的工作。

我也是食人间烟火的人,有些事情对我也有不小的诱惑,我也左想右想,最后才作了正确的选择。比如20世纪80年代中期,金山石化二中需要校长,想在质量上打翻身仗。石化二中当时是上海师范大学与石化总厂联办的。为此,上师大校长和石化总厂党委书记多次来我家,希望我兼任校长,并许诺一周只要去两三天,配一部车子和一套住房。这对我不是没有诱惑,我一直住在爱人分到的房子里,局促得很。但我是上海市第二师范学校的校长,一所被"文革"破坏得千疮百孔的学校,好不容易才由乱而治,若不全力以赴,又怎能带出队伍,全面提高质量？人的精力是有限的,必须专心致志,才能做好工作,为此,我一再婉言谢绝。又比如,市人大常委会领导关心我的身体,一再找我谈,希望我脱离工作岗位做人大专职委员,从事教科文卫工作。这种关怀我由衷感激,但我想到特级教师的基本条件是终身从教,再说从感情上,我实在舍不得我的学生和教师,因此,我也婉言辞谢了。将要从校长岗位退下来时,高价校长的诱惑也不断向我袭来。20世纪90年代初有集团创办民办学校,用20万年薪请我当校长,90年代中期,用60万年薪请我当某个规模宏大的民办学校校长,我都毫不犹豫地谢绝了。至于高价到全国巡回上课,不是我架子大,而是我不愿做知识贩卖者,人和金钱之间一旦画上等号,人格也就扫地了。

对待这些问题,须有个总的看法,总的感情。20世纪西方哲学界的有识之士一直忧心忡忡的是人的异化、物化。科技进步,道德沦丧。莱辛说:现在出现了高学历的野蛮人。其实《礼记·乐记》里早就深刻指出:"夫物之感人无穷,而人之好恶无节,则是物至而人化物也。人化物也者,灭天理而穷人欲者也,于是有悖逆诈伪之心,有淫泆作乱之事。"

人总是有物欲的,因为要生存、要发展。但君子爱财要取之有道,追求的目标是人格的完美。印度的泰戈尔曾说,鸟的翅膀一旦系上黄金,就永远也不能飞腾起来。人之所以为人,是因为有精神世界,有精神支撑。读书求知为什么?为明理,为明做人之理,明报效国家之理。教师是教圣贤书的人,当然,应是做人的表率。

特级教师代表教师群体形象,不能因个人不当行为影响教师整体。负面影响总是不胫而走的。极少数不体面的家教损害教师的形象,降低教师威信,使教师的社会认可度下降,这是令人痛心的。

4. 超越

教师身上要有时代年轮,要努力学习,不断提升认识,开阔视野,跟随着时代奋勇前进。

教师专业也要不断发展,才有生存的空间。专业不向前发展,知识结构不适应时代需求、教育需求,生存空间就越来越小,发言权就越来越少。

教育的特点是前瞻性和滞后效应的结合,教师要有超前意识,又要脚踏实地耕耘,要教在今天,想到明天,以明日建设者的需求衡量、指导今日的教育教学工作。教师要学会站在教育战略的制高点上思考一些问题,以做到心明眼亮;更要不断地挑战自我,超越自我,追求教育的高尚的理想境界。

比如课堂教学,根据课程目标和自己实际情况,不断制订努力的小目标,一个一个台阶上,一步一步攀登。第一步做到"胸中有书,目中有人"。教材要烂熟于心,如出自己之口,如出自己之心,决不搞参考资料搬家,人云亦云。目中有学生,对学生经常、深入、全面地了解,知心才能教心,才能有的放矢。我花了好几年工夫,基本做到了这一点,上课心里才踏实,有时也会出现一语中的、左右逢源的好气象。第二步狠抓自己教学语言的修正、锤炼。教学语言无吸引力、感染力,无文化含量是无法在学生心中弹奏,取得良好的教学效果的。我又是教语文的,在使用语言文字方面应给学生做榜样,于是我提出了出口成章、下笔成文的小目标,在语言的规范、生动、鲜明上下功夫。我用以死求活的方法,教学写详案,每一句话写下来,再通篇修改,再口语化,用比较规范的书面语言改造不规范的口头语言,去除语言中的语病、杂质。花了两年多的功夫,提高了口头与书面表达能力,基本做到了说话、写文章不打草稿。第三步研究课堂教学的节奏与容量,怎样的教学节奏与教学内容的分量,学生最易接受,最能满足心理需要,而不打疲劳战。第四步研究课堂教学的多功能与立体化,发挥学科教学的实用功能、发展功能、审美功能,以学科智育为核心,融合德育、美育,使教书育人落到实处,改变只是传授知识的线性思维。研究如何调动每个学生的学习积极性,组织到教学的情境之中,把传统的教学结构的直线往复转换成网络式的辐射型。教师的教作用于每个学生,每个学生的学反馈到教师,师生之间交流、促进。学生全神贯注后,总有几个人能超水平发挥,他们的认识、理解辐射到其他学生身上,能者为师,水涨船高,推动教学向深处开掘,往广处开拓。小目标一个个攀登,不断超越自己,修正或否定原先自己不合时代前进步伐的想法和做法。

在学科教学发展的重要时刻,出于教师的良心,出于对学生的热爱,出于对祖国的忠诚,我总是直言不讳地提出自己的看法。比如,20世纪70年代末提出的"水到渠成"问题,认为语文教学只要注意思想教育,质量就下降,只能是"水到渠成"。我是不同意的。教育是有计划有目的地培养人,哪有什么听其自然,于是我写了《既教文,又育人》的文章,发表在语文刊物上,得到了大家的认可。又如 80 年代,乃至前几年,有人提出语文初中三年过关。我不同意,语文能力、语文素养和认识水平、学习经历、生活经历、文化底蕴等密切相关,初中娃娃和高中学生就有很大区别,思维能力、理解能力很不一样,学语文怎可能过关?除非把语文只看作识几个字、写篇短文的功能,日常生活中生存的实用工具罢了。教育教学是有其规律的,不以人的主观意志为转移的,正如春季过了,立即是秋季,办不到。民族语言文字是民族文化的根,语文是学好各门功课的基础,会陪伴人的一辈子。基础打不好,会碰到种种困难。现在学生语文能力下降,错别字屡见不鲜,言不及义,已成不争的事实,令人焦心。其实,何止是学生?媒体、社会方方面面都有语文水平不合要求的问题。再如关于语文学科的性质、特点问题,针对教学中的弊端,我写了《弘扬人文,改革弊端》的文章,剖析了语文学科性质,工具性与人文性的关系。新世纪全国进行课程改革,在制订的语文课程标准中写入"工具性与人文性的统一,是语文课程的基本特点",得到越来越多的语文教师的认同,我十分高兴。

总之,作为一名特级教师,肩负育人重任,必须与时俱进。日本哲人池田大作曾说:人生一辈子都是建设,没有建设的人生是失败的人生。几十年的教学生涯让我深深懂得:对自己应做的事,要燃烧起满腔热情。对现在应当做的事不全力以赴的人,没有资格谈未来。只有切实地站稳脚跟,才会有接着的大飞跃。

满腔热情,全力以赴,站稳脚跟,争取飞跃,愿与老师们共勉。

树立教师之魂[1]

主持人：于　漪　特级教师，上海市教师学研究会会长
嘉　宾：尹后庆　上海市教育委员会副主任
　　　　包南麟　上海教育出版社社长、总编辑
　　　　吴乾渝　上海市杨浦区副区长
　　　　夏玲英　上海市科技教育工会主席
　　　　陈　军　上海市市北中学校长
　　　　程红兵　上海市建平中学校长
　　　　谭轶斌　上海市青语会会长
　　　　罗华荣　上海师范大学博士
　　　　黄荣华　复旦附中语文高级教师
　　　　陈爱平　上海市杨浦高级中学副校长
　　　　孙宗良　复旦中学教科室主任
　　　　陈雪良　《上海教师》副主编

"我愿做一只麻雀，让大家来解剖"

于：今天为我的《岁月如歌》举行如此隆重的首发式，我难以表达自

---

[1] 本文根据2007年9月6日《岁月如歌》首发式暨"从《岁月如歌》谈教师成长"主题论坛内容整理，发表在《上海教师》"于漪茶座"专栏。"于漪茶座"是《上海教师》编辑部邀请作者为主持人，召集上海教育系统内外的文化人士就教育热点问题漫谈切磋的栏目，共28期，一度成为上海教师队伍培养研究的一个重要平台。

己的感激之情。我的理解是,这不仅是对我的厚爱,更是表达了大家对教育事业的无比忠贞和热爱。我要感谢一切关心我支持我的人,感谢今天赶来参加会议的领导和朋友,尤其要感谢上海教育出版社。我的书稿到8月10日才最后交稿,出版社的同志在繁忙地出版上千种教材的情况下,硬是在第23个教师节前把我这本书赶出来了,而且印制得又是那样的精美。他们的认真、执着,着实让我感动。

我是一个非常平凡、非常普通的教师,出这样一本带传记性质的书,我实在有点不好意思。可是,教育出版社的袁书记劝我,说:你的经历是那样的丰富,很多东西都值得大家思索、研究,写这样一本东西,主要不是为了你自己,而是为了大家,为了教育事业。把你的经验和那份精神留给大家是有好处的。基于这样一种观念,我同意了。我的老爱人平时反对我揽那么多事在身上,这次他也支持我,鼓励我把这本书写出来。他要我用心地写,当然,由于时间紧促,现在放在大家面前的这本书还是非常的粗糙和不像样。

我也要感谢杨浦区教育局党委的领导们。他们为我成立了"于漪教育思想研究中心",今天这个"从《岁月如歌》谈教师成长"的主题论坛就是这个中心主办的。起初我想,我是一个平平常常的老教师,有什么好研究的呢?特级教师,劳动模范,都只是个符号而已,除了表明党和人民对我的厚爱外,不能说明什么。继而我又想,大家说要研究,就研究吧!我就做一只麻雀,让大家来解剖,看当教师的应该具备些怎样的素质,看教师成长的轨迹。

包: 我们跟于漪老师有几十年的交往。20世纪90年代,于漪老师就是我社的特约编审。1981年,为总结于漪老师丰富的教育教学经验,我们请《上海教育》杂志的两位青年编辑写了《中学语文教学探索》一书,之后,又出了一系列的书。于漪老师的名文《素质·能力·智力——我的语文教学观》就是发表在我社编辑的《语文学习》上的。在长期的交往和接触中,我们读懂了于漪。于漪老师是当代教师的典范,她的教育思想、教育观念,是不可多得的思想财富。学习于漪,研究于漪,大有必要。

吴:一年前,于漪名师基地挂牌,一年后,举行于漪《岁月如歌》新书首发式暨"从《岁月如歌》谈教师成长"主题论坛,实在很有意义。于漪在杨浦高级中学当了18年校长,至今仍耕耘在教育战线上,她对杨浦教育做出了无人可替代的贡献,我代表杨浦人民对她表示感谢。当然,于漪不仅是属于杨浦区的,她属于中国,外省市的教师来到上海,就热切地参观于漪教育展览会,从中汲取思想的养料。我同意一种说法,于漪之所以那样感人,是因为在她身上体现着教师之魂。

做合格的"人",合格的"中国人"

孙:《文汇报》原总编辑石俊升先生说:"于漪太丰富了。"是的,从教50多年来,于漪老师留给我们、留给中国教育的东西实在太多太多,足够我们去反复咀嚼,反复挖掘,反复提取。但是,我们如果要把于漪的丰富人生提炼出某个关键词的话,那就是"合格"二字。

于:你们说我"合格",其实,每当我反思自己的生活和教育历程的时候,我会常常发现我身上还有许多不合格的东西。因此,我常这样想:与其说我做了一辈子教师,不如说我一辈子学做教师。

孙:这也正是于漪老师了不起的地方。她永远追求着合格,即使在常人看来已是够合格的了,她还是在求索,还是在不断地更新自己。于漪留给我们的合格标准是与时俱进的,是日日新、月月新的。

于漪老师的人生经历使我们懂得了,要当一个合格的教师,首先得当一个合格的"中国人",当一个合格的"人"。教师是在用人格讲话,用人格教会学生如何做人,如何学习和工作。没有崇高的人格精神,你再有学问,那个教师也是当不好的。我们可以作这样的设想,如果于漪老师从复旦大学毕业时,祖国给了她另一种安排,或者说她作了另一种选择,从事另一种职业,我敢肯定地说,于漪老师依然会在她的职业生涯中镌刻上这两个大写的字:合格!

陈:于漪生命的基本特征,分明是中国人所具有的,中华民族式的。这就是:饱经沧桑,历尽艰辛;正气浩然,无所畏惧;责任崇高,奉献国家。于漪是一个合格的中国人,一个合格的人,这是谁都承认的。她的人格魅力时时感召着她的学生、她的同事,以至于所有的人。

我们称于漪为教育家,因为教育工作是一种途径,是奉献精神的载体。就本质而言,于漪是鲁迅先生所赞许的一种人:中国的脊梁。

程:于漪老师的感人处在于她的人格,在于她的品质和品格。她当过普通教师,当过校长,当过五届人大代表,当过三届人大常委会委员,当过两届教科文卫委员会副主任委员。每一任职,她都利用手中的权力为教师"争名争利",为教师办一件又一件可以书之竹帛的好事。上海一度教育经费短缺,中小学充斥危房,于漪到处奔走,为民吁请。为提高中小学教师的待遇,她面见当时的中共上海市委第一书记陈国栋。为了教师的教龄津贴,她向当时的市委副书记曾庆红细陈原委。她敢于当着当时的市委书记江泽民的面提出要修改教育预算。她在市教科文卫会议上,批评某些县领导挪用修缮校舍经费的不端行为。可以说,于漪老师,不管站在什么岗位上,她给出的答案永远是"合格"二字。于漪给我们最深刻的启示是:要当好一个教师,首先要追求人格上的"合格"。

"一切为民族",是民魂,也是师魂

于:回顾自己的生命历程,我觉得可以用"匆匆"二字概括。我对生命的感悟是,人活着,是要靠精神力量支撑的。体操运动员李月久,在一次单杠比赛中跌掉了四颗门牙,满面是血,可是,他仍岿然不动地站立在那里,赢得了满堂的掌声和泣声。很显然,"人无志不立",一种精神力量支撑着他。我曾就读于镇江中学,这所中学的校训是"一切为民族"。人不能没有脊梁,"一切为民族"就是我的思想脊梁,几十年来它一直支撑着我在教育生涯中风雨兼程。

在我看来,"一切为民族",是民魂,也是师魂。

陈:中国的知识分子,尤其是教师,在人生和事业方面,总是取"忧以天下,乐以天下"态度的。格物、致知、修身、齐家、治国、平天下,这个人生观,把家、国、身融为一体。这便是中国知识分子特有的人格特征。思想家徐复先生说,我国的知识分子气质分为儒林、文苑两类。儒林传统之真生命,乃立足于对自身对人类生计之兴趣。儒林传统,常表现为道德的拘执;文苑传统,常表现为才藻之圆通。这种分解也许失之偏颇,但将传统分为两流,无疑更为凸显儒林传统在整个中华民族传统中的重要地位及其价值所在。于漪先生,从一定意义上说,显然是一位睿智的儒家,她一再强调的"脊梁说",正是教师之魂的生动写照。

孙:岁月如歌,歌如岁月。可以说,我们在于漪老师身上看到的那种执着追求、九死不悔的民族精神,实际上就是中国教师之"魂"。它是用中华民族千百年来生生不息的生命意识与思想文化凝聚而成的。它将构成教师专业化建设中一根重要的思想支柱,将领引中国教师不断进步,走向未来。

勤奋学习,刻苦自励,真诚待人

于:我的做人准则,大约与我早年的生活经历有关。

从日寇铁蹄蹂躏我大好河山以来,父亲就带领我们举家逃难,间或做点小生意。但屡做屡赔,囊中羞涩,家境惨淡。1944 年,年仅 30 多岁的父亲被结核病夺走了生命。母亲哭得泪人儿一般,家中老的老,小的小,何以为生?父亲丧事办毕,就商量孩子上学的事。那年,我初中毕业,要不要继续升学,意见不一。祖父先是反对我继续求学,最后在我和母亲的坚持下作出让步：只要不增加家中负担，可以继续读书。天无绝人之路。正好江苏教育学院附属师范学校到镇江招考新生，招收的人数很少，我幸运地被录取了。不仅不用交学费，连生活费也包了。行前，母亲反反复复地叮嘱我：

要活，就要靠自己努力，自己吃苦；凡事，都要动脑筋想想，要自己管住自己，不能心血来潮；要尊敬老师，友爱同学，做人要有德行，宁可刻苦自己、亏了自己，也不能亏待他人。……

母亲反反复复地说，简直像语录一样，镌刻在我的心中。

其实，何止我一人为求学而奋斗！奋斗是我们姐弟五人的生命线，只有奋斗，才能生存，只有奋斗，才能改变孤儿寡母的命运——这成了我们前进的动力。

勤奋学习，刻苦自励，真诚待人，成为我们姐弟力求上进的做人的准则。当年，大弟于渤以优异成绩考取保谦公奖学金，中华人民共和国一成立，又考取浙江大学公费奖学金，完成了浙江大学电机系学历。毕业后留校任教，从事电力系统及自动化学科的教学，带研究生，是电力工程类教学委员会委员。二弟于洸由于品学兼优，被选送到北京大学地质地理系深造，边工作边学习，毕业后留校，从事地质地理学方面的研究，主编《中外著名山川湖泊辞典》，填补了我国地理学方面的空白，先后担任北京大学组织部长、副校长，首都师范大学党委书记。三弟于渌高中毕业后由国家公费送往苏联哈尔科夫大学攻读理论物理。回国后，先后在中科院物理研究所、中科院理论物理研究所工作，是交叉学科理论研究中心主任、中国科学院院士、第三世界科学院院士。小妹于涟，毕业于浙江农业大学，后任母校动物科学院院长、教授。"于氏五姐弟"的成功，是与我们坚持勤奋学习、刻苦自励、真诚待人的做人准则相关的。

谭：于漪老师的一段家史，让我们感慨万千。于漪老师从苦难和困顿中一路走来。少年丧父、艰辛求学、历经战争、四处逃难，家庭的困境和颠簸的尘土，并未在她的脸上写下愁苦。最触动她心灵的是"文革"那场浩劫，游街、扫地、交代问题，除那样被侮辱外，还被逼迫跳楼。然而，她挺过来了。痛苦非但没有压垮她，反而磨炼了她的意志，激发了她的责任。当历史拨开云雾后，她更为清醒："抚今追昔，怎能不由衷感谢党的改革开放政策？"

一个人如果没有经历痛苦，或许只会有卑微的幸福。伟大的幸福必是产生于巨大的痛苦之后。于漪老师的生命力来自她所承受的痛苦的分量，来自她内心坚定的信仰。唯有经历苦难者，才会有大勇大爱。我在想，如果一个当教师者害怕承受苦难——在人的生命历程中，不可能不经受苦难——那他怎么也不可能成为一个出色的教师，甚至连当一个合格的教师也难。

陈：于漪老师这本《岁月如歌》中，最感人的一句话是："勤奋学习，刻苦自励，真诚待人，成为我们姐弟力求上进的做人的准则。"我觉得，这可能是最具普遍意义的，对我们每个教师来说特别的重要。这里讲了三条，第一条是"勤奋学习"。人只有通过学习才能成才、成功。对一切人都如此。现在都在讲孔夫子，但很多没讲到点子上，那些被称为"学术明星"的角儿有的简直是胡说八道。还是钱穆说得好："孔子千言万语，其精粹就只'学而不厌，诲人不倦'，八字。"孔子是至圣先师，可他从来不认为自己是什么"上智"，而只承认自己是学而知之的"中人"。他的学问是不倦地学来的、问来的。当教师而不学习，这个教师就怎么也当不好。第二条是"刻苦自励"。我的理解是要相信自己，立足于自己，靠自己的力量改变现状。现在有些教师实在是俗得很，俗不可耐，为了评级，为了晋升，到处走门道、通关节。问题就出在不把立足点放在自我上。教师是应该最懂得自我的人,教师有了独立人格,才能培养出有独立人格的学生来。第三条是"真诚待人"。上面两条是对己,第三条是对人。有位领导说:"与于漪老师接触,是一种灵魂的净化。"这就是真诚待人的力量。这是当教师所必需的。教师对学生的爱,也是植根于此的。

程:这会使人想起教师的气质和气度。人的修炼是气质的修炼,教师的培养重在气质的培养。围绕于漪老师的气质,可以有好多话可说,概言之,那就是:人不能识之我能识之,这是一种见识;人不肯为之我则为之,这是一种信念;人不敢为之我为之,这是一种魄力;人不能为之我则为之,这是一种才智;人不能忍之我则忍之,这是一种气度。

于漪老师想得最多的是国家和民族。记得曾有位高中校长说:"语文有什么用?"她很气愤,说:"不重视语文的民族是愚蠢的民族,是可悲的民族。为了对学生负责,对国家负责,高中语文课程必须定位为基础性课程。学生有了这份热爱民族语言的感情,就会增强国家意识,增强文化认同。"当年镇江中学"一切为民族"的校训,深深地镌刻在她的心中,成为于老师铸造师魂的基因。她一再教育学生要爱祖国、爱民族、爱家乡。几十年的风风雨雨,支撑了于老师的奋斗精神、国家情怀。她的忧患意识、开放心态、创新精神,都是与她的爱国情怀紧密联系在一起的。胡锦涛总书记在今年教师节前接见全国优秀教师代表时说的"胸怀祖国、热爱人民、学为人师、行为世范"这四条,在于漪老师身上得到了最完满的体现。

夏:于漪的名字如雷贯耳。她的事迹实在感人。我到她家去过两次,都是在挂盐水。看到她病成那样,还在工作,我们的眼泪就流下来了。

为什么我们把目光聚焦在于漪身上?因为她是不可取代的。优秀教师的一切,都集于于漪身上了。她的魅力在于无私。

"一辈子做教师,一辈子学做教师"

于:《岁月如歌》一书,共 21 章,以何章压轴呢? 我想了一下,就以"一辈子学做教师"压轴吧!

人们说,中国先贤最喜欢"照镜子",勇于自我反省。相传春秋时期的卫大夫蘧伯玉,孔子在卫国时曾住在他家里。这个人了不得,年五十而知四十九年非。对一生的思想行为作了深刻的反省。也有人日日反省,《论语》第一篇,曾子曰:"吾日三省吾身,为人谋而不忠乎? 与朋友交而不信乎? 传不习乎?"反省了自己的待人接物和学习。宋代大史学家司马光说:"吾无过人者,但平生所为,未尝有不可对人言者耳!"可见他以诚信为本色,以至能获得天下人敬重。

翻阅历史,使我懂得,做人就要加强思想修养,检点自己的一言一行,努力做一个至诚的、光明磊落的人。待人以心见心,处事开诚布公。这样一些识见,对我做好教育教学工作、校长工作,是有很大帮助的。

岁月如歌,往事依依,留下的痕迹有浓有淡,有伤痕有欢乐,有失落有收获,但更多的是教育征程中自己的不足和遗憾。每想到此,终对学生心怀愧疚。自问当时确实尽了力也尽了心的,可悲就那么点认识水平,那么点业务实力,那么点文化底蕴,用不出力气。教育事业真正是遗憾的事业,教师责任大如天,追求永无止境。我的结论是:与其说我做了一辈子教师,不如说我一辈子学做教师。

罗:于漪老师是我国当代语文教育界一位优秀的代表人物。她是人格高尚、学识深厚、思想深邃的教育家。于漪的特点之一是,一生追求卓越,不断地反思自我、超越自我,在长达半个多世纪的基础教育工作,特别是在语文教育教学实践中,写下了大量的教学后记、教学札记以及教育理论文章,记录自己对教学的认识和体会,以及对教育问题的思考。6 卷本的《于漪文集》,汇集了她近 500 万字的著述,为我们提供了一个蕴含丰富的宝藏。10 年前,我将"于漪语文教育思想研究"作为硕士论文的选题,研究于漪老师语文教育思想的形成与发展,对其教育观、教学观、教师观进行梳理。我感叹于漪语文教育思想的博大精深,称之为"活的语文教育学"。

我认为,于漪老师走过的语文教育这条路,值得当代青年语文教师认真思考、潜心研究。于漪老师不仅执着于教——教学生、教语文、教文育人;还执着于学——向古今中外的教育家学习,向学生学习,并不断在实践中学习。广大青年教师从中不是可以汲取丰富的思想养料吗?

陈: 可以说,于老师的教育生涯是一个充满思考、不断反思的过程,她是一个不断丰富内心世界、发现完善自我的人。她反思极左思潮影响下教育的迷惘和缺失,她反思长期以来语文学科性质的模糊和错位,她反思语文课堂教学结构和功能的单一和功利,她特别反思每一节课的得失成败。这些都在成就一个优秀教师的过程中起着非常大的作用。

"回顾和反思是我必修的功课之一"——于漪老师的这句话,应该成为广大教师的座右铭。

"用生命歌唱",使于漪老师有了非常可贵的一种品质,不断超越自我。教育事业没有终点,所完成的工作永远没有最好。教师一定要不断地自我发展,不断前进。一个不会发展的教师,自我的生存空间就会越来越小。于漪老师的这些观念,是我们教育工作中极为可贵的精神财富。

尹: 从刚才诸位的激动人心的发言中,我感受到了于漪思想和行为的一种震撼力,懂得了何为师魂。我曾经也是教师,但作为两代人,我们的经历是很不相同的,于漪身上集中体现着的老一辈教育工作者的师品和师德,明显要高于我辈。我要诚心诚意地向于漪老师学习!

在于漪身上,体现着一个人民教师的庄严而神圣的责任感和责任心。古来多少人追求不朽,但真正不朽的是能把自己的生命融化在伟大的事业中的人。作为一个人民教师,当她把自己的一切都献给培育新一代人的事业的时候,她应该是不朽的。个体的生命总是很有限的,只有事业才是无限的。我们在于漪老师和她的众多学生身上,看到了这种生命的无限的延续,也可以说看到了生命的不朽。

愿我们的每位教师,都把自己的生命化成一架冲天的云梯,让孩子们踩在我们的肩上,去摘取科学和文明的皇冠。

教师的困惑和无奈

主持人：于　漪　特级教师，上海市教师学研究会会长
嘉　宾：陈　军　上海市闸北区教育学院教研室主任
　　　　费秀壮　上海市格致中学副校长
　　　　朱震国　上海市杨浦高级中学教师
整　理：俞达珍　《上海教师》编辑

于：新年伊始，《上海教师》编辑部对我们教师的事情非常关心，想就教师关心的问题让大家谈点看法。你们都是第一线的教师，教师心里想什么你们都清楚。比如，有一种舆论："现在教师搞家教发财啦。"那么教师是否真"发财"了呢？有老师给我来信，有的校长在会上讲，"现在要来的人很多，你们要识相一点"，教师心中有一种屈辱感。我觉得这里很有澄清的必要，所以今天的话题为"教师的困惑和无奈"。

教师生活在多重焦点下——怎么处置？

陈：《上海教师》在我们教师心目中是一本好杂志，应该成为我们教师的代言人。刚才于老师讲了一个中心的话题，我从心里面非常赞成。于老师在教育岗位上风风雨雨几十年了，一直是我们教师心目中的偶像。最崇敬她的地方就是，她始终站在我们教师的立场上来思考教师的发展，从发展的高度来研究教师的现状的问题。我自己也是一个在

成长过程中的老师,近来有这么一个感觉,教师现在是生活在焦点目光下的那么一类人,这个焦点是由多重目光汇聚起来的。第一是上级领导的目光,要考核教师合格不合格;第二就是家长的目光,看你这个教师对我孩子的教育是不是管用;第三是天天面对的学生的目光,他们始终在比较着教师;第四是媒体的目光,我讲媒体的目光有一个小故事。有一个教师在写学生作业评语时,本意是关心这个学生,鞭策这个学生进步,但由于措辞方面欠考虑,家长就把这件事拿到媒体上去曝光,于是电视台、广播电台的记者马上纷纷涌入这个学校,好像一下子就抓住一个热点问题一样。这是一个青年教师,看到这情况痛哭流涕,校长也感到非常惊恐:这么多的记者到我们学校来干什么?没有打招呼就要看这作业。那教师写了些什么呢?只是讲学生做作业的态度不认真,希望要独立思考,就这么几句话。当然,这个话要换一种说法更好。初出茅庐的二十几岁的年轻教师本身还在发展,媒体大动干戈,搞得教师精神压力非常大。教师就是这样一类人,当前生活与工作在这样一个多种目光的焦点下,确实有困惑,确实有无奈。

朱:陈老师谈到了我们教师的生存状况。现在社会上老拿教师的情况来说事。感谢《上海教师》给了我们说话的机会。现在家长对教师的期望很高,学生的精神状态也很脆弱,教师时不时地成为他们的发泄对象。前面陈老师说的这么件事,只是在作文本上写了那么几句话也成为"社会新闻"了。我们学校有个学生平时不大吭声,老师一直对他比较鼓励的,拿他的作文读读讲讲。可就有一次在作文本上老师指出了文章结构问题,这个学生本子回上来,写的话就非常尖锐:"我不能容忍对我智商的怀疑,这是可耻的。"原话就是这样的。这位老师就觉得不大理解了,就冷处理,没说。下次作文本又上来了,"你为什么对我的问题不予回答?你说什么是好作文,好作文怎么写?"这种情况,老师也能理解,学生的精神压力也很大,娃娃处在多种矛盾焦点上,这个矛盾社会上也比较普遍。但教师的无奈，教师的困惑，在这样的生存状态下是客观现实。

陈：我再举一个例子。比如在怎样教育好孩子、怎样读好书、怎样上好课的问题上，社会上议论纷纷。什么叫好课，本来是教师天天要追求的东西，而现在，社会上都在讨论什么叫好课，家长也在讲，媒体也在讲，有些公司的领导也在讲。特别是语文学科。凡是在教育方面有要求的，甚至是在自己的岗位上有心理障碍的，有矛盾的，想不通的，一下子就把矛盾把困难把问题转嫁到教师的身上来，拿教师开刀。这虽说重了一点，但是我们教师心目中确实有这样的感受。一天到晚辛辛苦苦下来，竟然被人骂被人批评。教师的工作时间我大概算了一笔账，中小学的教师一年又一年，一天又一天，每天在十个小时以上，早上七点半到校算迟到的，当然没哪个校长说迟到，但是老师心目中的压力很大，他觉得学生都到校了，我七点半才到校算不算迟到啊？这是教师自己给自己的心理压力。课间休息也没有。哪一位教师下午五点半离校就算"早退"，当然这也是老师给自己定下的目标。很多老师在六点钟，不管刮风下雨，都是那个时间下班，你从七点开始算起算到晚上六点是多少时间？还没有完，晚上，至少要回家备备课吧，一个小时两个小时，我们老师每天工作的时间是多少？远远超过八个小时，我们老师没有八个小时工作时间的概念。他整个时间都扑在学生的教育方面，当然扑在工作上面的效率有高有低，有做得好的，有做得不是很好的。可以这么说，基本上所有老师都在这个时间段里面辛苦地工作。

教师"发财"了——真的吗？

朱：说到教师的收入，比起于老师那个时代工资，我们算高多了吧？

于：我们大学毕业60元，算高的了。就那个时候生活情况看啊，可以养活四五个人，已经不错了。但现在从教师的普遍收入情况来看，不会在中等以上吧？整个社会平均的收入值是多少？老师的许多苦衷，我们的校长，我们的局长，如果都有这样一种感受，那我们教师的日子可能好一点。

教师的收入跟效益一般的工厂的工人比，待遇是高的了，但跟其他的单位比，跟外企比，跟效益好的行业、单位是不好比的。教师家教发财只是个别的，这个个别的数字很少，科目也很集中。因此，不要让社会让领导层面有错觉，认为你们教师是高薪阶层。我曾直接跟他们讲，他们说："啊，是这样的啊！"我们准备在这个上面做个调查，不然总认为你们教师是"发财"的。以前我在"人大"会上曾为提高教师待遇提过许多意见；现在一讲起来就是你们中小学都发财，这是乱说，不了解。说什么你们校长拿多少多少，你去查一查看，有些初中真的穷得很，教师节，有的学校发不出奖金，要跟教育局借。我觉得所有的问题都应该实事求是，如果不实事求是的话，整个就乱了。多一点对我们教师的理解和支持，少一点误解和指责。

说到教师收入，就要说到家教的问题，第一，我们要弄清楚，不是所有教师都在做家教。事实上，做家教的教师，主要是重点学校和"名牌"学校，而且家教所涉及学科也是有很大局限的。谁会来请体育老师做家教？没有的，主要的学科第一是外语，第二是数学，第三是物理，第四是化学，第五是语文，基本上是这个情况，而且基本上是高三、初三。我是不反对家教的，我觉得家教本来是个很好的名字，对孩子因材施教。但是现在所谓的家教，是"异化"的。过去的家教主要是补知识的缺陷，指导学习方法，态度不太认真的引导引导，学习方法不好给指点指点。现在的家教是做题目操练、机械化操练。总的来说家教是部分教师或者说少部分教师在做，我觉得这个一定要弄清楚。第二就是家长了。家教有教师的教育的问题，但也有家长的心态，人家都"家教"了，我这个孩子是不是吃亏了？家教我们过去也做,但那个时候是"无偿"的,现在是"有偿"的了。当然"有偿"的家教比那些骗子,那些乱七八糟去赚钱的,要好得多,最起码还是在给孩子做作业吧,然后是订正。但是作为教师来讲,恐怕这一点还是不行的,首先要把本职工作做好,这是最重要的。有的教师家教有些出格了,出格了就影响了教师整个队伍的形象。

家教市场应该规范,堵是堵不住的。要规范,让真正好的老师出去家教。有些家教是打着特级教师的招牌,有些人是真的特级教师,应该珍惜这张国家级的证书,不能把它作为赚钱的工具。好家教、好老师是家长和学生的企求,这里也有两种情况：一个是不收钱的,家长在过节过年的时候带点礼品去看看他；还有一种,他家教确实做得很好,家长也给他一点钱,我觉得这也很正常,只要他规范就可以了。还有一些不合格的老师做家教,随着时间的推移会淘汰的。

说到教师的收入,就要分析教师的劳动。教师的工作量很难客观来评估,例如下班回家以后,很难说就把八小时的班主任工作教学工作全部丢开,不可能。

陈：我回家在公交车上看到一位中年女教师改卷子,我知道这个卷子明天就要讲评的,晚上回去不可能休息！

费：我也上课,这是常有的事。好多都是无法用企业、工厂的标准来衡量,教师的一些困惑、压力,也许会蔓延到工作以外的一些时间上。这种无形的压力,给老师带来了一种"心累",确实心累。还有教学的评比,很多的课没有一个客观标准,谁都可以拿老师来说事,特别是拿语文老师来说事。学生学习的压力,成绩的压力,都给老师的生存情况形成一种逼仄感,而这种压力又常常不为他人所知。表面上看老师又在补课了,其实在学校里补课的钱是有限的,而且这样的老师也只限于某几个科目,我们绝大多数科目的老师没有这样的"外快"。所以讲,教师现在生存的状况是不是需要有一个全面的评估,有一个客观的评估。我看教师的生存要多方面看,要说现在老师赚"外快"很多,现在教师社会地位很高,这和实际的教师生存情况是有出入的,而且出入不小。这样,一般老师心里堵得很,真的"心累"。

于:不在中小学工作是无法体会这里面的艰辛的。你天天要上课,就要做个负责的教师,天天有思想包袱,你不负责肯定是不行的。你是一个负责的教师,你每天就是心很累,你整天都有包袱。班级里有四五十个学生,每天的心都"吊"着,这真的是很困难的。我觉得作为家长、作为社会,应该能够理解,那真是"理解万岁"。做一个有责任心的教师,一辈子都很累,劳心劳体。劳体是看得见的,劳心是看不见的,但是不劳心的人是做不好教师的。我算了一笔账,老师发财,能发什么财啊?我刚才讲个别的,有些家教出了格的,他已经忘记了自己要做一个合格的教师,这在教师当中是极少数的,极少数怎么能代表我们的整体呢?不能代表我们整体。打着各种旗号赚家长钱的大有人在,那是真正的发财,他们不是教师队伍里的,教师队伍里是有限的。真正的老师是很苦的,从早到晚,有些学校是早上七点教师全部都要到校的。那些挂着招牌赚大钱,去开个什么培训班啊,什么补课班啊,这样搞,他们发财了。其实真正的教师并没有发财。即使做家教赚来的钱也是辛苦钱,一部分老师做得也是很尽心很尽职,按照家长的要求对孩子进行辅导,那是真正意义上的家教。

在应试教育和素质教育的夹缝中

费:能在教师自己的杂志上说一些教师自己的心里话我很高兴。我觉得教师生活在多种目光的焦点下,教师生活在应试教育和素质教育的夹缝中。我自己是语文老师,我真有这方面的无奈、困惑。一方面要按照大纲、高考的要求,去完成自己的教学任务;另一方面,又要按照教改的要求要体现语文教学的人文性,培养学生的人文情怀。各种媒体、家长,都在关注,但是真正的是落实在教师的课堂上,是非常难的,很难兼顾。我觉得是一种很无奈的选择,那就是有两套办法。恕我直言,一套办法是应付考试的,高考无论怎么样,学校是要看升学率的,你这个班是要看升学率的,你这个教师要看有多少学生在线上,这是一个评判的标准,那么必须按照应试的这一套。但另一方面,还要应付另一套,就是应付随时来检查,上公开课。我在这两种角色间切换,需要去上公开课的时候,就得去设计比较能够体现语文课特有的人文方面的功能,比如讨论什么人生的问题,教学以外发出来的议论,等等。但老师上好公开课以后,还要再拿时间去补,真的,我跟许多的老师,经常有这种交流,课可能开得挺漂亮,得到各方面的认可,但是老师会因为准备这一节课,延误正常上课的时间,常常要加班加点补被耽误的那节课。听我的同事说,有一个老师,他专开公开课,公开课开得很漂亮,评价也很高,就是所教的班高考不好,全校垫底。最近听课比较多,现在高考的命题,有了新的变化,上课老师就用新的一种方法来对付高考的这种改变。上有政策,下有对策,道高一尺,魔高一丈。高三的老师,教给学生如何应付的模式,怎么样答题。一篇美文让学生赏析,让学生把答案交上来。然后让同学们说,哪个答案比较好,作为语文学科,是仁者见仁,智者见智,应该多角度地去理解。但是老师就说,A同学的不对,我只能给你0分,因为你没扣住哪个要点。B同学我只能给你一半的分,因为你丢掉了其中的一个要点。而C同学的答案有可能大家不是很认可,但老师说是对的,因为比较符合高考的路子,可以得满分。

于:不要把考试当作目标,应该把考试当作是一个检测的手段、选拔的手段,我们现在是错把手段当目标了。目标是培养人,考试是选拔,要是老师和校长的观念不变,考试办法不变也是没用的。十几年了,20世纪80年代我们的考试出现了标准化,我们是考什么教什么。按理是应该教什么考什么,现在颠倒了。就说高三的上课,根本谈不上什么传授知识,培养人才,就是一道一道题目给你讲解,把一篇篇文章"碎尸万段",就是讲技巧,"分"比"人"重要!说到教育,应该就是"培养"这两个字,我们这个社会就是培养现代化的人,综合素质是非常重要的,而我们往往是一道道题讲,讲考试技巧。这也是教师的一种困惑。现在改革呢?非常明确,促进学生发展,当然是培养人了。

费:如果我们把培养人作为终极目标的话,我想困惑大概都不存在了,现在我觉得教育放在大背景下就有困惑了,因为社会有社会的要求,社会就要求你要考上重点大学,现在对你是不是成才就是这样一个标准。一个公司来招聘,就是要看你的文凭,还要看你是从哪里毕业的,研究生读的是哪个学校还不算,还要问你的本科是哪个学校出来的,高中是哪个学校读的。社会评价就是看你的高考如何。

朱:社会的选择左右了家长的选择,家长的选择左右了孩子,面对学生,面对家长,面对社会就是这样的选择。其实包括家教,就是因为有需求,对学生的辅导,课外的操练,有的对考试有用啊,他还是可以考出高分数。市场的规则,就是买方需要什么,你就提供什么,他需要的是高学历,需要的是名牌大学,需要的是高分,这边就制造高分。说来也巧,昨天报纸上就有一个高考的状元,被大学勒令退学。这里有警示:作为老师,在传播知识的同时还要教会他做人,有健全的人格,健全的心理。但是考试不考这个。

闭门科研——谁之责?

陈:我们现在进行的是中小学生的基础教育,这个基础的内涵究竟是什么?我们要把它搞清楚,这就要从理论上进行说明,就要搞科研。现在研究基础教育的许多人,有一些从来没有在中小学上过课又不深入学校中。我在这里要讲一句很偏激的话,那些经院式的教授、专家,少管一点中小学的教育,更不能搞一些莫名其妙看不懂的名词,并用这种名词来代替素质教育,这是不行的。

费:我从教师的科研,想到学生科研。学生要有一定的研究能力,这是应该的,是能力方面的培养,一种视野的开阔。但我觉得从基础教育开始,就开始做课题、做研究,好像不太适合中学生。对一些有特长的学生搞一些课题性研究是有帮助的,但也不能把高中办成大学的预备年级,大学的预备年级也不见得就是搞研究的。我们基础教育要学生去搞研究,作为教师也很无奈,教师要解决的问题太多了,学生是"研究生"了,你就不是老师,而是"导师"了。

陈:大学教授来中小学的话,应该先过来看一看我们的环境,有些教授到了初中的课堂,大家把他当成贵宾。我们期待的是实际的指导,而他们中有的人摆着学者的架势,他们说一些听不懂的概念,要让学生们身心自由,让他感到愉快,要体会到什么什么乐趣,要感觉到自己是社会中发展的人。明明一些基础的必须强调的东西,他却说可以"淡化"的,好好的一堂课被搞成了"欢乐蹦蹦跳",学生一节课下来学什么东西啊?没东西,嘻嘻哈哈笑了一节课。刚才讲的教师心很累,也许是教书不是一种享受,没乐趣。一些课程科研和我们第一线的教学脱节,就没有乐趣。

朱:国外的都有那么多非大学学历的人才的需要,现在好像就成了你非大学的就不是人才,我们现在的中学,应该是人才的基础教育,要看以后到社会上有多少人成才,这里面有一份我们中小学教育不可磨灭的功劳。

教师是学校发展的主人

费:教师的快乐是在课堂上的,学校就是老师生命发展的一个地方，在学校里就是主人。如果把教师当成是"仆人"的话，随时随地都可以开掉你，这样，老师没有安全感，更谈不上什么发展。校长变成了企业老板，教师变成了私企老板的雇员，校长怎么说你就怎么做。有句话说要"善待教师"，这是非常重要的。

于：有些学校有一种很畸形的东西让你觉得很滑稽、很可悲。我在想，老师为什么困惑，为什么无奈，其实就是教师从事这样的工作，需要一个生存和发展的空间。刚刚讲到，各种目光都聚焦在这里，在夹缝里生存，我也觉得现在做教师很不容易，很累，跟我刚刚出来做教师时比难度要大得多了。我觉得教育要发展，必须要善待教师，但善待还是被动的，因为教师本身就是教育发展的主人，而且教师队伍应该是教育事业的中坚力量，任何力量都不能代替。教育事业要发展，要健康地发展，要取得辉煌的成绩，我们就要把主人的精神拿出来。我们必须有一个和谐的、能够得到理解的发展的空间。现在学校非常强调学生的发展，学生是学习的主人，当然教师也是学校的主人，那怎么能是老板和伙计的关系呢？我觉得这里有一些基本的观念须理清楚。从17世纪起国外谈教育就讲人人平等，我一直认为在学校里教师与校长除了职务的不同外，都应该是平等的，因为学校是创建社会主义文明的场所，应有一个起码平等的环境，教师和校长是职务的不同，并没有高低之分。我也当过校长，我觉得对于校长来说，全校最宝贵的财富就是教师了。这不是口头的，不是虚假的，因为学生的培养要靠教师，教师自身的素质是很重要的，那么你首先要尊重他。在我们的教育史上，蔡元培早就讲过了，大学大学，就要有大师，大师成长要有环境。在中小学校，也应该把教师和校长的关系摆好，不应该用私企的老板和雇员的关系来看待，教师是主人，不是仆人，这点是要清醒的。第一是平等，第二就是尊重。我们21世纪教育改革的新起点，是对学生的尊重，你要教师尊重学生，首先校长就要尊重教师。在我们这个国家，尊重人，平等相待是很不容易的,因为我们几千年的封建社会,对人的权利是不太尊重的。对我们国家来讲,各行各业都要讲对人的尊重,在学校一再强调要尊重学生,同样要尊重教师,为什么那么难呢?因为几千年就是这么下来的。要尊重人的权利。这个很重要,学校校长依靠谁?我想总归要有两面镜子:一个是以史为鉴,一个就是以国外为鉴。人家一直强调人才的发展,教师是主人,在学校要得到尊重。

现在我们的就业比较困难,因此,有的领导的撒手锏就是让你下岗,他不是凭自己的德才去把大家的积极性凝聚起来,把人心凝聚起来。如果我坐在下面听"识相点"这类语言,也会感到人格上的屈辱。不能认为这个钱是我弄来的,我发给你的,这样想,"老板"的概念也出来了,把学校搞成了市场。如果校长不把自己摆在教师位置上去考虑问题,就会"角色错位"。校长的胸襟、视野和他的凝聚力以及人格是非常重要的。一个校长,就是一所学校,就是这个学校的文明程度和凝聚力,说老实话,就看你校长了。看校长如何充分发挥教师的积极性,他的特长,他的长处,都要考虑培养。我们教师在教育上应该有较高的自由。发挥聪明才智,我想没有人会否定,但是我们现在教师在教育上还剩下多少自由呢?教师为什么困惑无奈呢?教师就是搞教育搞文化的,而现在学校里有些是"异化"了,因为要穷于应付各种各样的检查。另外,我认为教育是没有多少新闻的,也不是一天到晚要变,要花样翻新。种子撒下去,也要有个时间才发芽。教育的周期比较长,我们现在就是要集中精力。一些年轻的教师写信给我,很苦恼,说我不是不想做一个优秀的教师,但是我真的是无奈了,我们自己在亲手培养"机器人",我们自己也要成为"机器人"了,我现在还有点思想,所以苦恼,当我没有思想的时候我也不苦恼了。

我们刚刚讲的考试,确实要改。大学教授关注我们中学是好的,但要了解才行,能有些实事求是的指导,不要变成某些学校招摇的招牌。

我们碰到的事都是非常具体的,要静下心来做,少一点虚的,多一点实的。

朱:不要让学校和市场一样,要有一点宁静的氛围。

教师的文化底蕴

主持人：于　漪　　特级教师，上海市教师学研究会会长
嘉　宾：程红兵　　特级教师，上海市建平中学校长
　　　　陈　军　　上海市闸北区教育学院教研室主任
　　　　吴国林　　上海市建平西校校长
　　　　陈小英　　上海杨浦高级中学语文特级教师
整　理：陈雪良　　《上海教师》副主编

于：今天我们讨论一个对教师来说十分重要的课题——教师的文化底蕴。这可能比一般意义上的教师的专业知识更为重要，也更为迫切。相信大家有很多话要说，那请说吧！

不能做"高学历的野蛮人"

于：现在，从上海的情况看，教师们的学历普遍提高了，有的还是硕士研究生、博士研究生出身的高学历。但是，高学历不等于就有很高的文化素养和文化底蕴。有些人学历是有了，但是对中华民族的民族精神知之甚少，对社会生活道德知之甚少，对当代社会不断更新着的知识也知之甚少：这种人有人名之为"高学历的野蛮人"。是不是这样呢？值得我们深思。

怎么才能不"野蛮"呢？要有良好的素养。文化积淀是良好素养的

重要基石。

文化积淀从何而来？读书是重要途径。"人是能读书著书的动物。故读书是划分人与禽兽的界限，也是划分文明人与野蛮人的界限。"（贺麟教授）读现代的书，与同时代人作精神上的沟通交谈；读古人的书，承受古圣先贤的精神遗产。当然，读书也要拿出眼光去挑选。

程：教师应该是职业读书人，现在有些人不读书却在教书，这是很误人的。人的文化素养和文化底蕴，根本上说不在于学历高，而在于人爱学习。记得爱因斯坦说过："人的差异在业余时间。"这是很有道理的。一些教师老是强调说忙，没有时间读书。忙，这是事实。但是，同样是忙，为什么有的人能读那么多书，而有的人除靠学历吃饭外一无造就呢？关键还在于学习文化的自觉性、主动性，还在于你有效地支配"业余时间"。现在不少教师除了忙于备课、批作业，什么书都不读了。有人开玩笑说，现在体育教师看书最多，因为他们没有作业。

英：读书有个习惯的问题，教师必须有看书的良好习惯。不看书，哪来的文化？时间要靠"挤"。开卷总是会有益，文化积淀也就是一点一点积累起来的。我们就在办公室里"挤"时间读点书。一个有文化底蕴的教师，对所谓"差生"就会有人文关怀，当然不会派小干部侦察"差生"的动静。

良：教师忙要承认，但根本的问题还在于学习的积极性和学习习惯问题。你不把文化底蕴当回事，认为只要课堂上应付得过去就可以，就是时间再多也不会去学习的。教师还有每年三个月的假期，总比其他行业有更多的学习时间吧！

关注教师的文化底蕴是与"以人为本"一致的

于：现在我们强调关注和提升教师的文化底蕴，目的就在于提升教师这个"人"的文化素养。"以人为本"不仅是对学生而言,也是对教师而言的。

对学科的争端,就事论事,难以辨是非。比如,为何不能以知识体系为本,而要以人为本?为何语文教材中不能拘囿于知识点、能力点?不能强调一味的训练?从教育本质讲,从柏拉图的《理想国》开始,就是揭示教育的本质,提升人的灵魂达到真实之境。马克思讲的共产主义,也是培养自由而全面发展的人。知识体系是少数人制定的,用静态的、不是发展的观点看,必然会用许多烦琐的、割裂的、无用的东西去"充塞"学生大脑,负重前行,难以适应时代的需要。20世纪70年代法国思想大师、解构主义哲学家德里达对占据西方2000年中心地位的"逻各斯中心主义"提出了挑战,对假定存在的静态的封闭体,具有某些结构或中心提出了挑战,解构的目的就在于消解这样的中心,分解这样的结构,使真理探求的方式有了新发展,并影响到各个学术领域。对语言的认识与突破是其十分重要的内容。"新清华文丛"中的《结构——解构视角》,对语言、文化、评论作了精辟的论述,读了令我有豁然开朗的感觉,对课程改革中的许多新理念从哲学层面、从学科本质上认识就能心领神会。20世纪90年代初我提出语文学科性质观、功能观等,正是基于阅读而来,力求切中时弊,准确地揭示其中内涵(当时反对者很多,今日见诸课程标准,逐渐得到同行的认可)(德里达登上学术舞台的文章是《人文科学话语中的结构、符号和游戏》,1966年发表)。结构主义如同宫室庙堂,再宏伟也有疏漏之处;逻辑深入探究,总有一个不能封口的地方,这要指出来,更何况世界上万事万物逻辑不能全部囊括!

厚实的民族文化素养是文化底蕴的基石

良:用厚实的民族文化武装自己,这可能是教师文化底蕴的基石。

法国人不能不知道拿破仑,美国人不能不知道华盛顿,英国人不能不知道莎士比亚,对中国人来说,如果对孔子、墨子、老子、庄子、孟子、荀子,都不知道,那实在是说不过去的。这是极为重要的文化底蕴。

于:记得有一篇诺贝尔奖金获得者杨振宁的回忆录说道,他小的时候父亲要他把《孟子》背出来,后来他做到了。这是受用终生的事。杨振宁自己以为,后来他怎么做人之类的大道理不少就是从《孟子》中学得的。

军:我父亲是学《四书》《五经》的,在他的影响和督促下,我也学习了不少中国古代的经典文献,受益匪浅。我觉得,从孔子起始的中国传统文化,是一条河,一条知识的长河;从苏格拉底起始的西方传统文化,也是一条河,一条知识的长河。我们的文化底蕴很大程度上就来自这两条源远流长的知识长河。

于:为古圣先贤的博大胸怀和非凡智慧所震撼,如《论语》《孟子》对天、地、人的精辟论述,宋代张载的"为天地立心,为生民立命,为往圣继绝学,为万世开太平"。韩愈的《进学解》简直就是成语的宝库,言简意赅,言简意深。

具备相当的跨学科知识是教师文化底蕴的重要内涵

吴:我是一个数学教师,在教学中我深深体会到,一个称职的数学教师单有学科知识是不够的,还要有教育学方面的知识,心理学方面的知识,甚至还得有人文知识。就拿道德论来说吧,记得尼采说:"道德是强者的无畏。"耶稣说:"道德是对弱者的仁慈。"柏拉图说:"道德是有效的整体的和谐。"对这些说法的综合研究,使我对道德教育有了更深一层的理解。另外,我还学习了不少文学知识、史学知识、哲学知识,这些对我的数学教学都有很大的促进作用。

良:教师不应该只是学科教师,他首先该是文化人。他对学生的教育也是文化的综合的教育,因此,单有学科知识的教师绝不可能是一个真正的好教师。

于：教师具有跨学科的知识,是教师必备的人文素养。

教师要了解学科渊源和学科走向

于：上面讲了教师要走出学科,要注重学科与学科的渗透。但是,这不等于说学科知识不重要了。学科知识还是要学的,问题是怎么学和学什么。

与学科有关的渊源和走势要关心。比如教语文,就要关心语言、文字、文学。经典文学作品要读,走势也要清楚。经典文学作品给人以"心灵的愉悦,艺术的享受",形象鲜明,情节生动。可是20世纪初西方现代主义文学问世,情况就大不一样。1922年艾略特的长诗《荒原》和乔伊斯的小说《尤利西斯》问世。"难懂""乏味"就成了文学经典与否的标准,离开注释和其他解读资料就不可卒读。有人说"文学被绑架了",文学标准走向了理性的反面。人民大众还是需要文学的,需要令人陶醉的情节,于是言情小说、武侠小说、推理小说、科幻小说,乃至恐怖小说纷纷登场。文学作品很难有雅俗之分,而是有良莠之别。文学总要符合美的规律,具有愉悦性,内容总更具有审美魅力,给人以感染。西方文学是否已走到了尽头,孕育着变革？

文化底蕴,永远的话题

于：文化底蕴问题是一个永远的话题。不能说到什么时候不存在这个问题了。也没有谁敢说自己已不存在问题了。就我自己而言,文化底蕴薄,是一辈子最大的遗憾。

军：于老师谦虚了。

于：不是，我说的是真话。在学识上，至今我远远不能做到水到渠成、左右逢源，经常的情况是捉襟见肘，十分窘迫。读钱锺书的书，才知道什么叫文化底蕴。他是个学贯中西、博古通今的大学者，读他的书，会使我们不断奋进。

我深切体会到：做一辈子教师，一辈子学做教师。

教师要拥有一颗哲学的头脑

主持人：于　漪　特级教师，上海市教师学研究会会长
嘉　宾：张汝伦　复旦大学哲学系教授、博士生导师
　　　　赵连根　浦东新区社会发展局教育处处长
　　　　陈　晞　上海市长宁区教师进修学院院长
　　　　陈　军　上海市市北中学校长
　　　　周增为　浦东新区教育发展研究院副研究员
　　　　张国霖　华东师范大学教育系讲师
整　理：陈雪良　《上海教师》副主编
　　　　姚子明　《上海教师》编辑

于：我觉得，现在是提倡让我们的教师学一点哲学，使我们的教师拥有一颗哲学的头脑的时候了。

时下，教师工作中、生活中的矛盾太多，面对种种矛盾，教师们大多感到茫然不知所措，也有太多的困惑和苦恼。一些教师感到身心十分疲惫，不知怎么办才好。这些都不能就事论事，不能就工作论工作，而应该提到哲学的高度去思考、去认识、去分析。哲学的思维对教育工作者来说是一项基本功，没有这方面的修养，就难以成为一个合格的教师，更不要说是称职的领导了。今天请大家来，就是要请诸位一起来探讨教师学哲学这样一个十分重要的课题，希望大学能畅所欲言。

哲学：根本问题的根本思考

伦：教师学哲学，我认为非常重要。现在大中小学的教师，还可能包括幼儿园的教师，大家都忙忙碌碌，钻在铺天盖地的事务堆里，那样对教师来说虽然很辛苦，实际上却于教育无益，于教师无助。新修订的《义务教育法》把素质教育写进了文本，但是我以为，一头钻在事务堆里的教师和领导是难以实施素质教育的。

当然，要弄清教师学哲学这个问题，首先得明确什么是哲学。我认为，哲学简单地讲就是对根本问题的根本思考。

什么是"根本问题"？根本问题就是任何人在任何时候、任何情况下都不可能没有、都不可能回避的问题。人生在世，绝不是一个孤立的原子，孤立的原子式的个人是从来也没有的，也不可能存在。人生在世都要面对自我、面对他人、面对世界。由这三种关系，即我我关系、人我关系和人与世界的关系产生出来的问题，就是根本问题。如从第一种关系中产生人生的意义问题、生死问题、成败得失问题等。从第二种关系中产生道德问题、社会正义问题、人际交往的准则、爱与恨的问题。从第三种关系产生出天人问题、人与物的问题、环境问题、欲望的界限问题等。这些问题每个人一生中多少都会触及，但常人往往故意不去管它，认为这些最有意义的问题是最没有意义的问题。但人类的多少悲剧，恰恰就是因为忽略或回避了这些问题造成的。

什么是"根本思考"？"根本思考"不同于"特殊思考"。特殊问题要用特殊思考或具体思考，就是只思考解决具体问题的具体办法，不涉及价值意义和终极目的。但人生意义问题就不同了，它不可能通过某种具体的办法一劳永逸地解决，而要思考终生。对它的思考就是根本思考。这种思考更多地使用概念，涉及的不是具体做事的办法和程序，而是心灵的启发与领悟。这就是一般所谓的哲学思考了。

于：张汝伦教授讲得好。不懂得一点哲学，没有哲学意义的人生是盲目的人生。我想,不懂得一点哲学,或没有思考的教师是盲目的教师。哲学使人深刻。哲学的思考让人想得深一些、远一些,让人从世界观、人生观、价值观的高度去思考和理解问题。现在,我们的不少教师恰恰是缺少这方面的素质和修养。他们太忙了,太需要关怀了,我以为,从一定意义上讲,哲学是一种"终极关怀",是惠及终身的一种关怀。教师太需要学一点哲学了。这方面我们过去关注得不够,应该承认是一个失误。

晞:哲学讲的是对根本问题的根本思考,具体到教育上,对教育的根本问题的根本思考,那就是教育哲学了。现在是,我们的教育工作者对具体问题的具体思考多了,比如分数问题啊,考试考查问题啊,学校排名问题啊,还有无穷无尽的检查、评比、考核,大家的心都纠缠在这些具体问题上了。这样,教师的心必然烦躁、不安,甚至愤怒。而对根本问题的根本思考,被我们"人为地忽略和回避了"。这种人为的忽略和回避,教师有责任,学校的领导有责任,教育主管部门也有责任。

于:教育者忽略和回避了对教育的根本问题的根本思考,就会造成极大的教育祸害。不客气地说,我们现在相当程度是在人为地制造"残缺人"。有些学生思想、道德、体质、求知欲等欠缺,是我们有意无意地把学生逼到那个地步的。

军:有的教师给学生补习功课,一直从下午 2 点,补到晚上 11 点,还说是为了学生好。

于:这是为学生好吗?这是人为地摧残学生,这是人为地制造"残缺人"。让人痛心!有些问题现在是不能不提了,有些现象现在是见怪不怪,给大学生讲不要随地吐痰,让幼儿园的孩子去学外语,这不是怪事吗?我们该做的事没去做,该思考的没去思考。缺乏哲学的思考太可怕了。

历史地看,哲学本身就是从教育中生发出来的

霖:为了证明哲学与教育本身有着不解之缘,我想讲一点历史,讲一点中国的和世界的教育史。

我想,大致上可以把教育分为三个大的时期。第一个时期是农耕时期的教育,这是一个漫长的时期,尤其对我们来说,农耕时期似乎还相去不远。农耕时期的教师都是知识者、学问家,也是思想者。当时,教师的数量不多,但质量很高,可以说都是货真价实的社会精英。他们懂得教育和教学,更懂得对根本问题的根本思考。在当时,当教师的是教育家,同时也必然是哲学家。这是天经地义的。后来,杜威在研究教育史后得出结论:"欧洲的哲学起源于教育。"这是完全正确的。你看,那个苏格拉底,他是欧洲古代最伟大的教育家,也是欧洲古代最伟大的哲学家,他的哲性思考是无人可与相匹配的。

良:这种哲学与教育的紧密结合,也体现在中国古代的教育家身上。我曾经写过一篇《孔子、苏格拉底比较论》的长文,讲的就是两位并世的伟大教育家兼哲学家身上体现出来的伟大的哲学思考。两人并世,但不并时,孔子要比苏格拉底年长一点。两人都办私学,但应当说孔子更有理论,简单来说,更富于哲学的思考。尽管西方有些学者不承认孔子是哲学大家。他们不承认,我们承认!一部《论语》,多么富于哲学的思辨精神啊!孔子讲了学与思的关系,讲了学与行的关系,一句"古之学者为己,今之学者为人",是彻底地从哲学高度论述学习目的的。我同意哲学是从教育中生发出来的这一观念。我国春秋战国之际是教育的极为兴盛的伟大时期,它当然也是我国古典哲学的兴起和发展的伟大时期。

霖:我再讲下去。

我讲的第一时期,即农耕时期,教育家必是思想家,必是哲学家无疑。到第二阶段,也就是工业化时期。一方面是知识和知识的学习被

提到了前所未有的高度,最典型的是"知识就是力量"口号的提出和被社会认同;另一方面是教育的普及,教师数量的剧增,成百成千倍地增多,这同时带来了教师质量的下降,最根本性的下降表现在教师被充分地工具化了,知识的教学成了教师的第一要务。

良:就是说教师少了一份哲学的思考。

霖:到时下,我们称之为信息时代。知识的传递速度大大加快了,知识的综合也已经成为大势。"人是机器"的时代过去了,"知识就是力量"的时代也过去了。

姚:"学好数理化,走遍天下都不怕"的时代也过去了。

霖:人们重又想到了对教育的"根本问题的根本思考","品格就是力量"这样触及教育哲学根本的命题应运而生。这是一种回归,一种教育向哲学的大回归。人们只能得出这样的结论:教育不能脱离哲学的思维,脱离哲学思维的教育是危险和有害的教育。

育人,教师面对的一个永远的哲学命题

伦:我知道,现在的学生充满了对人生、对社会、对大千世界的困惑。如果一直得不到解答,就会使他们对他人、对世界、对人生产生消极的看法,甚至是悲观的思想。教师当然不能只关心学生的学业,还应关心他们的心灵。而要关心学生的心灵,要回答困惑他们的问题,首先教师对这些问题要有一些积极的看法。而要如此,非学哲学不可。哲学使人看得远,想得深。现在学生受社会流行想法的极大影响,而流行的往往消极的多,积极的少。教师要引导他们,自己首先要明辨是非,不随波逐流,不成为流行东西的俘虏。没有哲学的头脑,要做到这一点,是很难的。

于:我曾经不止一次地提出:育人,还是育分,是教育者长期面临的一个重大问题。从哲学的视角看,"育人"是富有哲学头脑的思考,是

抓住了教育的根本问题的根本思考。而所谓"育分",它说到底不过是衡量人的知识水准的一种手段。分数高的,不等于说这个孩子什么都好,分数低的,也并不是说这个孩子什么都不行。

良:杨振宁博士在北京的一次会议上说,在中外历史上,老是考第一名的、成大气候的几乎一个都没有,考最后一名的,后来成名成家的,却大有人在。他是劝大家不要把分数看得太重了。

于:把"育分"看作是教育的宗旨,看作是办学的目标,无疑是片面的、狭隘的。

教师面对的一个永远的哲学命题应该是"育人",在承认育人这一根本问题的前提下,我们是可以有许许多多的文章可做的。

伦:我完全同意于漪老师的看法。对我们的学校来说,教师面临的最根本的哲学命题只能是育人。读过一点中国教育史的人都知道,这是自古而然的。

按照我们中国人传统的定义,教师的职责就是传道、授业、解惑。客观知识的传授对于古人来说始终是次要的。人生的根本问题如果理不出个头绪来,人是无法立身于天地之间的。古人对"学"的理解是:"学之为言觉也,以觉悟所未知也。"(《白虎通·辟雍》)如果这样的话,那么"教"就应该是启发学生心灵的感悟。教育如果没有这一点,而只是知识的传授,那么世界上有一天可以不需要教师,让聪明人把人类所有知识分门别类地编成程序,父母把软件买来放就行了。只可惜那就不叫教育了。

人类需要教师,是因为教师体现了人类千百年来积累的智慧、知识和经验。这些智慧、知识和经验只有通过心与心的交流和传授,才可能与人的物质生活一样代代相传。老师要开启学生的心灵,首先要开启自己的心灵。老师要帮助学生解惑,首先要自己解惑。不学哲学,老师自己的心灵就无法开启,老师只能刻意回避上述的根本问题而不是去试图理解这些问题和合理解释这些问题。以其"昏昏",是不能使人"昭昭"的。

姚:哲学给了我们一个"思想的王国",而开启"思想王国"大门的秘诀不在于交头接耳,不在于口耳相传,而在于心灵的感应,在于启发学生的心灵。

教育需要科学,更需要艺术

赵:在对教育作哲学思考时,我们自然而然地会面临这样一个问题:教育是科学,还是艺术?二者的关系该怎么处置?

当然,我们必须承认,教育既是科学,又是艺术。因为教育是科学,因此它就有一定的轨迹,有一定的程序。有这些,是正常的,无可非议的。但是,如果我们加以无限强化、夸大化、模式化,通过一系列的检查、指导、考评、验收,那样做,事情就会走向反面。这些看来是为了维护正常的教育秩序,实际上大大破坏了教育和教学的正常秩序。一切都要"走程序",这也是要具体分析的。程序多了,烦琐了,不仅不利于教育,反而成了正常开展教育教学活动的枷锁,事情反而不好办,科学很可能走向伪科学。

评比太多,环节太多,程序太多,还有牌牌太多,结果反而阻碍了我们的教育。我到西欧的一所名校去访问,他们那里什么乱七八糟的牌子都没有,甚至连校牌都很不起眼。可是,人家是实实在在的世界级名校。

于:我完全同意赵连根处长的观点。这位行政长官看来是了解下情的,他讲得实在,讲到了点子上。教育管理要反对烦琐。科学的哲学观是反对烦琐的。一切都程序化了,没有一点学校和教师自己的主动性和积极性,那不叫科学。科学是鼓励人的积极性主动性的,现在我们看不到这些。

赵：我主张要大大强化教育的艺术探究。教育的艺术探究当然是在哲学指导下的。要研究哲学意义上的方法论。关于方法问题，我们可以从三个层面上加以理解。有具体的方法，现在我们的教师热衷的也无非是具体的方法，一些上级领导抓的也无非是具体方法。也有一般的方法，比如计算的方法、实验的方法。这些一般的方法也受到相当部分人的津津乐道。尤其是所谓"量化"。"量化"本身是个不错的方法，但一切都量化，就显得不怎么妥帖了，而且不实在。

于：对什么都量化，我实在不能理解。思想怎么量化呢？思想是一种状况，有时是只可意会，不可言传的，是难以量化的。

赵：我主张，我们的教师要多学一点哲学层面上的方法论。懂得辩证的思维方法，懂得艺术化、个性化的教育教学手法。艺术化的教育方法说到底是一种启发，是一种对心灵觉悟的提升，让我们的学生有很高的悟性。当然这很不简单，要学生有悟性，教师首先自己要有悟性。

把人"物化"是教育的一大悲哀

于：教育明明是培育人、造就人的事业，可偏偏有人不做如是解读。他们把人的培养与物的生产混为一谈。现在看来，人的物化是这些年来我国教育的一大悲哀。没有比这对教育伤害更大的了。

把人物化有种种状况。

一种是教师自身追求的异化。大概在世界各国，教师的生活状况都是高不到哪里去的。在我国，"文革"结束后，教师的生活状况有了很大的改观，但总体而言，还是处于中等偏下的状况。当教师本身是要做出某种牺牲的，要耐得住清贫、耐得住寂寞。可是在市场经济大潮的冲击下，我们的一些教师心态失衡了，他们也利用起教师这个岗位念起赚钱经来。一些教师通过补课等形式的确赚了不少钱，而分内的教育教学不可能不受影响。这是教师自身工作的"物化"。

还有是教师的教育目标的异化,也可以说是一种物化。在市场经济大潮的冲击下,学生的学习积极性存在相当大的问题。怎么办呢?有些教师就想用"物化"的前景目标刺激他们。于是就有了种种让人揪心的教育方式。

军:听说,有些教师为了激励学生的学习积极性,竟抛出老掉牙的"书中自有黄金屋,书中自有颜如玉"这样的所谓"古训"去启示学子们。这是何等的可悲可叹啊!难道我们的孩子们的目光就这样短浅吗?

于:有些教师把学生的学习目标"物化"得更具体,说,如果你不好好学,就只能去拾垃圾,过衣食不周的苦日子;如果你认真学习,现在虽然艰苦些,可将来能到外资企业工作,赚大钱,过好日子了。看,这是怎样的教育,把为外国人打工作为自己的奋斗目标。这种教育的结果会是怎样的呢?

最不能让人忍受并对教育产生巨大破坏作用的是教育产业化一说了。现在谁都否认倡导过这种说法,但不管怎样,所谓的教育产业化对我们的教育的确起了十分恶劣的作用。教育成产业了,那么学校还有没有培养和造就人的功能呢?没有人说没有,但事实上是被取消了。教育不是靠拍脑袋能解决问题的,关键还是要提倡实事求是。

良:我觉得,实事求是是我们的国宝。我国早在汉代的时候就有人提出实事求是了。当时就有人赞扬汉王朝的河间王是"修学好古,实事求是",这句话就写在《汉书》上。颜师古在加注时解释道:"务得事实,每求真是也。"看来,我们的祖先在提出"实事求是"这一命题时,就是把它作为哲学命题提出来的。明代的名相张居正还强调说:"实事求是,不采虚声。"现如今,我们的一些教育工作者太热衷于"虚声"了,那样做势必会把事情办坏的。

于:前面我们主要讲了哲学和教育哲学,并从教师应该学习一点教育哲学的角度进行了一些探讨和研究,也指出了教师没有哲学的头脑造成的种种弊端。下面我们可以更深入地探讨一些问题,比如我国的教师传统,我国历史上的教育哲学状况,以及怎样在教育和教学的实践中体现哲学精神,等等。大家可以进一步畅所欲言,发表自己的一家之言。有些问题提出来,一时得不出结论,如果能引起人们的思考,那也是好的。

开掘我们民族的教育哲学富矿

于:现在有一种很不正常的情况,那就是有些人从国外批发一点洋东西来,不加分析,加以推广,大肆喧哗,更有甚者,以此把我们自己国家的教育传统说得一无是处,这是一种极不正常的现象。

我国是文明古国,是世界上最早的教育发祥地之一。早在甲骨文中,就已经有了"学"和"教"字,当时已经有了专职的文化人——"卜者""贞人"和"史",由他们进行文化的传播工作。当时,世界各地的教育和文化还处于萌芽状态。到了春秋战国时代,我国的文化教育达到了古代的鼎盛时期,有了中国私学的一大批创始者,如老子、孔子、墨子等教育家、思想家和哲学家。他们的思想和作品不仅是中国公认的,也是世界公认的。当时出现的《学记》,不仅是中国也是世界上最早的系统的教育理论著作。差不多同时问世的《大学》《中庸》两书,它们的思想学术的光芒也是永远的。《大学》一书说到的"大学之道,在明明德,在亲民,在止于至善",这里规定的教育"三纲要",不是很具有哲学的意味吗?作者既在讲教育,也在讲哲学。

最有意思的是,我国古代的教育家都是把教育与哲学紧密结合在一起考虑的,他们的教育中渗透着浓郁的哲学思想。他们不只是教育家,同时也是思想家、哲学家。最典型的是孔子,他在73岁离开人世之前,说了一句众所周知的话,他说泰山要崩塌了,梁柱要折断了,哲人要凋萎了。他毕生从事教育，从 30 岁到晚年，教龄有 40 多年，但他最后还是愿意人家承认他是"哲人"。在我国教育大家的作品中，有着哲学的富矿，那是肯定的，问题在于要我们这些后人去用心开掘，而不是抱虚无主义的态度。

军：我最近在读《论语》，开宗明义的三句话就觉得是在讲哲学。孔子是这样讲的："学而时习之，不亦说乎？有朋自远方来，不亦乐乎？人不知而不愠，不亦君子乎？"刚才张汝伦教授说哲学是讲我我关系、人我关系、人与世界的关系的，我看，孔子开宗明义的这三句话讲的就是这三种关系。"学而时习之"是我我关系，是自我的陶冶和提高；"有朋自远方来"，是讲人我关系，是讲交友之道；第三句讲了"君子之道"，我理解君子之道就是要有崇高的道德，应是道德高尚者。大家看可不可以这样理解？

良：我看可以把"君子"理解为道德层面的要求，孟子说过，"君子莫大乎与人为善"，君子是"善"的表率，"善"是一种道德境界。

军：这样看来，第三句话是讲道德的，那么也可理解为人与世界的关系了。中国古代的教育大家就是这样的博大精深，他们的一句话就包含了那样深刻的哲学思想。我们要吸收外国的东西，但切不可数典忘祖。

周：我读《中庸》，感触良深。书中哲理之深刻，无与伦比。《中庸》中说："天命之谓性，率性之谓道，修道之谓教。"可以说，这三句话把教育的哲学意蕴都点明了。这里承认了出于先天的"性"，承认了遵循自然本性的"道"，承认把道加以修明并推广于大众的"教"。教在于修道，在于致中和，在于育万物。这是在谈教育吗？是的，是在谈教育，同时又是在谈哲学，谈哲理。

"圣人即哲人"，一点也不错的。

建设站立在中国土地上的中国教育哲学

于：我想接着上面的话说下去。上面说到了，中国的传统教育中有着丰富的教育哲学的富矿。那么，作为后人我们要很好地发掘这些富矿，为当今的教育事业服务。我们不能排斥传统。传统是我们发展自己的现实教育的坚实的基础。没有了这样一个基础，要建设发达的社会主义教育将是一句空话。

我想有这样一个表述：中国教育要翻身，就得扎扎实实地站立在中国的土地上，要说教育哲学，这就是我们的教育哲学。

有些人想把外国的东西原封不动地移植到中国来。对不起，那是不行的，水土不服，还是生存不了。对外国的好东西，只能如鲁迅说的那样，取"拿来主义"的态度。吸收别人，壮大自己。现在大家宣传的一些外国教育的所谓"新"东西，其实是新不到哪里去的。《学习的革命》一书，风行一时。其实，认真地读一读，那书里讲的不少东西我们中国本身就有，只是披上了一件外国人作品的外衣，就让大家以为是什么宝货似的。该书大讲其重复阅读的好处，还"量化"为读多少多少遍为妥，这不是孔老夫子的"学而时习之"吗？我们不轻视外国人的东西，但也不必故意地哄抬，明明是很一般的东西，炒得火热火热的。

我大学时读的是教育系。那时华东师范大学还没有办起来，我读的是复旦大学的教育系。当时教教育学和中国教育史的是刘佛年先生，他当然讲了许多好东西。讲外国教育史的是曹孚先生，他是把外国教育史中国化了的，是拿适合中国的来讲给我们听，以作为我们的参考，收益还是很大的。

记得一个外国的思想家讲到传统时说到，所有国家都十分珍惜自己国家的传统，唯有中国是在反传统。他当然讲得并不全面，但值得我们警觉。对我们的传统，可不能取虚无主义的态度！中国教育有"以人为本"的好传统，有以哲学思维为基础的好品格，我们应该十分地重视我们自己的教育传统。

形成教师个性化的教育哲学

霖：我想提出一个新问题，就是教育哲学不只是属于群体的，也是属于个体的，最后，归根结底还得属于个体，落实于个体。现在上海已经有了不少以个人命名实际上是群体性的教育哲学。比如以刘金海命名的"成功教育"，他是以某种教育哲学为基础和背景的，他是以刘金海为代表的群体对教育哲学理解和实践经验的结晶。

晔：刘金海的"成功教育"有三个假设性的哲学前提。它假定每个人都有成功的先天素质，假定每个人都有追求成功的欲望，假定每个人经过努力都能获取成功。因为这些哲学前提是正确的，所以"成功教育"也是站得住脚的。

霖：但这里我要强调的是教师个体的、具有个性化色彩的教育哲学。哲学并不是一个死板的模式，哲学说到底将为你提供一种思维模式。人们在运用哲学提供的思维模式时，可以有成千上万有个性的教育哲学理解。为此，教师第一要读一点书，包括哲学方面的书；第二是要认真地投身教育实践，把理论的学习与个体化的实践结合起来；三是要不断总结、提炼，形成自己的思想和观念。

良：请你讲得具体一些，就是说，请你讲一讲，你所说的教师个性化的教育哲学究竟是怎么回事呢？

霖：一个成功的教师，有一定功力的教师，都应该而且必须形成自己的个性化的教育哲学。这与成名成家是两回事，至于表述，我觉得可以表述为个体的较为精确的、一贯的、系统的哲学思考。一个教师在教育这条战线上工作了 10 年、20 年，最终都应该形成属于自己的哲学思考。

哲学思考应该而且必须进入学科领域

伦：一名教师，在教育领域内应该有哲学思考，同时，他还应该在教学领域里也有哲学思考。哲学无所不在。

可以肯定地说，各门课程所教的对象中都有哲学。语文和英语讲授的对象是语言，语言是人类自我表达的主要手段，但它不是纯粹的形式，也是内容，语言忠实地或变形地反映了人类的种种问题、困境、希望和经验。要真正掌握一门语言，就必须把握语言的精神，这就不仅是语言的问题，而是哲学的问题了。语言和语言学的问题最终与哲学交会在今天已是常识。数理化同样也如此。西方许多大科学家，如牛顿、伽利略、爱因斯坦等，同时也是哲学家。而大哲学家如笛卡儿、莱布尼茨等同时也是科学家。

归根结底，自然科学的研究对象不是与我们毫无关系的死物，而是必须把它们放在与人的有机关系中才能得到真正的理解。那种将自然视为人类可以予取予求的自然观给人类带来的莫大危害，今天不是越来越清楚了吗？我们教数理化的老师难道不应该告诉学生一种新的自然观吗？也许这的确不是时下人们认为的数理化老师的任务，可教数理化的老师就只能是"经师"，而不是"人师"吗？如果我们不能真正认识自然的话，那么数理化知识会给我们带来什么呢？今天人类面对的现实不是越来越紧迫地向我们提出这个问题了吗？

哲学并不神秘，它就在我们的身边

伦：哲学有两种。一种是学院哲学。这种哲学不能说没有价值，但搞不好会成为无聊的智力游戏。很多人接触的是这种哲学，所以对哲学视若畏途。另一种是世界哲学，它关系到人类的根本问题。这种哲学是人人都能接近的。哲学事关人类的根本问题，所以它并不像人们想象的那样可怕。只要我们有决心和耐心,我们就一定能亲近它。我们的教师要学习的是世界哲学。

晞: 哲学并不神秘,哲学就在我们的身边,问题是你能不能发现它,理解它。我听到过一个故事:一名老师对学生布置作业,规定要做多少,第二天一定要交。不交的怎样?批评!老师起初以为,不交当然要批评,还能有什么其他的办法呢?后来,老师发觉班中一名学生的作业几乎每次都不能准时交,有时好一点,也不能全交。后来他一调查,这是个挺不错的孩子,是一个离异家庭的孩子,家庭经济困难,住房也困难。每天回家后,要做很多家务,家务做完,已精疲力竭了,作业也做不完了。老师了解了这个情况后,就宣布这名同学可以不做家庭作业,落下的学业由老师负责为他补。结果这个孩子进步很大。这位教师为何能这样做呢?这里有一个教育哲学的问题,即如何正确理解"教育平等"的问题,以前认为在布置作业时一视同仁,就是平等了。现在才懂得,所谓平等是在承认不平等的前提下的平等,只有承认了不平等的现实,对不平等的现实加以适当的安置后,才谈得上教育平等的实施。允许这个孩子不做家庭作业,看来是不平等了,实际上那样做更合理,更符合"平等"的原则。

我想,以前说哲学使人聪明,哲学是智慧学。这些当然是对的。而我现在的理解是,要让哲学进入我们的生活领域,一需要聪明,二需要善良。"聪明加善良"的人,才能获取哲学的思维。一个当教师的人,他的本事可能不太大,但他有爱心,有一颗善良的心,他就能把学生的事办好,他就能用教育哲学来管理好自己的学生。

哲学要求我们实现教育的本体性回归

于: 谈到教育,我有时会发一些牢骚。我们教育上的有些问题让人不能容忍,教育实际上是在走上一条危途。

我们的教育明明是要培养合格的公民,可是有些校长,有些领导别出心裁,说要培养"领袖人物"。且不说一个教育时段能否培养出"领袖人物"来,就那提法其危害性也就够大的了。大家都想成为领袖人物,普通劳动者谁去当?说是培养"领袖人物",一旦当不上领袖人物会怎样呢?

一堂好的课应该是生动的、活泼的、师生互动的,一定意义上说应是随机的,因为如果是一堂真实的课,谁知道学生会提什么问题呢?可现在的评课者大搞课堂教学的所谓"量化"——一堂课的时间安排怎样?老师讲课花去多少时间,学生活动花去多少时间?有多少学生发言了?发言举手了吗?如此等等。我会因此而想起当年的凯洛夫教学法,他是主张一堂课下课铃响的时候教师的最后一句话同时了结的。那样的"好"课,究竟有什么意思呢?

学校是专门的教育机构,它的功能理所当然是管理教育,施教育于下一代人。可是,这些年来,学校的教育功能大幅度下降。经过几度折腾,一些教师和学生只知道考试、分数、奖牌,而对于何谓教育功能,有点不太了然了。家长对一些名校是有期盼的,可是一些名校却在大抓升学率。家长面对这些名校,最后得到的是失望和困惑。

赵:现在"二期课改"的新教材编出来了,有些很有才气的特级教师就忙着为广大教师编教学参考书。"二期课改"的宗旨是要充分调动学生和教师两个积极性,现在教学参考书一出,广大教师还用得着去思考吗?这种与教改初衷二律背反的状况是该结束了。我们应该采取的是有利于调动教师积极性的举措。在旧道道上走惯了,要真正改过来,实在是很有难度的事。

晞:教育的本体性回归的确是一件大事。大事要大家来抓。我在当校长时就听说提倡校长要思想办学。思想办学本身体现了一种教育观念。要教师有思想,首先要求校长有思想。一个好校长是有思想的,他的"有思想"应表现在充分允许自己辖下的教师"有思想"上。思想一律了,什么改革也搞不了。

于：教育的本体性回归不是说回归就回归的,它需要条件。这些条件包括教育行政部门的领导有方,对什么是教育的本体有一个清晰的认识。社会学术机构也是大有可为的,可以在理论上加以说明,可以制造必要的舆论。对教师来说,要加强学习,在学习中提高哲学意识。这样上上下下,齐心协力,我们的教育一定是会走上正途,并不断兴旺起来的。我们相信并期待着!

志存高远,守护教育者的尊严[①]

胡锦涛总书记在全国优秀教师代表座谈会上的讲话犹如强劲的东风,再一次表达了党中央坚持教育优先发展的战略地位的决心,使广大教育工作者倍感振奋。特别是总书记对教师提出的几点殷切希望,更是情深意笃,是当代教师思想言行的座右铭和行动准则,是教师队伍建设的巨大动力。我认真学习,反复思考,真是心潮起伏,感慨万千。

"教师是人类文明的传承者。推动教育事业又好又快发展,培养高素质人才,教师是关键。没有高水平的教师队伍,就没有高质量的教育。"胡总书记高屋建瓴,一语道出了问题的本质。拿一所学校来说,学校教育质量如何,说到底就是教师质量如何。当然,还有必要的办学条件。教师如果胸怀祖国,热爱学生,敬业爱岗,默默耕耘,无私奉献,学校事业就会朝气蓬勃,积极进取,教育的质量不断攀升,教师和学生在全面实施素质教育中一起发展,共同成长。

社会上并不是什么人都可以做教师的,选择了教师,就选择了高尚,选择了与国家前途命运紧密相连的伟大的教育事业。汉代韩婴在《韩诗外传》中说得好,"智如泉涌,行可以为表仪者,人师也"。要为人师,要做学生的老师,要智慧如泉水一般喷涌而出,思想言行堪为学生的榜样,也就是说,要德才兼备。说起来容易,但要身体力行,真正做到

[①] 本文发表于《中国教育报》2007 年 9 月 23 日。

须自尊自励、严于律己,在提升思想、净化感情上下功夫。

教师的责任非比寻常,它寄托着祖国的期望、人民的嘱托。国家将自己的未来,托付在教师的肩上,这是对我们教师极大的信任;家家户户把自己的希望,交付给教师培养,这是对我们教师的高度信赖。教师的责任大如天,使命重如山,一个肩膀挑着学生的现在,一个肩膀挑着祖国的未来。今天的教育质量,就是明天的国民素质。因此,教师要自觉地全力培养学生健康成长,引导他们德、智、体、美全面发展,成为心中有祖国、心中有人民,知荣辱、讲诚信,勤于学习、勇于创新的一代新人。学校教育对青少年时期的培养至关重要。儿童、青少年入学是打做人的基础,长知识、长能力、长身体、长觉悟,懂得做人的道理。在人生长河中,基础教育只是短短的几年,但根子扎得正、扎得深,会影响他们一辈子的生活道路。教师要用真情、真心、真诚教育和影响他们,不能有丝毫的马虎与懈怠。

育人先育己。教育学生的工作要收到实效,获得良好的效果,教师自身必须不断完善人格,具有高尚的师德和育人的真本领。教师的人格力量是实施素质教育的重要保证。言教重要,对学生要动之以情,晓之以理,导之以行,但身教更重要。"其身正,不令而行;其身不正,虽令不从。"(孔子《论语·子路》)教师对学生而言,是强大的"影响源",既广且深,潜移默化。因而,教师必须有崇高的人生理想,积极的人生态度,完善的人格魅力。

俄罗斯教育家乌申斯基曾强调:"在教育工作中,一切都应以教师的人格为依据。因为,教育力量只能从人格的活的源泉中产生出来,任何规章制度,任何人为的机关,无论设想得如何巧妙,都不能代替教育事业中教师人格的作用。"确实如此,教师有真才实学,高尚的道德情操,健康的价值观,正确的荣辱观,学生就会奉为榜样,敬其师,信其道。

在当今经济高速发展、社会转型时期,社会种种现象五光十色,乱人耳目,对教育是极大的挑战、极大的诱惑。总书记提出希望之一是"淡泊名利,志存高远",提出高尚的师德是对学生最生动、最具体、最深远的教育。总书记的论述不仅有广泛的现实意义,而且有深远的历史意义。"要随着经济发展不断提高教师待遇,依法保障教师收入水平,完善教师医疗、养老、住房等社会保障"是党和政府一直关心并努力实施的大事,目的就在于为教师创造教书育人的良好环境,让教师静下心来教书,潜下心来育人,努力做受学生爱戴、让人民满意的教师。追名逐利,经不起金钱的诱惑,不要说担当不起育人的重任,也不要说会受到学生的轻视、鄙视,弄得不好,丧失做教师的底线,还会走到事物的反面。

教育事业是真善美的事业,学校应该是学生健康成长的精神家园,教师应是学生的榜样。一身正气,为人师表,不为物质所累,保持心境的纯正与安宁,抗诱惑,拒腐蚀,守护社会正义,守护社会道德,守护历史使命,守护教育者的尊严,为培育学生成长、成人、成才做出无私的奉献,这才是教师人生价值的真正所在。

名师培养之我见[①]

随着基础教育课程改革的展开与深入,教师队伍建设的重要性与紧迫性日益显现,有的学校校长甚至感慨地直呼:"这是我的燃眉之急!"

确实如此,学校教育质量说到底是教师的质量。敞亮的校舍、美丽的校园、现代化的教学设备是重要的,但它们不过是办好学校的必备条件,决定教育质量的是人,是教师。教育是培养学生成长、成人、成才的事业,以人格塑造人格,以情操陶冶情操,春风化雨,润物无声,因而,育人的人至为关键,至为重要,必须高质量、高素质。什么人才可以做育人的老师?汉代韩婴在《韩诗外传》中说得好,"智如泉涌,行可以为表仪者,人师也"。显然,教师须德才兼备,为人师表,教师的质量左右着学校教育的质量。

当前课程改革对教育界带来的最大挑战,莫过于对教师的挑战。对课程的认识不能再局限于就是学科,就是教材,或者就是计划,就是预定目标,须认识到课程是教材、教师、学生、环境(物质的、心理的)四

[①] 本文发表于《江苏教育研究》2008年第4期。当时全国各地都推出了培养名师的诸多做法,作者承担了上海市名师培养基地主持人的工作。基于多年学校教师队伍培养的思考和实践,作者撰写此文,提出名师培养在"师"不在"名"、"学历水平不等于岗位水平"、教师成长重在"产生自我提升的自觉意识"及"培养一个,带动一批"的团队建设目标等理性思考。

要素的整合。教师即课程,学生即课程,教材是课程的一个因素,环境也如此。教师即课程,他的重要性在于他是教育理想与教育现实的转化者,教育理论与教育实践的转化者,每名教师毫无例外地要用自己的行动践履这一角色。由此可见,课程改革的成败相当程度上取决于教师。教师素质高质量高,不仅能以先进的教育理念指导教育实践,而且能充分发挥自己的专业优势与聪明才智,创造性地完善和丰富课改的认识与做法。

学校教育质量的特征之一是教师个性特质与教师群体的相融相促。教师个性特质鲜明,底蕴厚实,有独创性,就能支撑起课程的半边天。教育又讲究群体效益,引领,促进,取长补短,发扬团队精神,水涨船高,教育质量就能节节攀升。

教师队伍建设的重要性已众所周知,而队伍中领军人物的涌现,更是教育主办者和学生、家长的热切期盼,于是,名师培养在各地紧锣密鼓地展开。各地加大教师教育投入,组织专家队伍,搭建培养平台,提供实践空间,采取一系列扎实有效的措施,取得了令人欣喜的成绩。作为一名老教师,我由衷地高兴,与此同时,谈一点鄙陋之见。

准星。"名师"的关键字是"师",不能以"名"作为高悬的追求目标。功利的因素重了,心理就会失衡,对肩负的育人重任就会忽视。培养,须从根上抓,师德、师魂、师能,基础牢靠,在"乱花渐欲迷人眼"的现实生活中,既学会执着地追求,又学会毫不犹豫地拒绝。以自己的为师之道、人格魅力、学识修养滋兰树蕙,恩泽莘莘学子,"师"的榜样挺立,"名"就不期而至。"名"是社会的认同、学子的崇敬、教育的骄傲,与市场上的炒作完全是两码事,有质的差别。

学历。当代教师需要相当的学历水平。学历说明接受教育的程度,一般来说,接受教育的程度越高,反映越有专业深度,视野也应越开阔,工作适应能力越强。但学历水平不等于岗位水平,学历水平只表明接受教育的程度，成才是岗位上积极锻炼、主动修炼的结果，二者之间不能画等号。教育事业是实践性的事业，离开了大量的教育教学实践，理论就苍白无力。大家认同苏霍姆林斯基的教育理论，就是由于他一直在学校教育教学第一线，说的话、举的例子饱含着教育生命的活水，因而感人，因而有效。实践出真知，名师是在课堂里摸爬滚打出来的。课教得精彩，有实效，学生才会自主发展，教学才会良性循环，才会积累经验，提升理性认识，切合教情，有普适性，才不会以名词术语惑人耳目，人在空中飘。

潜能。名教师的培养不是重知识灌输，重某些技能技巧的传授，而是要滋养心灵，抓生命感、价值感、使命感的唤醒，进行自我潜能开发，激发旺盛的教育生命力。德国教育家斯普朗克指出："教育的核心是人格心灵的唤醒，教育的最终目的不是传授已有的东西，而是把人的创造力量诱导出来，将生命感、价值感唤醒。"培养学生要以人为本，重在诱导、唤醒，培养名师岂不更应重视以人为本，重在开发潜能？一般来说，培养对象经过一定程度的选拔，在为人、为师、为学方面均有相当的潜质，一经开发，创造力涌动，就能闪现教学智慧，提升育人质量。教育教学技能技巧当然要过硬，这是名教师必须具备的基本条件。技能技巧培养关键不在仿照，不在包装，不在追求轰动效应，而在于潜下心来研究，从教育理念到文本解读，从教材处理到教学设计，从课堂驾驭到练习设计，无不要胸中有书、目中有人，促进学生的发展。教学反思是重要的，不能仅仅停留在对课堂教学经验的反思上，而应该上升到真正意义上的反思，即对思想的反思，这样就能引领教师从哲学高度看待人生、看待教育、运筹教学、创造价值。名师培养对象实事求是地掂量自己的德、才、识、能，弄清自己为师的优势与不足，有利于准确定位和在教育教学中的自我实现。发现自己的潜质潜能，有利于树立信心，燃烧起心中的火把，向着"智者有勇，勇者前行，行者无畏"的目标发展，产生自我提升的自觉意识。

团队。名师培养对象应形成一个团队，无论是向书本学习，向学者、专家学习，还是围绕学科教学备课、说课、展示、评论，都要紧抓两点：一是独立思考，有自己独特的认识与体会；二是交流，碰撞，畅所欲言。比如吃透文本的问题，课堂教学中重教法轻文本是时弊之一，如何正确认识，如何避免误读，如何不在浅阅读层次上游移，让学生真正学有兴趣，学有所得，大有值得研究之处。团队和谐，研讨气氛浓厚，相互启发，相互促进，会大大推动文本阅读的深度、广度、准确度。"三人行，必有我师焉，择其善者而从之，其不善者而改之"，团队成员各有特点，各有优势，丰富而宝贵，应充分发挥各自作用。培养对象来自基层学校，学校是他们成长的土壤，土壤肥沃，成长就更快。培养要校内校外结合，校外学到的要能迁移到学校中，培养一个，带动一批，促进学校有关学科教学形成有质量的团队，互帮互学，涌现更多的优秀教师。

目前，各地名教师培养内容丰富，方法多样，途径不一，经验各异，效果明显。以上仅就所见所思，不揣冒昧，略述一二，供同行指正。

教师的使命[1]

选择教师,就选择了高尚。汉代韩婴在《韩诗外传》中说得好:"智如泉涌,行可以为表仪者,人师也。"教师德才兼备,人格高尚、完美,对学生才会有感染力、辐射力,教育效果才会良好。为此,我做了一辈子教师,数十年如一日,在教育征程中努力跋涉,不敢有丝毫懈怠。做了一辈子教师,在教学第一线摸爬滚打,虽有些微经验,但更多的是遗憾与教训,体会最深的,如果用一句话来概括,那就是:一辈子学做教师,让生命与使命结伴同行。

一、精神追求与专业诉求

古希腊哲人柏拉图在《理想国》中借苏格拉底之口,通过"洞穴中的囚徒"这个著名的隐喻,阐明教育是把人、把人的灵魂和精神引向真理世界,从黑暗引向光明。教育事业是引领学生追求真善美的事业,教师清醒地认识到这一点,精神追求才有方向,教学的诸多思考、诸多做法才有根有魂,才不会堕入虚幻浮夸的泥淖。

(一)语文教育的独特性

语文是一门最具有民族性的学科,任何其他国家的语言模式均不可照搬照抄,它具有地地道道的中国特色,其教与学的规律非我们自己

---

[1] 本文发表于《全球教育展望》2008年第4期。

在川流不息的语言长河里探索不可。

语文教育有其独特性。汉语特别具有灵性，它是具象的、灵活的、富有弹性的，创造的空间特别大。汉字是平面型的方块字，由形、音、义构成。"形"是关键，笔画在二维平面里多向展开，笔画种类多，组合样式丰富，字的结构复杂，数量繁多。汉语组词灵活，词法句法没有多少强制的规矩，教学中更要注意约定俗成，更要注意规范。汉语的文化性特别强，具有深厚的文化底蕴，具有很强的熏陶感染作用。为此，我追求的不仅是自己要具有一定程度的汉字文化，具有理解与运用语言文字的能力，而且要激发学生热爱祖国语言文字的感情，在培养学生语文能力的同时，把民族情结、民族文化和民族精神撒播到学生心中，打好做人的基础。

早在20世纪60年代，语文教学就有文道之争。当时自己很幼稚，说不出多少道理，总觉得各执一词，有失偏颇，二者并非完全对立，可融合起来。"文革"以后，逐步清除了"左"的思想路线对语文教学的干扰与破坏，还语文学科以本来面目，明确了语文学科是中学课程建设中的"基础中的基础"，这就挽救了语文学科的生命。作为对"文革"期间语文课上成政治课的一种否定，20世纪70年代后期语文教育十分强调工具性，甚而至于有些纯工具论的倾向，当时我写了《既教文，又育人》，对"水到渠成"的看法谈了自己的观点，认为片面地强调工具性，不利于全面地、比较完美地实现语文教育目标。较长时间以来，语文教学的道路曲曲折折，在工具性与思想性之间摇摇摆摆，常因政治气候的变化而变化。尽管到20世纪70年代末80年代初，多数人认为，任何一篇课文都是思想内容和语言形式的统一体，思想性是语文的固有属性，它蕴含在语文教材里，贯串于语文训练中。但语文的本质属性、基本特点必须探讨得更清楚一点，更清楚、更清醒，也就更接近真理。教学中如能较好地把握学科的本质特征，学生就能多受益。

语文学科具有工具性,这不言而喻。语言的本质属性确实是工具性。所谓语言是文化的载体。载体者,也就是工具的意思。这个观点马克思主义经典著作早就阐述清楚。"语言是人类最重要的交际工具"是列宁说的。(《论民族自决权》)"语言是思想的直接现实","语言和意识具有同样长久的历史;语言是一种实际的,既为别人存在并仅仅因此也为自己存在的、现实的意识。语言也和意识一样,只是由于需要,由于和他人迫切交往的需要才产生的",这是马克思和恩格斯说的。(《德意志意识形态》)我以为,语言又是具有物质基础的。意识(精神)注定要受物质的"纠缠"。物质在这里(在有关意识的关系上)表现为振动的空气、声音,简言之,就是语言。思想是通过语言表达的,因而"语言是思想的直接现实"。语言是工具,然而又不是一般的工具,是一种与锄头、榔头等不一样的工具。语言和人是俱在的。语言不是独立于人而存在的一种工具,而是人类,也只有人类自身才能拥有的工具。语言这一工具和装载的文化、思想不可分割,语言不能凭空存在。"语言是思维的外壳","外壳"与"内核"是不可分离的一个整体。

20世纪80年代世界人文科学的一次最大的革新就是语言科学的突破;语言不再是单纯的载体,反之,语言是意识、思维、心灵、情感、人格的形成者。由此,我反思道:"思想性"的提法对语文教学而言有局限,它不能涵盖语文学科的丰富多彩。语文学科许多内容除了具有思想性,更具有道德的、情操的、审美的特征。语言绝不是没有感情的符号,它蕴含着民族文化的感情。语文不能只理解为语言文字、语言文学,还应理解为语言文化。割裂语言和文化的教育倾向与当今世界语言教育的发展趋向背道而驰。此时,我的脑海里升起了"人文性"的想法,它的涵盖要比"思想性"丰厚得多,也更接近语文的本质。

有这些想法主要源于:(1)读了有关语言学、文化语言学及人文科学等方面的书,打开了认识语文的另一个视角;(2)语文教育现状令人焦心。为了应试,一套套肢解文章的练习题汇成海,学生在题海中浮沉,不堪其苦,但学生的读写能力仍然上不去,学生在知、情、意方面有多少收获要打个问号。看似教学方法问题,实质上是错误的语文教育性质观在起作用。

教学行为受教育观念支配。在语文教育观念体系中最为核心的是性质观,它统率语文教育的全局,决定语文教育的发展方向,由此而引发出目的观、功能观、承传观、教材观、质量观、测评观等一系列观念。我之所以不懈追求,寻寻觅觅,是想接近真实,让学生在语文学科学习中,既感受到祖国语言文字的魅力,学到语文的真本领,又受到语文内容中真善美的熏陶,健康成长。

(二)语文教师的文化底蕴

语文教师心中要有点汉字文化、经典文化和人类进步文化。汉字符号表达性能的复杂、感性信息的丰富,绝非西方拼音文字符号所可比。"视而可识"使得文字的象形部分栩栩如生,跃然纸上;"察而见意"更是充满了想象力、象征性的丰富。汉字笔画多样,结构复杂,音义错综,字又多,难学;但又有易学的一面。掌握了基本笔画和常用构件,写起来就不难。且不说象形、会意,仅数量众多的形声字,记住形符和声符,就会触类旁通,记住一批字。汉字每一个符号都是一件艺术品,都具有生命力,都与自然与社会相连。人的心灵、心态、思维方式与语言文字互为内外,相互激发,相互依存。把握了这一点,就会注意开发阅读教学中立体的审美功能。

语文课本中选了一定数量的中华经典诗文,就文论文,往往一知半解,乃至发生错讹。读一点经典,打一些底子,情况就不一样。中华文化博大而精深,凝聚了先民生活的经验和民族特有的智慧,散发出东方特有的异彩。紧扣教学需要,深入学一点经典作品如《论语》《孟子》《庄子》等,可认识中国文化精华,涵养品德。经典恒久而弥新,吮吸中华文化源头养料,能开启智慧,体悟人生。与此同时,要专心致志研读几部大作家的著作,随着他们的人生足迹走一遍,真正领会他们的心路历程,领会他们生命的光辉,使自己增长见识,提升思想认识,不断完善人格。为此,我前后通读了辛弃疾、杜甫、陶渊明的著作,深深进入他们的精神世界。读经典作品,对作者也不能只知其一,不知其二,否则难以做到知人论世,知世论人。如读《岳阳楼记》,会对范仲淹的"先天下之忧而忧,后天下之乐而乐"的恢宏旷达、炼词造句的华瞻精妙心悦诚服,胸中涌起的是忧国忧民的文人形象。读《渔家傲》等作品,会真切感受到他守边数年,受人敬畏,呼为"龙图老子",称其"胸中有数万甲兵",武功值得称道。作品苍凉悲壮,开宋代豪放词之先河。不仅如此,灾荒之年饿殍遍地,他修建庙宇、筑路赈灾,无人饿死。人是有血有肉活生生的,当作者一个个形象丰满地站在你面前时,你才开始对他、对他的作品有所认识与理解。

信息渠道畅通的今天,对教师的要求更高。教师不可能是万能博士,但必须开阔视野、广泛学习,尽量读得多一点,了解得多一点。世界名著的涉猎当然是应有之义,自然科学、音乐、艺术也要多加关注。语文教师知识仓库里的货物不能不杂,但要杂而有章。广泛阅读不是滥,而要有所选择。学要思,学而不思,只是"对书",徒然是"劳倦"眼睛,收获甚微。

学然后知不足,教然后知困。做了一辈子教师,一辈子都在惶恐之中。每次课后,我总要扪心自问:"这样教,学生有收获吗?对得起学生吗?"青春是生命中最为宝贵的年华,托付给教师,这是历史赋予我的使命,责任大如天。

二、学生差异与仁爱之心

初当教师,"爱"只是空泛的概念,是挂在嘴边的口号。心中真正喜爱的是两类学生：一是反应敏捷，非常聪明的，我讲上句，他下句已能回答，教起来十分省力；二是长得很可爱，像洋娃娃。我后来才明白，天工造物十分奇妙，每个学生都有自己的独特性，不要说是长相，他们的禀赋、性格、文化基础、兴趣爱好等均有所不同，因而，必须热爱每一个学生，每个学生的生命都值得尊重，都必须关心。

要真正做到爱每一个学生，教师自己必须有仁爱之心，心地善良。仁而爱人，有"恻隐之心""不忍人之心"，就会悲天悯人，对别的生命寄予无限的同情。同情是爱的基础。胸中有"仁爱"这个"源"，爱学生的"流"就会川流不息。心中没有这个"源"，就不可能有大胸怀、大气度、大力量，就不可能对学生有坚韧的爱，不可能在教育教学中年年月月、任劳任怨，引着、拽着、扶着、托着、推着学生向前，引领他们不断增强自觉性、自主性，健康茁壮地成长。

（一）走进学生的世界

早在2 000多年前，孔子就说过教学生要"观其所以""观其所由""察其所安""退而省其私"，也就是说要观察学生的日常言行，观察学生所走的道路，考查学生的意向，考查学生私下的言行，实际上就是要了解学生的学习世界、生活世界、心灵世界。知之准、知之深，充分发展学生自身积极向上的因素，因势利导，激励、赞扬，学生向前迈步的劲儿就势不可当。为了提高语文教学的实效性，我在了解学生、分析研究学生方面下了一些功夫。一看二听三问四查，神态、表情、动作，口头语言、书面作业，课内的、课外的，学校的、家庭的，独处的、集体的等，时时，处处，做有心人。了解的过程是培养师爱的过程，也是和学生多接触多交往、亦师亦友的过程。做一名语文教师，不仅要认清学生富有时代气息的共性，而且要审视学生之间的差异，把握各自的个性，采用多种多样的教学方法，保护和调动各类学生的积极性。尽管所教学生在同一所学校、同一个班，但由于遗传因素、家庭情况、周围环境、成长经历的种种不同,学生的思想、性格、行为、习惯、志趣、爱好、学习基础、接受能力均有明显的差别。教师胸中既要有班级学生的全局,又要有一个个学生的具体形象,他们是生动的、活泼的,不是一个个抽象的名字,而是变化着的、发展着的。教学中用"一刀切"的办法对待个性迥异的学生,说到底是缺乏爱心的表现。

以口头表达能力为例。班上有四个同学说话都含糊不清,断断续续,有的非但不能成段,连句子都说不连贯。乍看,是口吃的毛病,但仔细调查辨别,又各有不同。第一个是说话时舌头似乎短了一点,经再三谛听、分析,终于找到了口齿不清的症结所在。第二个是家庭语言环境差,父母又十分娇惯,把中学生的儿子视为幼儿,话不成句,规范性差。第三个是学口吃开玩笑,形成了习惯。第四个是思维比较迟钝,对外来信息不能迅速反应,说起来嗯嗯啊啊,疙疙瘩瘩。弄清楚他们口头表达能力差的各自原因,寻找最佳方案纠正、提高。第一个先从生理上解决,手术治疗舌头下面的一根筋,然后进行说话训练。对第二个,与家长联系,改善家庭语言环境,注意说话的完整与通顺,再让同学帮助进行单句说话训练,一步一步提升。对第三个同学注意用"稳定剂""安慰剂",逐步消除他说话时的紧张心理,纠正不良习惯。第四个,就口头表达抓口头表达难有成效,则抓思维训练,促口头表达。在日常学习、生活中注意训练其思维的灵敏度,坚持不懈,收到了良好的效果。尊重每一名学生,施以适合他们实际情况的教育,细心、精心,看似教学方法问题,实则是教师爱的奉献。

(二) 触摸心灵的琴弦

理解是教好学生的基础。学生在学习语文过程中的种种难处,教师须换位思考,千万不能埋怨、责怪。责怪、出言不逊,往往是无能的表现。教育家苏霍姆林斯基曾说过这样一段精彩的话:"在每个孩子心中最隐秘的一角,都有一根独特的琴弦,拨动它就会发出特有的音响,要使孩子的心同我讲的话发生共鸣,我自身就需要同孩子的心弦对准音调。"

要对准音调,须在发现上下功夫。例如同样对学习语文,有的学生没有兴趣,有的是恐惧,见到写作文就哭;有的是"仇恨",看到语文就"恨",就像看到仇敌一般;有的是无所谓,认为学不学一个样,永远是中不溜秋……有些想法还能理解,有的想法令我吃惊。怎么会把语文作为仇敌呢?怎么会那么恨呢?探索这隐秘的一角,才发现冰冻三尺,非一日之寒。自从学写字起,一次次挨骂,一次次挨揍,都与语文紧密相连,红杠杠、红叉叉、不及格、罚重抄、罚重做,乃至被语言羞辱,无不与读、写、说有关,因而,看到语文,感情上就条件反射。伤害非一天形成,抚平伤痕当然不可能一蹴而就。字写得像蟹爬、错别字连篇、文句不通,对这样的同学而言,语文不可能引起其共鸣,只能另辟蹊径。寻找他最感兴趣的事,打球,到池塘里、小河边捉小鱼、小虾,探讨球艺,探讨捕捉的细节,指导仔细观察。共同的语言多了,学生不但能袒露心扉讲真话,而且愿意把看的、想的、做的写下来。以趣消恨,教师的语言开始拨动其心弦,音调逐渐对准。

(三)转化爱的力量

师爱,不能停留在情感层面,要转化为教育的力量,促使学生自主成长。

有个个性极强的"假小子",闯祸不断,搅得班级不得安宁。对班主任的教育不仅充耳不闻,且脸上常常带着几分鄙夷的神情。为了解决师生之间的矛盾,调换她到我教语文的班级。起初,她不与班级任何同学讲话,也拒我于千里之外,一下课就飞跑出教室。我耐着性子,不贸然找她,等待时机。一次,她下课仍然飞奔出教室,一本书从裤袋里掉到地上。我赶紧跑上去,捡起来,眼睛一扫,是本介绍国画的书,令我惊讶。抓住这个契机,打破坚冰,开始了师生对话。从书卷得不成样子委屈了书,谈到《芥子园画传》对初学国画的人有帮助,谈到家里有不少介绍国画的书,欢迎她来看。她面带微笑,一溜烟地走开。其实,我心里暗藏的喜悦远超过她。有了良好的开端,事情就好办。时间是孵化器,一节节生动的语文课孵化出了感情,有时她会和其他同学一样,情不自禁地举手质疑,回答问题不仅有板有眼,且喜争论,从不服输。冰雪融化,她竟然来我家,读书议书,看画评画。由于寄居在外祖父家,她只能以书为伴,外祖父会画国画,使她受到熏陶。令我吃惊的是她书读得真不少,涉猎范围甚广,还做点摘抄。难怪她对教师的教学有种种挑剔,难怪她桀骜不驯,难怪她对有些事、有些问题有自己独特的看法。知之深,教得才会适切。既对优点、长处加以肯定、激励,又要指出问题与不足。千人千样,对有个性、有潜能、资质优良的学生,同样需要用水磨的功夫进行教育,要唤醒他们自觉,长善救失,引领他们有信心、有能力自主发展。

一个学生就是一本丰富的书,一个多彩的世界。学生是活泼的生命体,每个人的成长都是独一无二的。尊重他们的人格,尊重他们的个性,对他们满腔热情满腔爱,是我身为人师的根本所在。几十年来,我教过各种类型的学生,面对这些丰富的"书",我一本一本认真读,一点一点学习、领悟,兢兢业业探索、实践,逐步懂得师爱的真谛、仁爱之心的博大,也品尝到亦师亦友有无穷乐趣。

三、教学预设与课堂生成

语文教学要实实在在培养学生理解与运用祖国语言文字的能力,提高语文素养,在今后的学习与工作中仍能深受其益。为此,必须聚焦课堂教学。课要教到学生身上,教到学生心里,成为语文素养的一部分。

(一)课要上得一清如水

课要上得一清如水。语文课最不可"糊",也最容易"糊",似乎字、词、句、篇、修辞方法、写作方法、文学知识等什么都有,又好像都未能落到实处。一堂课教什么,怎么教,为什么这样教,教师心中须一清二楚。跟着教材转,跟着教学参考"飘",必"糊"无疑。教材里有什么,就要学生学什么,一股脑儿搬出来,唠唠叨叨,目的不明,内容多而杂,学生学起来如堕五里雾中。

课要上得一清如水,首先,教师要沉到文本之中,认真钻研,正确解读。从语言表达形式到课文的思想内容,从思想内容到表达形式,反反复复推敲。钻研教材钻研到文字站立在纸上,自己能跨越时空和作者对话,与编者交流,才真正洞悉文章的来龙去脉,体会语言表达情意的独特个性。对所教文章洞若观火,心中就会透亮。其次,要反复推敲教学目的、教学内容。教学目的不能停留在教案上,教学过程中所有教学行为均应为教学目的的实现而选择、而组织、而展开。要准确把握住课文独特的个性,自己须深入课文底里,有真切的感受。胸中有书还不够,须目中有人,根据学生的学习实际,确定明确的教学目的。这堂课究竟让学生学到什么须十分明确,并要根据教学目的对教学内容精心剪裁,处理详略,突出重点。根是根,枝是枝,叶是叶,千万不能搅和在一起。一搅和,面目必不清。再者,教学思路要清晰,教学线索要分明。抓一把芝麻满地撒,东一榔头西一棒子,学生会丈二和尚摸不着头脑。围绕教学目的,拎起教学线索,教学思路逐步展开:或层层推进,或步步深入,或由具体到一般,或由一般到具体,或浅者深之,或深者浅之,轨迹清晰,轮廓分明。思路清晰是教课的基本要求,教学流程清晰,学生学起来心中才明白。当然,教师的教学语言也要清楚明白,不颠三倒四,不拖泥带水,不语病丛生。须在要言不烦、一语中的上下功夫。教师语言规范、准确、生动,不含糊其词,学生听起来声声入耳,清晰可辨,就容易入心。课由"糊"到"清",看似教学的技能技巧,深思一番,就可知晓其中蕴含的丰富。

（二）课要上得生命涌动

文章不是无情物,都是作者生命的倾诉。追求真理,探究社会,品味人生,无不在语言文字里蕴含着对生命的理解、尊重、珍惜、热爱。学生是一个个鲜活的生命体,学习、求知,听、说、读、写是生命活力的展现;教师上课热情洋溢,激情似火,用生命歌唱,就能点燃学生求知的火焰。"我见青山多妩媚,料青山见我应如是。情与貌,略相似。"(辛弃疾《贺新郎》)课堂教学出现这样的境界,师生生命涌动,对文本深入探讨,心灵之间的沟通就畅通无阻。课上要生命涌动,须做到"三激一实",即激情、激趣、激思,主动积极进行语言实践。"情"忌外加,忌矫揉造作,忌滥。"情"是文章内在的、固有的,贵在咀嚼语言文字,对它们所传递的情和意深有领悟。教师只有自己真正动情,才能传之以情,以情激情,感染学生。这种情是真挚的、高尚的,学生耳濡目染,就会受到熏陶。教师引领学生进入与教学内容相应的情景之中,情感激发,沉醉于文本之中,朗读时会情不自禁,讨论时会精心寻找"惊人"的语言表达自己的看法。兴趣往往是学习的先导。"知之者不如好之者,好之者不如乐之者",教师在教学全过程中着力启发学生"好之""乐之",初则萌发热爱的感情,继则求知的欲望在心中激荡,终则进入徜徉美文佳作之境,咀嚼品味,乐在其中。

（三）课是师生共同的脑力劳动

教学过程是师生共同参与的脑力劳动过程。思维和语言的学习锻炼同等重要,教师与每个学生之间、学生与学生之间平等对话,共同琢磨讨论,学生的发现能力、质疑能力、思考探究能力、口语交际能力就会得到有效的锻炼。要积极创造让学生生疑、质疑、辨疑的条件,营造探究问题的气氛,让学生有思考问题的时间与空间。课堂气氛宽松、和谐,学生身心解放,无拘无束,无心理负担,就能勇于求知,寻根究底,对文本的阅读与学习就不浮在表面,而会纵向深入,横向扩展,形成发自内心的独特体验与感受。师生之间、同学之间思想碰撞、激发火花,学生可从不同层面、不同角度各自受到启迪。学生是学习的主体,课堂是学生听、说、读、写,运用、实践语言文字的场所,教师千万不能越俎代庖。施教之功在于引导、启发、点拨、开窍,学生身历语言文字表达情意的场景,就能识得语文的真滋味,与如临其境、隔岸观火的效果必然大相径庭。

语文课让学生感受到艺术享受,那就是极大的成功。教学内容的充实,教学语言的精湛,课堂教学结构的多维,教学节奏的张弛起伏,教学的预设与生成,学生学习过程中"神来之笔"的孕育,课堂充满人文关怀,等等,均为探讨的必要课题。学生学语文,深感一堂堂课学有兴趣、学有所得、学有追求、学有方向、学有快乐,那就不会浪费青春。教学原本是教师的即席创作,需要热情,需要功底,需要智慧。三尺讲台虽小,演绎的都是古今中外经典著作中的社会更替、人生感悟、思想结晶,博大、深邃,需要我这名教师一辈子学习、探寻。

身处繁华闹市,心中田野芬芳[①]

我觉得在黄浦区做老师是非常不容易的,特别是光明中学,一出去就是市场经济最活跃的地方之一,也是上海各种各样的物质诱惑最厉害的地方。身处繁华闹市,心中田野芬芳,所讲的就是一辈子钟情于语文教学,热爱语文教学。

刚才兰保民同志讲的,对这样的一位老师,我们传承什么?我觉得首先就是对我们所从事的教学事业的热爱。这确实是非常重要,刚才柳泽泉老师在讲的过程中,我就觉得,他的心中一直有三个文化支撑着。

第一个是汉字文化。我们中国的汉字,是世界上最美的文字,它不是外文、屈折语。因此,你爱语文,首先对我们祖国的语言文字要满腔热情满腔爱。我们中国的文字跟英语法语是不一样的,它有形、音、义,一个字有一个音节,而且有阴平阳平上声去声的区别,音乐感非常强;我们的汉字文化是以词汇为单位的,生成性适应性非常强,这就和英语不同。在科技文化日新月异的今天,英语的负担重得不得了,多一个新的事物就要多创一个单词出来,导致整个单词量不断膨胀,所以教外语学外语是很不容易的。相比而言,汉字就妙得不得了,这是咱们中国人

[①] 本文是2008年9月25日作者在"语文是美丽的——语文教师成长与发展论坛暨柳泽泉《托起一抹绿色》《流淌心灵的泉水》首发式"上的发言。

的智慧,再有新的东西,我们的文字一排列组合,不需要再造新的字,马上就出来了。"计算机"是新的,我们几个汉字一拼,"计算机"就出来了,一到外文就是另外一种形式了。刚才柳泽泉讲,他送给工作室学员的书是《咬文嚼字》和《文字的味道》,这样的书本身就是对汉字文化的传承和弘扬。

第二个是经典文化。柳泽泉老师对我们经典文化是非常热爱的,我们的中华优秀文化,从孔老夫子一个一个下来,他都非常热爱。什么是经典,经典也曾经是时尚。有些时尚是速朽的,但有些时尚经过时间的过滤,证明确实是有优质的元素,就变成了经典。比如20世纪30年代,《教我如何不想他》是流行歌曲,但是经过这么多年下来,就变成了经典。作为一个语文老师,他爱语文,必须到经典文化当中去吸取营养,吸取养料。刚才柳泽泉老师一个一个把我们经典文化的作者用画面排列出来,这正表现了他深入其中,享受文化。

第三个是人类进步的文化。西方人是不大看得起中国人的,但我们却一直是认认真真学外国的,凡是人类创造的财富我们都能够借鉴吸收。所以,柳泽泉从托尔斯泰开始,一个一个,法国、俄罗斯、西班牙的,都把它列出来了。

我想,爱语文,应该是爱我们的汉字文化,爱经典文化,爱整个人类的先进文化。如果你满腔热情满腔爱的话,就能体会到我们的语文是多么美丽。柳泽泉老师40多年的教学生涯具体生动而深刻地阐述了"语文美丽"的丰富内涵和深刻意义。

由此我想到,做教师就要身处繁华闹市,心中田野芬芳。心中怀着对语文的憧憬,就是心中有山,心中有追求的目标,有追求的理想。人没有脊梁骨是不能直立行走的,人和爬行动物的基本区别是人有脊梁骨能直立行走,人如果没有信念理想,要成为一个真正的人是十分困难的。刚才柳泽泉老师引用了作家刘墉的话:你可以在现实生活中不登山,但是作为一个人,必须心中有山,有追求的目标,有追求的榜样。我想这就是文化的价值观。中学教师是一个文化人,特别是高中教师,必须有文化追求,必须有正确的文化价值观,必须有很强的文化判断力。

现在的世界真精彩,我一直认为你们现在做老师非常不容易,比我们这一代难得多。我们这一代比你们这一代懵懂得多,但是社会环境比你们好得多,简单得多,我们那个时候头脑也简单得多。像我这么一个人,头脑就非常简单。校长一句话就是圣旨,我是百分之百、不折不扣、全心全意去做。现在是这样吗?恐怕不是这样。随便哪个人讲的话,我都要掂量掂量,特别是对我有没有用,对我有没有价值。我们那个时候只有社会价值,没有个人价值。其实我们那个时候也很快乐,因为没有周边那么多乱七八糟的诱惑,头脑简单,容易集中精力全心全意把事情做好。现在确实是诱惑很多,心中有了山,有了理想,有了追求之后,人就有了很强的文化判断力。

社会上总是存在真善美和假恶丑的,而我们的教育工作是追求真善美的,教育事业是真善美的事业,心中所以能够有田野芬芳,就是因为追求美。教育事业不是一个简单的职业,它关系到我们国家的千秋万代,关系到我们老百姓的千家万户。一家只有一个孩子,送到学校来培养,我们应该负什么责任?国家把未来交给我们,国家的希望在未来,那么我们应该怎么办?而语文母语教育是影响人的终生的。柳泽泉老师身处繁华闹市,心中田野芬芳,非常难能可贵的是他心中有山,不断追求不断攀登,我想这一点对青年教师来讲是非常重要的。

今年我们国家是天灾人祸——南方雪灾、汶川地震……,没有想到两个奥运会开得这么好,结果又来了个"三鹿事件"。这个祸闯得不小啊!为什么?人的基本良知没有了!我们的温总理讲,就是企业家也要有道德!不管从事什么职业,要有做人的底线,要有道德的底线!想不到有些人只要钱,什么都忘了,孩子的生命可以不顾!为什么这么做？钱迷了心窍！一个人物化了以后，特别在商品经济十分发达的地方，物化了以后就丧尽天良！所以我说我们现在的老师很难，难在哪里呢？身处种种诱惑之中，要能够坚守精神家园，就要有很强的文化判断力和理想信念的支撑，否则心中不是田野芬芳，而是很多乱七八糟的东西，灵魂就会受到污染。

其次，我就联想到刚刚柳泽泉老师讲的内容。他是语文教师，同时又做了二十几年的行政工作。而我是最不要做校长的，我是搞业务的，后来没有办法，因为组织上讲，你是不是共产党员，我就没话好讲了。过去都是拼命地推辞，不肯做。到最后，就是一句话，我终于明白了，这个校长是非做不可了。我实在是不想做，做校长日理百千杂事，事无巨细，大大小小，耽误事业发展。柳泽泉老师，因为心中田野芬芳，因此妙笔一支数行。二十几年的校长，始终抓住一支妙笔，每天写个几行，《流淌心灵的泉水》就是这样，挤出时间写出来的。作文教学是柳泽泉老师非常擅长的强项，他编书，我常要给他写序，他找我写，我就写。我觉得即使从事行政工作，业务不丢非常重要，站在课堂上上课，就能体会到教师的辛苦。我自己有个体会，教课是用生命在歌唱，这里有个执着的追求。我经常在想，学生进学校一天，七节课、八节课、九节课，这么多课都是在课堂里度过，因此课的质量，影响着学生生命的质量。一个孩子只有一个青春，青春是无价宝，所以课要上好是最难的。我在学校里什么角色都当过，最后得出一个结论，学校里最难的事情难不过课堂上课，因为要天天上、月月上。要把课上得一清如水，要言不烦，这是什么功底？要把课上得激情洋溢，学生满载而归，要怎样一种热情？要把课上得让学生学有所得，学有兴趣，学有追求，学有方向，指引学生人生的道路，这要怎样的整体素质，怎样的人格魅力？

现在，社会上的各种矛盾都转嫁到教育上，我一再讲教育有不能承受之重。现在很多学校教育的问题实际上是社会问题，有的真是不白之冤。比如，前些时出了一件大事情，有人说我们把小学教材里《狼牙山五壮士》删了，这是无中生有。小学教材里本来就没有，H版S版都没有，就是因为炒新闻，结果移花接木。人家又不知道，打个电话去，编教材的就讲，我们教材也要与时俱进，一个时代有一个时代的英雄，那时正好杨利伟上天，把这两个联系起来，一直搞到中共中央政治局，这个苦头是吃足了！最近又出了一件事情，《新闻晨报》9月5日头版头条，闹得很大啊，叫"教师节收礼"。收什么礼啊？一个是出国旅游，一个是给他装修，一直搞到中央。搞了以后要查呀，查到最后，根本没有这个事情！后来写新闻的说是听到人家饭桌上讲的。说的和做的是两回事情啊！这个影响很大啊！现在我们的媒体真是双刃剑！

  我们中小学教师队伍是最辛苦的，也是素质良好的，我们还要受这些不白之冤，一个头版头条出来后，即使有一千张嘴也没法讲，网络上铺天盖地。因此现在坚守这个家园是非常不容易的，要大智大勇。教师这个工作，它的意义和价值十分重要，因为今天的教育质量就是明天的国民素质。不是说培养几个人就行了，国民素质就要全面的好才行。因此，再含辛茹苦，顶着各种压力做事，也要把自己的心得体会写下来，这就是财富。我觉得，再难也要把学生教育好。语文老师从事的是母语教育，这对塑造学生心灵是最重要的。学习祖国的语言文字，吸收优秀传统文化乳汁，学生就能获得滋养，能健康成长。能够把自己的心得体会写下来，这对青年老师来讲是非常重要的。再怎么困难，也要有时间积累自己的教育经验。我跟我们青年老师讲，没有经验，总归会有教训，教训就是最好的经验。久而久之我们对教学的规律就会逐步逐步地认识。要培养我们的接班人、建设者，不靠天不靠地，靠我们自己，靠我们自己有所作为。

  再次，柳泽泉老师工作单位不断地更换，但是朋友情意深长。我跟柳泽泉认识是因为师范学校，他刚才历数他对学生的一些做法，我都知道,如旅游、考察、"浦东之春"作文比赛等。那时候没有功利,也没有一分钱,但是情意深长,为什么?聚焦在孩子的成长上,只要是为了学生的成长,我们心甘情愿,志同道合。后来柳泽泉老师到了格致中学,又到了光明中学,虽然工作单位不断更换,但是朋友之间的友情仍然深厚,情意深长,这对我们青年老师来讲也是一笔非常重要的财富。

教育有个特点,教师队伍的建设,个体的质量一定要高,因为教师是个体脑力劳动者,校长再怎么努力也不可能在同一时间去听所有老师的课,书记再怎么努力也不可能那么多课每堂课都去听,这是不可能的。都靠教师自觉,靠教师自己的责任心,对孩子的热爱,因此说教师个体的质量一定要高。

但是教育质量要提高,又一定要讲求群体效益,一定要有团队精神,我们老师确实要互相帮助、互相学习。我是个改行教语文的人,根底很差,很多地方是不合格的。但是我有一条,就是我学会了借别人的脑袋。一定要学会借别人的脑袋。每个老师都有他的长处,哪怕是开教研组会的时候,我都是把人家的精彩的话记下来,来琢磨,来学习,变成我自己的。作为一个老师,必须要谦虚,我们现在的年轻老师学历很高,但是学历水平不等于岗位水平,能不能成才不是只靠学历,而是在岗位上自觉地学习锻炼。博士说明在从事教育之前接受教育的程度,能不能成为栋梁之材是在岗位上不断学习锻炼的结果。因此向同行学习,向同辈学习,向资深老师学习,都是非常重要的。

个体的素质质量和群体效益结合,这所学校的师资队伍一定兴旺发达,教育质量就不断提高。

我觉得参加这个会议,是接受了一次教育,向柳泽泉老师学习,更觉得我们年轻的老师,身处黄浦区繁华闹市,心中要有理想,要有他人,要有学生。什么叫高尚,我这个人比较简单,我不大去背那些名词术语。什么是高尚?高尚就是心中有别人。东方文化大师季羡林先生讲,一个人碰到事情,如果他百分之六十是想到别人的话,他就是好人。我们教师不光要做好人,还要做一个高尚的人,因为选择了教育你就选择了高尚。世界各国的教师没有发大财的,想发大财就不要做教师。但是这个工作的意义和价值非比寻常,是以人育人。希望年轻的同志,都能够做到像刚才柳泽泉老师讲的这样一个人,那个"远远走来的人",那是一个什么人,就是语文教师。

最近有件事情令我非常感动。教师节前夕,9月5日,在杨浦高级中学开了一个会,就是请第二师范10位毕业生回来谈一谈求学体会。因为第二师范停办以后从来没有开过会,很多学生都想回来,所以就开了这么一个会,主题叫"忆母校教育,谈今日成长",全杨浦区青年教师都来参加了这个会。10个毕业生中,有第一线教师,即学科老师、班主任,有政教主任,有校长、书记,还有在机关做干部的,他们谈得非常激动。有的事情你想不到的,比如有一个学生谈到,她这一辈子都记得接受的"四个一"。"一句话"就是我们的校训——"一身正气,为人师表"。"一身服装",我们当时的学生校服是南极装,藏青的,白衬衫,红领带,一律短发。当时刚改革开放,学生穿的五彩缤纷,乃至奇形怪状,很乱。因此就统一了校服,是学生自己设计的。第三个我怎么也没有想到——"一块抹布",我们上万平方米的校园,没有一个清洁工,绿化也全是师生自己做的。很简单,我就是培养学生艰苦奋斗的精神,没有奋斗的精神,在任何岗位上都不可能成才。这位学生说于老师要求,擦玻璃窗要擦到看不到玻璃了才算干净,因此他自己带的班级清洁得不是五星级宾馆而是六星级宾馆,因为自己养成良好的习惯。第四就是"一支笔",学生从进学校一直到出学校,要练毛笔、钢笔、粉笔。因为要教小学、初中,字写得一塌糊涂,怎么能教好学生?你教学生几年,学生就像你的那个样子,所以我们那个时候的普通话测试全都是A级,九十几分,字写端正,一人一块小黑板。开会就要互动,尤其是青年教师,区教育局请了几个青年教师发言。有一个青年教师突然举手,她说:"我可不可以发言?"主持人当然应允了。她说:"我的妈妈是于老师的学生,我只有一个要求,就是要于老师来抱我一下。"当时200多个教师怔了,我也很感动,就走过去抱了她一下。我问她:"你的妈妈叫什么名字?"她告诉我,我脑子里没有这个名字。她解释说:"其实于老师,你只给我妈妈上了一节课,但是我妈妈就记了一辈子,她说这就是真正的语文课。"我们全场感动。不是说我的语文课上得怎么好。可能某一位老师生病了或者有什么事情,我去临时代课,我是教研组长,具体什么情况我已经不记得了,但是教育教学就是那样地令人深思,给人以启迪。一节课那时候是50分钟,50分钟就可以使一个学生记忆终生,还传到她的后代。

因此学语文是美丽的,教语文是美丽的,钟情语文教学,为我们的孩子学语文奉献青春与智慧,人生也是美丽无比的。愿为这样伟大的事业尽心尽力,与老师们共勉。

新课改与语文教师素质[①]

改革开放30年,我国的经济建设和社会发展起了翻天覆地的变化,国家实力大增,人民生活显著改善,新的语文课程改革就是在这大好形势下展开的。

语文这门课程有其独特的魅力。千年的积淀,百年的探索,世纪末的讨论,新世纪的思考,为语文课改提供了坚实的基础;对国情的鞭辟入里的剖析,对教育现状的深入解读,为语文课改开辟了新的天地。课程内涵十分丰富,从世界上课程发展的趋势看,它是诸多因素的整合,而不只是一本教材。今日的认识应是:学生本身是课程(学习是从学习者的经验开始的),教材是课程的一个因素,教师指导学生,教师即课程,环境即课程(包括物质的、心理的;学校、家庭、社会)。教师是课程诸多因素中的关键因素,因为教师是教育理想与教育现实之间的转化者,是教育理论与教育实践之间的转化者。课程改革对教育界带来的最大挑战莫过于教师,课改的成败归根结底取决于教师的教育理念、师德修养、专业水平、教学能力。因而,研究新课改,必然要讨论与提升语文教师素质。

语文教师素质内涵极其丰富。就当前教学状况而言,除以不变应万变的应试外,似乎过多地摆弄教学的技能技巧,特别是公开课,巡回

[①] 本文是2008年作者在上海市名师培养基地上所作的发言。

表演课，追求笑声、掌声、轰动效应。上课不是狂欢节，是科学，也是艺术，须一步一个脚印，不能在半空中飘。上课只是教师综合素质的一种表现，要真正适应新课改，正确把握课改的精髓，并有效地实施，须在素质的锤炼与提升上下功夫。

语文教师要有相当的视野，不能总就事论事。站在语文外面看语文，思考问题有一定的宏观高度，能增强对课改理解的正确性和紧迫感。20世纪初至今的学校教育已经历了三次全球性的改革高潮，第一次是20世纪初至30年代，第二次是50至60年代，第三次是70年代至今。改革的动力均来自社会的现实需要。科技高速发展，既高度分化，又高度综合，挑战教育；资源浪费，环境失衡等困难，挑战教育；享乐主义滋生，道德水准下降，求助于有针对性的道德教育，挑战教育；综合国力的激烈竞争，挑战教育。教育如何适应现代社会发展的要求，是必须研讨和解决的大问题。而今第三次改革高潮，指向教育制度、教育结构，突出基础教育改革的地位，重视人的发展。开阔视野看世界，教育改革、课程改革势在必行。

我国的课程改革同样是由于时代发展的迫切需要。社会要求学校向学生提供优质教育，培养的人综合素质良好。当今社会不是以某种能运用的技术为基础，而是以整个知识进步为基础。对人才的评价标准，主要不是看某一方面的技能运用，而是看人才整个知识的结构、容量、水平、知识积聚和更新的能力，显然，人的培养不以获取知识为唯一目的，而是要全面发展，具有良好的综合素质。此次课程改革以学生发展为本，正是时代发展的迫切要求，也是教育本质的回归。改变重术轻人的陈旧观念，克服片面质量观的弊端，是课改的必然选择。经济之争，科技之争，综合国力之争，说到底就是人才之争，作为国民素质奠基工程的基础教育，当然须迎接挑战。有了危机意识、忧患意识，投入改革的自觉性主动性必然大大加强。

语文教师要有专业的执着追求。走进语文学语文，少在外围兜圈子，看热闹。母语课程有其独特的民族血脉，非比寻常。语言文字是民族文化之根，汉语言文字是中华民族的文化地质层，它无声地记载着中华民族物质与精神的历史，因此，爱自己的民族就必须爱自己的母语。语文教育包含浓厚的活的民族文化感情，激励学生热爱自己民族的过去及其智慧在语言中的积淀是语文教育中的应有之义。如果仍延续线性思维，把语文教育只停留在技术性地使用工具的层面，割裂语言与文化，那不仅与当今世界的语言教育的趋向背道而驰，而且与母语教育的规律相左，影响教学质量的提高，影响学生的长足发展。新的语文课程标准阐明了语文课程的基本理念，立足于促进学生的发展，构建了立体化的目标体系，增强了现代意识，注重全面提高学生的语文素养，给母语教育创造了无限的生机，给语文教师成长与施展才华搭建了大平台。

要成长，要施展才华，须在汉字文化、中华优秀经典文化、人类进步文化上下点功夫钻研。汉字表达性能的复杂，感性信息的丰富，绝非西方拼音文字所能比。"视而可识"，字的象形部分栩栩如生，"察而见意"，充满了想象力、象征性。汉字给人的审美感特强，给人的愉悦也最多。鲁迅说汉语时赞道："音美以感耳，形美以感目，义美以感心。"汉语一个音节对应一个概念，构造简单而有规律；词的生成能力特别强，是世界上词汇最丰富的语言；汉语句子的组合不像西方屈折语有严格意义的形态变化，受时、数、性、格的限制，主要靠意合与语序，虚词有其独特功能。了解汉字文化，打开语文课本，你会清晰地感到纸上一个个字争先恐后地向你诉说它的喜怒哀乐，诉说美丑，诉说善恶，诉说幽默，诉说宁静……那种魅力，推动你的思维，你的想象，使得你对母语教学非一往情深不可。

中学语文课本里文质兼美的古诗文有相当数量，现代文学作品也不少，这些都是中华优秀文化中的瑰宝，特别是经典之作，意蕴丰厚，情思绵长。教学中的常态往往是就文论文,列数其中珍奇。个别不等于整体,居高才能临下,登高才能望远,胸中有全局,对局部、对个体的位置、价值、特点等就会洞若观火,握其精髓。中华优秀经典文化博大精深,但重要的传世之作,其中蕴含的主要精神,作为语文教师总要认真读几本,反复琢磨,思考,领悟其精神实质。我们不教学生《易经》,但《乾卦》中的"天行健,君子以自强不息。地势坤,君子以厚德载物"的民族精神穿透力极强,在许多经典作品中有其气势、神韵、光彩,贯串古今。书是要认真读的,哲学家贺麟先生说得好:"读古人的书即所以承受古圣先贤的精神遗产。读书即可以享受或吸取学问思想家多年的心血的结晶。"用厚实的民族经典文化武装自己,是自己文化底蕴的基石。对语文教师来说,孔子、墨子、老子、庄子、孟子、荀子的经典都要有所涉猎。重点读几本,深入其中,可体会中华文明的基本精神,为阴阳观念、人文精神、崇德修身、崇尚群体、中和之境和整体思维。在中华优秀传统文化长河中掬水一捧细细品尝,就会为古圣先贤的博大胸怀和非凡智慧所震撼。只要一想到《论语》《孟子》对天地人的精辟论述、宋张载的"为天地立心,为生命立命,为往圣继绝学,为万世开太平"气贯长虹的话语,就会有醍醐灌顶、血液沸腾之感。作家余光中曾深情地说:"中文乃一切中国人心灵之所托,只要中文长在,必然汉魂不朽。"我们的祖先在悠长的历史岁月中创造了优秀的中华文化,以中华独特的文字记载、传播,恩泽子子孙孙。沐浴在这博大精深的经典文化之中,观察到美妙多彩的生活,吮吸到流注的民族精神,享受到万方辐辏的智慧融合的幸福,心有所归,志有所扬,情有所钟,语文教师有了真正的精神家园。

中华民族心态开放,善于虚心学习人类进步文化,尤其是盛世,更是有海纳百川的气概。新时代的语文课改,既要传承与弘扬民族优秀文化,又要放眼世界,引领学生开阔视野、学习、借鉴,丰富自己。从苏格拉底起始的西方传统文化,也是一条历经久远的长河,源远流长。语文教师择其中精品阅读、钻研,同样可开启智慧,认识与领悟人生百般况味。有比较,就能更好地鉴别。西方文学大师那种悲天悯人的情怀,那种语言驾驭的能力,至今令人叹为观止。增加文化底蕴,不仅要注重积累,以"文"化人,而且要关心文学作品的走势。经典文学作品形象鲜明,情节生动,给人以"心灵的愉悦,艺术的享受"。直到20世纪初西方现代主义文学问世,情况就大不一样。1922年艾略特的长诗《荒原》和乔伊斯的小说《尤利西斯》问世。"难懂""乏味"就成了文学经典与否的标准,离开注释和其他解读资料就不可卒读。有人说"文学被绑架了",文学标准走向了理性的反面。文化的表现是多元的,了解走向,了解发展变化,有利于锻炼眼力,提高文化敏感和文化判断力。

语文课程改革对语文教师素质的要求可以说是全方位的,教育理念的更新,教学方法的改进,教学能力的提升,均必不可少。然而,从相当数量的教学实践来看,要真正让学生对语文学有兴趣,学有所得,学有追求,学有方向,最为薄弱的似乎是教者的文化底气不足,语文专业底气不足,故而斗胆提出,与同行共勉。

为"强师"做新贡献[①]

杨浦教师进修学院院刊 100 期大庆,我这名老读者向它致以衷心的祝贺。

每当看到它,我总情不自禁地想到这所学校历史的足迹,怀念这所学校关心、指导青年教师成长的一名名老教师。

那已经是 40 多年前的事。一天下午,语文教研员召开区里高中语文教研组长会,讨论高中语文教学改革的问题。杨浦中学语文教研组长徐老师嘱我去参加。当时自己年纪轻,不知天高地厚,听完了几位参加会议的老师发言后,我就口无遮拦地述说了教学中存在的种种弊病,它们影响教学质量的提高。会后,一位操着浓重四川口音年过半百的女教师走到我身边对我说:"于漪同志,以后我要来听你的课,我不通知,就听随堂课,你怎么教就怎么教。"区语文教研员告诉我,她就是市语文教研员杨质彬同志。过后,她真的成了我课堂里的不速之客,一周要来听两三次课,一听就是一个学期。不仅听课,而且把我教的两个班级的作文簿搬到校长室翻阅。那时批改作文是语文教师很重的负担。一个班级 56 名学生,每学期 8 篇作文,作文要精批细改,也就是说,不仅要有总评,而且要有眉批。总评少则一二百字,多则千字,得与学生交流。杨老师多半是一人来听课,有时区教研员陪伴。清晰地记得,他

[①] 本文发表于《杨浦教师进修学院院刊》2011 年第 1 期。

们对我的课从不评头论足，而是提问题启发我思考，例如："你为什么对课文这样处理？根据是什么？如果不这样处理，还可怎样剪裁？效果会怎样？"从无结论性的语言，只不断"逼"我思考，进而促我养成教学中认真思考的习惯。

"文革"期间，教育是重灾区，谈不上有什么教学研究。20世纪70年代中期，学校教学秩序逐步恢复正常后，区语文教研员纪德裕老师来我校听我的课，并组织公共教学，要我上的课是《中华民族》。在那个"知识越多越反动"思想弥漫的年代，还来抓学生的文化学习，提高教师授课的质量，那是要有勇气的，不怕担风险。这种对师生教学状况关心、负责的情意令我感动。

80年代初，杨浦教院开启培训青年教师的先河。按照当时沈志彬局长要求，有两名青年语文教师来我校岗位进修，我负责带教，培训语文骨干力量。为此，纪老师奔波，促成此事。随后，又扩大培养对象，有点上的直接带教，有面上的广泛培养。为此，区语文教研员黄景英老师做了大量细致的工作，包括每两周一次语文教学专题报告，她都尽量与学员一起参加。那时学校条件差，近百人在阶梯教室听讲，夏天时汗流淌，严冬时朝北的教室冻得手脚发僵。为了培养青年语文骨干教师，无论是市教研员还是区教研员，都十分劳累、十分辛苦。

不要说60年代，就是80年代，物质条件还是比较差的，教研员来学校听课、指导，最多是清茶一杯，他们不是徒步来，就是挤公交车来，确实有奔波之苦。但是他们对语文教师的成长、语文教学质量的提高充满热情与期待，给我们以良好的职业道德、职业精神的教育。每想到他们，我总是心怀感激，尤其是纪老师对语文业务的刻苦钻研、黄老师的精彩教学、杨老师培训青年的无私奉献和宽广胸怀，我一直镌刻在心，成为不断前进的动力。

而今，教师教育的重要性越来越被认同。强国必先强教，强教必先强师。教育大计,教师为本。胡锦涛总书记说:"要把加强教师队伍建设作为教育事业发展最重要的基础工作来抓,充分信任、紧密依靠广大教师,努力造就一支师德高尚、业务精湛、结构合理、充满活力的高素质专业化教师队伍。"此话分量千钧。有道是基础不牢,地动山摇,没有一支高素质专业化的教师队伍,优质教育只能是空中楼阁,要适应社会需求,满足人民期待只是纸上谈兵而已。

教师队伍建设涉及诸多方面,教师教育尤为重要。区教师进修学院承担着全区教师教育的重任。从初入职的教师到成熟教师,到骨干教师、学科带头人,都有培训的空间、发展的潜力。这支队伍的成长,除了学校的周密规划、有效促进,以及个人的内驱动力外,区的层面眼睛向下,悉心指导,搭建平台,促进交流甚为关键。区教院对区域教育状况最为了解,教育教学中涌现的新经验、新做法,教学中的热点、难点,认识与实践中的倾向性问题,等等,均为教师教育中具体、鲜活的资源,教院组织研讨、专题阐释、先进引领,可有声有色地促进教师专业发展。

杨浦教师进修学院有培养区内教师的优良传统,教研员中敬业爱岗,言教身传的精神留给受益教师美好的记忆。如今,教师教育的任务非常繁重,祝愿杨教院继承和发扬优良传统,在高素质专业化教师队伍建设中做出新贡献。

院刊是杨浦区教育改革发展的宣传阵地,交流平台,盼望从中读到教育理念正确、师德感人、教学底蕴深厚又富于创意的佳作。这些佳作应是从教师心中流淌出来又经过实践检验的能恩泽学生成长的好做法好经验,并且倾注了教院教师的智慧和心血。

弘扬"包容"的维度[①]

有机会参加静安区教育系统专场关于弘扬上海城市精神、培育静安人价值取向的讨论,很受教育。

俞正声书记在中共上海九届市委十六次全会上强调:"文化是整个经济社会发展的灵魂,而价值取向是文化的灵魂。"价值取向左右着人的精神追求,左右着一个人的生活道路,影响着社会能否持续进步。

静安人以"友善""包容""诚信""守法"为价值取向,现就其中的"包容"来谈一点看法。

世界上著名的大城市,如纽约、巴黎、伦敦,包括我国的香港,无一不将"包容"作为城市的共同价值观。包罗万象、兼容并包的社会环境,从来都是国际大城市的必备文化条件。上海在创建国际大城市,静安区又是上海大城市中最发达地区,倡导"包容"的价值取向是志存高远、远见卓识之举。

从刚才几位老师论述的内容来看,弘扬"包容"可有几个维度:

一、价值维度

"包容"是中华文化的根本精神,数千年的中华灿烂文化由此而创造。中华文化是北方草原游牧文化、南方山地游耕文化与中原定居农

[①] 本文是 2012 年 4 月 13 日作者在静安区教育系统专场上的发言。

业文化经过长达3 000多年的交汇融合而成,而交汇融合靠的是包涵兼容的精神。中华文化丰富博大,精彩纷呈,靠的就是这种极强的凝聚力和同化力。中华文化与外来文化接触,决不排外,而是本着民族宽厚的兼容并蓄的精神进行交流,既始终保留自身的体系、特点,从不迷失自我,又放出眼光,兼学众长,给自身文化增添新的活力。我们常说的唐代文化的灿烂就与这种包容精神紧密相连。佛教传入、张骞出使西域、郑和七下西洋等均为这种精神的生动写照。

百年上海的成长,百年静安的繁荣,一直坚持海纳百川的胸怀,充分证明包容精神的巨大力量。

二、时代维度

以时代精神丰富包容精神。改革开放,社会转型,上海作为城市化、市场化先发地区,社会阶层格局不断发生变化,社会矛盾错综复杂,利益诉求不断深化,此时的"包容"就必须有时代的特征。对人对事,对众多的困难与问题,要有更开放的心态,更博大的胸怀,更平和的情绪。改革不仅针对客观世界,对自己的主观世界也要调整、提升。每个人都是独一无二的活泼泼的生命体,不仅对自己的生命要尊重、敬畏,对他人同样要尊重、敬畏。不固执己见,不拘泥于等级、区域、财富。你活,别人也要活;你活得好,别人也要活得好,心中有别人,心中有集体,就会享受到心灵获得解放的快乐。你的价值,决定于你自己在多大程度上解放你自己,拥有怎样宽广的胸怀创造你自己。追求这样的价值取向,就能逐步形成海纳百川、再创辉煌的文化氛围,而这种文化氛围必将温暖人心,推动社会文明。

一颗没有精神家园的心灵,无法思考自己生命的意义和价值,也就不可能对他人有真正的情感关切、对社会有真正的责任心。

三、身份维度

"包容"是立身之本,是中华民族子民的文化身份。教师在这方面更应率先垂范。为了每一个学生的终身发展,教师就必须有宽大的胸怀。这种胸怀以包容精神为支撑,热爱、容纳每一个各具个性的学生。学校里教师和学生必须紧密接触,那是生命和生命的相连。课程设置也如此,课堂教学也好,校园活动也好,师生生命相逢的黏合剂是爱与责任。包容不是迁就,不是一时一事的忍耐,而是要微笑地心甘情愿地接纳每一个学生,把他们当作国家的宝贝来培养。能真正这样做,须有仁爱之心、大爱之情。师爱超越亲子之爱,这种没有血缘关系的师爱源于仁而爱人的高尚德性,是爱满天下的大爱。师生之爱交汇融合,就能编织成育人的锦绣文章,创造出至善至美的校园文化。

学校教育就是要引导学生创造有价值的人生,要创造有价值的人生,首先要让心灵辉煌起来。培育静安人的价值取向,弘扬中华优秀文化,就是激励人有崇高的道德追求,迈开奋力前行的步伐,共创社会的和谐。

文化自觉,本质上是一种主体意识的清醒与执着,中国人一定要挺直自己的文化脊梁。

高端教师的引领作用[①]

近年来,对教师队伍建设的重视与采取的种种培养措施,其规模之大,投入人力、财力之多,可说是史无前例。因为大家形成了这样的共识:教育质量的优秀归根结底要靠教师队伍的优秀。为此,教师队伍建设的目标十分明确:充分信任、紧密依靠广大教师,建设一支师德高尚、业务精湛、结构合理、充满活力的高素质、专业化队伍。由此我联想到高端教师的培养、责任与作用。

高端教师应是师德的表率、教学的专家、育人的模范,走在教师队伍的前列。他们坚信中国道路,跟随时代前进,从教情、学情出发,对教育改革、课程改革有自己独立的看法,方向明,路子正,不人云亦云。他们身上德、才、识、能某些突出的优势能起榜样作用、旗帜作用,能引领广大教师沿着教书育人的轨道奋力前进。许多高端教师正是向着这样的目标不断提升自己。

然而,当下高端教师的引领作用发挥得还不够显著,在全市乃至全国未能产生广泛而深刻的影响。其中有客观因素的制约,但外在加温培养和内在修炼提升还有软肋之处。如果把握实情筹划,根据需求导引,一步一个脚印,让软肋刚强起来,队伍面貌必能焕然一新,对教育可做出更多贡献。

[①] 本文是 2012 年 8 月作者在山西省来沪骨干教师研修班上的发言。

首先,要培育和加强那股劲儿,对教育事业有强烈的执着追求的那股劲儿。钟爱教育,钟爱专业,钟爱学生,不是一时一事,需要的是以心相许,终生相守。培养学生成长、成人、成才的工作,极其艰苦、复杂、琐细,但又极其伟大、光荣、高尚,它和国家的强盛、人民的幸福、国民素质的提高紧密相连,价值和意义非凡,不仅要求教师有大爱,而且要有韧劲,全力以赴,探求育人的规律,创造育人的良效。那股劲儿是做好工作不断向前的原动力。在价值多元、功利色彩浓重的情况下,会碰到各种各样的挑战,各种各样的诱惑,作为队伍的引领人更要有定力,"咬定青山不放松","千磨万击还坚劲,任尔东西南北风"。有了这样的精、气、神,人格就会高尚起来,产生魅力,发挥引领作用。

其次,业务上不能停留在技能技巧的操练,要对所从事的课程、教材、教法作整体性思考,不陷入碎片化的泥淖。对诸多纷繁复杂的教育现象,对专业理念、专业教学中出现的热点、难点问题能作点理性思考,以历史的、辩证的观点考察、探究,由表及里,去伪存真,不片面,不偏激,不炒作,实事求是,尊重学科本质,揭示蕴含的规律。"反思"不是动听的口号,也不是只停留在外部表象的一分为二,而是思想要深入事物的实体性内容本身,辨别、比较、分析、综合、判断,求得教学的真经。业务的厚薄决定教育质量的高低,思想有无高度直接影响引领作用的发挥。引领不是好为人师,而是不断历练,思想走在时代的前列,能看到问题的核心所在,同时又有着自我的坚持与坚守。

努力提高课堂教学质量是教师的立身之本,这方面,高端教师要起示范作用、榜样作用。实践出真知,不在课堂里对知识传授、能力培养、情感熏陶亲力亲为;不静下心来,沉入其中,深味酸甜苦辣,权衡利弊得失;高谈教学理念、教学结构、教学原则、教学方法、教学创新,只能说是一种飘若浮云的幻想。好的课堂教学应是充满智慧的求知探险,展现的是心灵与心灵的交流,思想与思想的碰撞。教师要善于激发兴奋点,开发探究点,营造积极向上的学习场,学生身在其中,心在其中,品赏求知的快乐,精神获得滋养。课堂教学精彩纷呈,有吸引力、感染力,一定有教师独特的思考、独特的追求,从整体到局部到细部,既严谨扎实,又改革创新。如果以考定教,人云亦云,思维形成定式,智力就在常人之下。公开课要花精力研究、准备,常态课同样要研究、准备。教学本身就是不断发现问题、分析问题、寻求解决问题良策的过程。只要公开课常态化,常态课公开化,教学中的包装、表演、炒作、虚假就会大大减少,还课堂学生求知成长的本真,还教育天朗气清、春风拂面。

高端教师肩负专业教师队伍前列的使命,任重而道远。

主人·情人·高人[1]

这次论坛主题积极,准备充分,内容丰富,论述周到,论出了专业要求,论出了坚守的信心,论出了语文课改的勇气。

听了论坛主持人和六位老师的论述,我脑中清晰地浮现出老师的三种形象,具体地说是主人形象、情人形象与高人形象。

一、主人形象

我的教学我做主。

从六位获教学一等奖课的老师阐述来看,这些课都是自作主张的课,没有听信教参摆布,也没有为教育时尚所左右,更没有搬什么专家、权威的名词术语来壮自己的胆,而是"我的教学我做主"。

如《诸子喻山水》,教学时突破教材原有顺序,以孔子的"知者乐水,仁者乐山"一句为纲,穿起儒家的其余四则语录,引导学生领会"乐山""乐水"背后儒家仁智双修的立人思想,帮助学生发现"知者乐水、仁者乐山"这一并列关系复句潜在的思维逻辑,纠正"我爱山就是仁者"这种常见的推理错误。

又如教辛弃疾的《破阵子·为陈同甫赋壮词以寄》,用"以诗解词""以词解词"的方法,把学过的范仲淹、陆游等诗词中相关词句拿来,用

---

[1] 本文是2013年9月21日作者在上海市第九届青年语文教师论坛上的发言。

"已知"唤醒"未知",又不断巩固"归知",并营造气氛,让学生沉浸在文本描绘的场景之中。由一首词到一组诗词,由一位词人延伸到一个时代、一种文学样式、一个共同的爱国主题,让学生完成了对文本的深入理解。

"我的教学我做主"是执教老师具有教学自信力的表现。王栋生老师说"不要跪着教书",确实使人振聋发聩。当今教学现场不少人患了独立思考缺失症,任教参、任电脑下载的种种教案说短长,脑子不是用来独立思考,而是复印机。教书不能独立自主,不发挥从教的主观能动性,和"跪着"又有什么两样呢?

要教育学生、引导学生做学习的主人,教师自己首先就要站立起来做教学的主人。鲁迅说:"其首在立人,人立而后凡事举。"这儿的"立人"内涵十分丰富,人要活得像个人样,首先就得站起来。

能站立起来充满自信地进行教学,有许多因素,如专业理想、专业伦理、专业学养、专业技能等,但当前最重要的是"责任"二字,责任心,责任感。要经常叩问自己:每节课教给了学生什么?他们受益了没有?在他们生命成长的过程中我尽责了多少?学生生命成长的每一天只有一次,唯一的一次啊!

《文汇报》9月19日有篇短文《教师是谁?教师是干什么的》言辞很犀利:"我们用那点专业知识炒了一辈子冷饭,反反复复地对一茬又一茬的学生宣讲一生,没有创造,没有帮助学生真正成长,凭什么让这个社会尊重你?"又说:"要知道最重要的'人'在我们的专业领域仅仅得到口头和口号的重视,我们没有真正意义上的社会贡献,这才是致命的地方。"

参赛获奖的一位老师深有体会地说:"一个有自我发展的语文教师是不该忍受自己教育生命在重复中走向枯竭的。"

出于对学生成长的责任心,几位参赛获奖老师深入钻研文本,潜心阅读,认真思考,反复推敲,识得文本精髓,获得自己独有的体会,与学生交流,对学生指导、引领。如:教《〈激流〉总序》,教师先潜下心来,仔细阅读巴金的《激流》三部曲,感受主人公内心的挣扎,新与旧,爱与恨,官运亨通与舍弃,走与留……发现作者最初准备把这三部曲命名为《春梦》。由此找到切入点,引发学生思考,探究作者写《〈激流〉总序》这篇青春宣言的心路历程,从而悟到对于生活的态度造就了对于生活的看法。又如,《密室的生活》文体特征教得十分鲜明。一般阅读常停留在"经典之作"的研讨,忽略书评的"评价"与"推荐"。此次教师授课突出了书评家的社会责任感。写该文目的不是为第二次世界大战增添一个注脚,而是试图给战后消沉、迷惘、痛苦的人们带来一个答案,因而教学中聚焦在这样一句话的探讨:"安妮的日记是今天对生命存疑的最有力的答案,因为她告诉我们,一般老百姓在苦难的折磨中对人类价值的坚守。"

这样的课学生不仅阅读能力得到培养,有所提升,而且心灵会受到震撼,引发对人类价值坚守的人生真谛的思考。课要学生有所得,教师首先就要学有所得。广泛学习,深入钻研,前后联系,上下贯通,形成自己独特的认识与见解,就能充满自信、从容不迫地做教学的主人。

二、情人形象

心醉神迷,不离不弃。

语文教育事业是爱的事业,没有爱,教学中语言文字的魅力就不可能闪现光彩;没有爱,语文的实用功能、道德功能、审美功能、发展功能就会流于空洞的口号,或者只流于"应世谋生"层面,搞文字的排列组合,淡化乃至丧失语文教学中的精、气、神。

人是有情感世界的;语言是和思维、情感同时发生的。语文教师对语言文字浇灌而成的美文佳作满腔热情满腔爱,才会进入作品深处了解精髓,深入作者内心触摸、感悟其深邃的思想、缜密的思维、生命的诉求、人生的探索,才会思维碰撞,进行真正意义上的"对话",才会肝胆相照,心心相印,真正懂得作品的价值与意义所在。也只有对作家作品心醉神迷,所教之课都会真心袒露,真情流淌,给学生以强烈的感染。

教《白莽作〈孩儿塔〉序》的老师获奖,相当程度得益于对作家作品痴迷的程度。她说:"我对鲁迅崇拜、痴迷,中国只有一个鲁迅。1936年10月22日是鲁迅先生下葬的日子,去年10月22日早上,我到了先生墓前,墓前有一束百合,上面还有露珠,没有落款,有人到得还要早。我手心里握着鲁迅先生这篇手稿复印件,小声背诵了一遍全文离开,心里满满的,那条被压抑的又终于喷薄而出的情感的河流,我终于找到了它的沉郁顿挫。我们的努力和执着有多久,我们对作家作品领悟就有多深,我们和学生就能走多远。"

说得多好,做得更好。要感动学生,首先是感动教师自己。一个不会被感动的人,要感动别人,大概只是虚无缥缈、空中楼阁。

有人认为对作家作品心醉神迷,就是否定批判性思维。这种看法不敢苟同。心醉神迷不是盲目迷信,否定理性思考,而是情寓其中,更清醒地作科学评价,吸取什么,弘扬什么,舍弃什么,实事求是。批判性思维并不是怀疑一切,否定一切,进行颠覆,而是一种逻辑清晰严密的思维方式,慎思,明辨,使更接近事物的本质。

刚才有两位老师谈到教学中学生情感上与文本"隔与不隔"的问题。古诗词写作中有"隔与不隔"的探讨,语文教学中借用来研究教学某些情况也颇有意义。教师对文本如漠然无情,再生动、精湛的文字教学时也会在学生心中人为地造了一堵墙"隔"起来。这是情感缺失带来的隔膜。如若学生与文本距离远,原本心中有"隔",但教师在深入钻研的基础上千方百计架桥铺路,或刚或柔创设理趣、情趣,"隔"逐步拆除,学生享受到文化的滋养、思维的锻炼、语言的熏陶。

对作家作品的痴迷源于对中华深厚文化的敬仰与热爱,对学生生命的敬畏和成长的呵护。对所从事的事业"好之""乐之"是人生的一种境界,是摆脱功利思潮侵袭的一种表现。对语文教学事业情深似海,精神生活的丰富必将相伴相随,享受到心灵美好的幸福。

三、高人形象

坚守理想,追求卓越。

获奖的一位老师说,梦想中的语文教学是培养民族脊梁的伟大事业。主持人说,要让学生从鲁迅这样的优秀人物身上汲取力量,挺起自己的胸膛,挺直自己的脊梁,做一个堂堂正正的人。

确实如此,今日的教师坚守理想是何等重要。国际国内政治经济处于深刻变化之中,西方价值观伴随着经济产品、文化及娱乐产品大举进入,社会处于急剧转型时期,多元价值、多元文化对教育挑战与冲击的程度前所未有,崇洋媚外、骨头软弱的现象屡见不鲜。教育者要有定力,坚守自己的理想,争做教育的高人。

获奖老师从中西的至圣先师孔子、苏格拉底教育理想说起,表述自己在担当、学养、审美力、判断力、思想力、文化眼光、世界眼光等方面的追求,努力做中国语文梦的筑梦人,这是令人欣慰的。

当前,是否有两点很值得重视,提出来供参考。

(1) 对祖国语言文字的价值意义要有更深刻的认识与领悟,并身体力行加以捍卫。

"百年中文,内忧外患"的局面并未根本改变。语言文字是民族文化的精神血脉,装载着民族情结、民族智慧、民族精神,承载着几千年来的中华文化。学者罗常培 20 世纪 40 年代在《中国人与中国文》中就指出:"语言文字是一个民族文化的结晶,这个民族过去的文化靠它来流传,未来的文化也仗着它来推进。"当代语言学家也认为,语言在其本质意义上并不是工具,更非客观的工具,它是人类存在的"家",是人的生命活动的体现,甚至就是人的精神世界。由此可知,教学生学习祖国语言文字绝非只是学习雕虫小技,而是在学习语言文字的同时,学做人,学在丰厚的中华文化哺育中认识"我从哪里来?我的根在哪里?魂在何处?",构建自己的精神家园,健康成长。

而今,重视外语轻视中文,乃至疏远、鄙视、扭曲、玷污,如不捍卫、不抗争,就会动摇母语的根基,根基不牢,地动山摇。热爱祖国语言文字,切实提高语文教学质量,就知道捍卫与抗争的作用。

(2) 解放思想,在继承中创新。

《诗经·大雅·文王》说:"周虽归邦,其命维新。"这就是我们常说的"周命维新"。面对学生学习语文不理想的状态,面对我们自身的困惑与迷茫,只有解放思想,静下心来改革创新,才能大踏步前进。

一是下功夫把优质课常态化。获奖的每堂课都是深入钻研、独立思考的结晶,都有或多或少的创意。如果把这些课常态化,学生对学习语文的兴趣会大大增添,学生有自主学习的积极性,学习质量必会提高。优质课常态化非一日之功,但只要坚持不懈地探索,优质课数量不断增加,语文教学新局面新气象必然顺势而生。

二是解放思想,在大语文天地里行走,不做"单向度"的"应试人"。

台湾"清华大学"历史系一位教授面对信息化的挑战,他在开设《资治通鉴》课时,每周推荐一本好书给学生读。如推荐读帕慕克的《伊斯坦布尔》,去领略这个古城弥漫的哀愁,推荐读彼得·海斯勒的《江城》,体会一个外国人在20世纪末的中国所遭遇的文化差异……这叫在这座山上唱那首歌,目的在适应学生的猎奇心理,激发他们好奇心、求知欲。从文化方面说,中西进行比较、沟通,尽在不言中。

语文学习也是如此,绝不只是那几本教科书,那么一点课,要打开视野,进入它的广阔天地。文章不是嚼烂了教,而要学会浓缩精华,挤出时间让学生多读一点佳作。改革要有自己的整体设计。课内教什么,怎么教,课外怎么组织怎么实施,如何渗透,怎样有趣有效,实践、认识、再实践、再认识,不断总结经验教训,形成自己独特的教学风格、教育魅力,让学生深受其益。

人人心中有盏灯,强者经风不息,弱者遇风即灭。面对功利化、语言低俗化等种种大潮,要抵挡住叙拉古的诱惑,坚守语文教师的尊严。

这次青年语文教师的"中国梦"论坛有三个关键词:精神,力量,道路。中国梦的精髓是中国精神。中国精神包括民族精神和时代精神两大元素。两大元素不是相加,而是有机融合和集中体现,是民族精神时代化和时代精神民族化,是当代中国人精神世界的灵魂。刚才一位老师讲述闻一多先生在西南联大讲述《诗经》和杜甫"三吏三别"时的情景,有助于我们理解这种精神。他讲述《诗经》,读到"昔我往矣,杨柳依依。今我来思,雨雪霏霏"时,摸着胡子,流露出无限的感慨;讲"三吏三别"时,他慷慨激昂地质问:"为什么隔了一千多年,中国还是那么的悲惨?"这样的课,就是在将两千年积淀下来的对灵魂的拷问传递下去,展示给学生什么是风骨,什么叫意气,什么叫精神,给学生以心灵的震撼,不尽的思考。

祝愿青年语文教师在筑梦过程中坚定人生志向、提升道德境界,业务日益精深,在平凡的教学工作中不断创造精彩,照亮语文教学的前程。

对《师者本色》报道的部分优秀教师点评[①]

一、"徐中玉——跨越世纪之梦"

智者乐,仁者寿,您是杏坛卓越传道者,您是百年不老松。

满载家国情怀,仰望中华数千年灿烂文化的苍穹,吮吸精华,视传承为己命,《古文鉴赏大辞典》《中国近代文学大系·文学理论卷》《大学语文》教材发行1 700余万册,无不书写着对中华优秀文化的忠诚;俯视大地,厚爱莘莘学子,数十载辛勤耕耘,以民族文化血脉精心哺育,丽娃河畔弦歌声声悦耳动心,从文化自觉中走出悲天悯人的作家群。

一辈子从容淡定,宠辱不惊;一辈子生活简朴,陋室书馨。于百岁高龄捐资百万助学,倾注的是对学生成才的热切期望;"在有生之年,我还要继续努力",倾诉的是中国知识分子的精、气、神,忧国忧民,造福苍生。

仁者爱人啊,智者不惑!

二、"钟扬——播种未来"

雪域高原,蓝天下伫立着一个播种未来的高大身影。阳光照射,闪耀着金色的光辉。

[①] 《上海教育》2013年第34期对社会主义核心价值观的教育践行者作《师者本色》报道,邀作者简单点评。

您,东海之滨的生物学家,怀着对藏族学子成长成才的满腔赤诚,义无反顾奔赴西部边陲,撒播科学良种,开创高端人才培养的援藏新模式,并已成功复制到了其他少数民族地区。四千几百个日日夜夜的追梦,四十万公里坎坷路程的跋涉,十七种高原反应的抗争,忠贞不贰地实践着艰苦卓绝、坚不可摧的中国精神。一次次带领学生远行,千辛万苦,收集上千种植物的四千万颗种子,无丝毫急功近利私欲,着眼的是储备生物未来发展的基因,用科学的求真精神,博大的奉献胸怀,编织着时代的风范。民族亲情,师爱荡漾,造就了西藏高端生物学科研团队,具备了参与国际竞争的力量,令人钦佩。

您的卓越工作体现了民族精神与时代精神的融合,民族精神时代化,时代精神民族化。

师者,智慧的宝库,精神的脊梁!

三、"陈青云——做支援郊区教育的特种生力军"

因办学成绩优异,你们刚晋升为特级校长,又立即意气风发踏上新的征途,奔赴郊区担当改变薄弱学校的重任,赤子之心可掬。

基础教育高位均衡发展,是上海人民的热切期盼,是青少年学生的内在需求,是造福社会的大好事。你们深知要实现此项目标,绝非一蹴而就,需要有一批熟稔教育教学规律、敢为天下先的耕耘者,去引领、去开拓。高度的责任心和强烈的使命感使你们挺身而出,显示出舍我其谁的豪迈。

均衡发展贵在优质教育资源的扩散。你们是优质教育资源的传播使者,怀着天下学校一家亲的真挚,让自身、团队、区域教育的优质种子,在郊区学校生根、发芽、开花、结果;你们更是创造者,以开创的精神因校因人而异,培植创新的充满时代气息的优质教育资源。

恩泽莘莘学子,郊区优质教育发展的特种生力军!

四、"尹岚——蜗牛带我去散步"

您进行的是真正的生命教育。

生命教育应该是一种感动的教育,善教者不仅善于感动别人,而且自己也会被深深感动,生命获得升华。"现在我恍然大悟!原来,上帝叫蜗牛带我去散步,我的手指轻轻地颤抖着,虽然前行的速度很慢,但我领略到沿途的风光。"这道出了被感动的心声,一扫十年前泪珠骤下、肩挑这副担子时的茫然和压力。

您用赤诚的心呵护每个智障的孩子,不仅尊重他们今日生命的价值,更千方百计创造条件积蓄他们明日的生命价值。在学校创设丰富多彩的团队活动,让他们与智力正常的孩子一样,享受应有的权利,享受生命的欢乐;精心组织他们走出校门,接触社会,增强社会实践,增强生存能力;医教结合,开启社区康复之路,努力建构完善的特殊教育支持保障体系,让这些鲜活的生命活得更美好。

您始终如一坚持给每个有特殊教育需求的学生以优质、适宜的教育,破除优质教育只面向资优学生或智力正常学生的迷信。大爱无疆,教育的真谛!

五、"卞松泉——守正出新的教育智者"

二十多年前,在上海市十佳青年校长颁奖会上领奖时,您还带着些稚嫩与青涩,而今,历经岁月的镌刻、教育熔炉的冶炼,已成为许身孺子成大业的杰出代表,运筹帷幄,业绩显著,有口皆碑。

您心中始终有颗一切为儿童的准星,任尔东西南北风,从不动摇,从不跟风。您视儿童健康成长为生命,坚持素质教育,开发个性化校本课程,创建欢乐的摇篮校园文化,熏陶感染,春风化雨,扎扎实实促进儿童心智、情感与能力的发展,负担轻,质量高。

您视教师为办好学校的宝贝，满怀热情鼓励他们成长成才。不是管头管脚管分数，而是以"不用扬鞭自奋蹄"为标杆，从教师内在需求出发，采取措施，唤醒专业自觉、育人自觉，科学管理中洋溢着人文关注，队伍建设取得了明显成效。

您一贯重视教育科学研究，但从不以此装门面、壮胆，而是敬畏并遵循教育教学规律，减少实践的盲目性。学校与时俱进的教育管理举措、课程建设的蓝图与实施，无不来自教育理论的学习与指导。

您是教育自觉的典范，不用扬鞭自奋蹄！

六、"宋玲洁——用生命影响生命"

您怀着要把学生培养成为高素质劳动者与技能型人才的无比热忱，积极投入课程教材改革，成绩令人瞩目，是职业教育提升教育质量的引领者。

适应社会需求，优质地服务社会，是职教课程建设的价值所在。您领悟其中意义，积极参与精品课程的开发，参与教材编写，促进了中职课程建设。

您率先改革课程教育，既着力以信息技术为支撑，整合课堂教学资源，又大力转换课程教学模式，变单向"教"的课堂为师生互动、生生互动的"学"的课堂，充分发挥学生的潜能，使不同学习能力的学生都能获得发展，自主学习的积极性大大提高。课堂改变一小步，往往会影响学生人生之途一大步。

职校学生更需关爱，更需优质教育培养，您，做出了榜样！

让青春闪发光辉[1]

近年来,有两件事常使我心潮起伏,每想起,就会思绪万千,憧憬教育的美景在青年教师身上持续不断地涌现。

教师节,学校邀请10位毕业生座谈自己的成长,气氛热烈。区里上百名初入职的青年教师参加。会到中途,一位青年教师举手激动地说:"我要于老师抱我一下。"突如其来的要求把大家给怔住了。我走到她座位旁抱了她,她喃喃地说:"我妈妈是你的学生,从小她就对我说,那是真正的语文课,开心啊,丰富啊,一辈子忘不了。"体温温暖了我的人,语言和激情温暖了教师的心。

66届高中生聚会,纪念同窗50周年。昔日的准青年如今已年过花甲,但忆及高中学习生涯的多姿多彩,依然龙腾虎跃,活力不减当年。突然,一位男同学严肃地说:"有句话已藏在心里10多年,今天再不说就没有机会了。20世纪90年代于老师生病住重症监护室,我和同学去探视,见到那番情况,我向上天祷告,宁可自己少活10年,也要让老师多活几年。我祷告祷告,后来没告诉妈妈,也没告诉妻子。"这席话使我难以抑制泪水的涌出。我们都不迷信,但师生之间的挚爱深情感天动地。

---

[1] 本文发表于《人民教育》2014年第9期。

教他们的时候，我还是一名青年教师，怎么也没想到从教在学生成长中、在学生生命中，一代乃至两代，是如此的有意义、有价值，是如此的长效。今日的青年教师，从教比我们那个年代难度大得多。身处社会转型时代，物质力量巨大，诱惑无处不在，要让自己的青春充满智慧，闪发光辉，十分重要的是要有定力。坚持教书育人的工作，教师要培养学生成长成人，自己首先就要做人，做志存高远的人。今日的教育质量就是明日的国民素质，教育质量的高低相当程度掌握在教师的手中。珍视和敬畏每个学生的生命，追求和践行中国梦，就会自觉地爱岗敬业；认真负责，一丝不苟，发挥聪明才智，创造育人佳绩。《论语·子路》中说得好："其身正，不令而行；其身不正，虽令不从。"面对金钱至上、功利横行，青年教师身上要有正气，用人格魅力熏陶感染学生，收春风化雨之良效。

要获得学生认可、信任，共谱心灵成长交响曲，青年教师须把爱撒播到他们的心田。教育事业是爱的事业，没有爱，就没有教育。爱学生是教师从教的黄金法则。这种爱是超越血缘关系的大爱，承载着国家的期望、人民的嘱托。每个学生都是国家的宝贝、家长的宝贝，都是活泼泼的生命体，成人成才的苗子，真心实意、全心全意培养他们，是责任，是使命。以分取人，以貌取人，或以权取人、以钱取人，是对教育事业的亵渎。青年教师感情丰富，追求心灵的澄澈，把莘莘学子装入心中，休戚与共、呼吸相通，窄小的心就会容纳宇宙的宽广。

爱，要落实在实干上，刻苦钻研，成为学科教学的行家。靠"教参"上课，那是蹉跎岁月。每节课的质量影响到学生生命的质量，学生每一天的大部分时间都是在课堂里度过的，怎样让他们学有兴趣、学有所得、学有追求，是教师必须倾注心血反反复复研究的问题。课教在课堂上，就会随着声波的消逝销声匿迹；课要教到学生身上，教到学生心中，成为良好素质的因子，终身受益。

青春是美丽的，青年教师在从教中闪发光辉，美景绵长。

铸师魂，增师能

那已是10多年前的事。东北师范大学出版社总编来沪,邀我撰写教育教学方面的书。相见之后,关于教育的发展有不少共同语言,交谈甚欢。当时,我从担当教师与校长的大量工作实践中深切体会到学校教育的质量,说到底就是教师的质量。教师在教育岗位上学习、实践、反思、改进、创新,不断提升,不断自我发展,教育教学必然朝气蓬勃,学生主动积极求知探索,美景如画。为此,我提出现代教师一定要在自我发展上下功夫,与学生一起成长。出版物似也应以此为重点。

众所周知,某位教师的教学经验、教学技能技巧的介绍,固然对其他教师有辐射作用,但不过是启发、借鉴而已,如若不加分析,照搬照抄,名词术语一大堆,前途恐只会茫然。教师的成长十分重要的是"以我为主","我"不发挥主体作用,就会失魂落魄。因此,教师的培养十分重要的是尊重每位教师的潜能,唤醒他们自我成长的内驱动力。

今日对师资队伍建设重要性的认识已大幅提升,国家繁荣、民族振兴、教育发展,需要大力培养造就一支师德高尚、业务精湛、结构合理、充满活力的高素质专业化教师队伍已成为大家的共识。近些年来,对教师队伍培养的力度也大幅提升,培养的举措可谓千方百计,各有千秋。然而,与涌现一大批好老师的理想目标仍有距离,仍然是教育改革创新的瓶颈问题,制约教育质量的全面提高。

课堂教学怎么教的技能技巧在不少公开课、示范课、竞赛课中已经演绎得登峰造极。每个教学环节衔接得天衣无缝,分秒不差;师生之间对问题的探讨浑然天成,不分伯仲;多媒体运用声、光、色俱全,娱人耳目。如此的教学情景看似高质量,实则斧凿痕迹深,背离教育朴素自然的本原。就其效果而言,课前准备、导演且不说,有的课后还补教,换另一种思路。当然,更可怕的是以考代教,上课抠知识点已不过瘾,而是根据考纲抠得分点。年复一年如此做法的负面作用是:教师独立思考的能力衰退,脑子里没有问题,只有应试题;学科本体知识残缺,没有整体框架、整体结构,只有答题的碎片化知识。近年来,我参加师资培训工作中的答辩,越来越感受到这方面缺陷的突出。要有所突破,恐怕不能局限于教学技能技巧的层面,而要在教师工作的意义、价值,教师的责任、使命上下功夫,从根本上提高教师的德、才、识、能,使教育回归育人的本原状态,教者倾心倾情,学者乐于追求。

去年教师节习近平主席在与北京师范大学师生代表座谈时指出:好老师没有统一的模式,叩以各有千秋,各显身手,但有一些共同的、必不可少的特质,那就是"四有",要有理想信念,要有道德情操,要有扎实学识,要有仁爱之心。这"四有"都是精神成长的事,说到了教师人格魅力和学识魅力的根本。

教师工作是以人育人的工作,以自己高尚的人格引领学生形成完善的人格,实现"人的完成"的教育目标;以自己的真才实学激发学生旺盛的求知欲,学习认识社会、服务社会的本领;以自己正确、高雅的审美情趣熏陶感染学生,引领他们形成健康的审美观念、审美习惯。在价值多元、文化多元背景下,要完成这样神圣的任务,非常艰巨,也非常复杂,需要理想信念引领,真才实学支撑,仁爱之心播撒。这样持之以恒地自我修炼,努力进取,方能真正做到三尺讲台系国运,一生秉烛铸民魂。

教育事业是理想性很强的事业,是追求和创造真善美的事业,教师是人类文明的传承者，理应推动教育事业又好又快发展，因而，志存高远，守护教育者的尊严就成为每位教师必须用自己思想言行认真回答的问题。基础教育是为人生奠基的工作，根子扎得正不正、深不深，影响人的一辈子的发展。教师从事的就是人类这种最伟大、最神圣的职业之一，因而，要把自己平凡的日常工作与民族复兴大业、百姓幸福生活紧密联系在一起，休戚与共，血肉相连。当你这样想这样做时，你就会有一种登高望远的开阔胸襟，就觉得心明了，眼亮了，判断教育现象的正误、是非有了标杆，教育判断力、文化判断力增强。理想信念是教师安身立命之魂，有了"魂"，就有了工作的主心骨；奋斗的方向明，就有不竭前行的动力。

真才实学是过硬的教学能力的基础。教师不仅要有足够的知识储备，而且要有视野，要有识见。教育教学中会碰到各种各样的问题，不能视而不见，不能回避或绕道走，要敢于迎接挑战，敢于分析解剖，寻找解决的途径与方法。教师思维必须活跃，不能一潭死水，一名不想思考、不会思考、不善思考的教师，一定会影响学生的智力发展，抑制他们思维的成长。要改变这种状况，最为紧要的是读书、学习。西汉目录学家刘向说："书犹药也，善读之可以医愚。"这句话本身对我们而言，也是一剂良药，我也是如此，不仅读得少，而且不善读，故至今未脱愚。"为了使学生获得一点知识的亮光，教师应吸进整个光的海洋。"国外一位教育家这样告诫，值得深思。

思想有高度，才学有厚度，有仁爱的情怀，是我这名草根教师梦寐以求的目标，执着追求，永不懈怠，尽一生之力。

用精神的成长创造使命的精彩[1]

当前,在价值多元、文化多元背景下从事语文教育的艰巨性和复杂性前所未有,如何应对?如何破解一道道难题,促使语文教育健康发展,有效提高质量?《道德经》中说得好,"知人者智,自知者明,胜人者有力,自胜者强"。我以为,关键在"自胜",在切实锤炼我们这支队伍。我们这支队伍需要提升,特别需要精神成长。

今年教师节习近平主席情真意切地对教师提出殷切期望,要求教师"有理想信念,有道德情操,有扎实学识,有仁爱之心",做党和人民满意的好教师。这"四有"都是精神成长的事,说到了教师人格魅力和学识魅力的根本。我们的语文教育迫切需要一大批中青年教师成为精神成长极其优秀的排头兵,在这个领域精心耕耘,改革创新,创造母语教育的辉煌,恩泽莘莘学子。

一、为师者的思想须有高度,脊梁骨须有硬度

人的成长是一辈子的事。教育从来不是一个结果,而是一个生命展开的过程,它永远面向未来,不会结束。因此,教师要和学生一起,展开生命,不断成长。然而,不是所有的教师都意识到了成长的重要性与

---

[1] 本文发表于《人民教育》2014年第21期。2014年教师节后,《人民教育》特别开设"做党和人民满意的好老师"栏目,邀请作者撰文回应"什么是好老师""如何做好老师"等话题。

必要性,有的更是听凭妨碍精神成长的因素在自己身上滋长。妨碍的因素不少,有社会层面的,家庭层面的,学校层面的,等等。最可怕的是对待语文的不知不觉。语文是什么？我到底要做什么？我应该做什么？我现在在做什么？很少去想,甚至不想去想,更不用说想清楚。你怎么说我就怎么做,怎么考就怎么教,或者只是为了证明自己有一套"应试法宝",一遍一遍盲目去干。究其原因,缺失的大概不是教学技能技巧,而是缺失思想,缺失精神,缺失学术素养,缺失了自我的主体。众所周知,讲坛不必在乎高低,但为师者的思想须有高度,脊梁骨须有硬度,因为肩挑的是立德树人的刚性责任,肩负的是传承和弘扬中华优秀文化的神圣职责。为师者须有精湛之思想、自主之精神,不能做思想的矮子。任凭教学参考资料、电脑下载教案、媒体炒作信息、教育时尚操作说短长,脊梁骨就挺不直。精神成长要从拒绝平庸、树立自信开始:我思,我想,我要以勤奋与智慧创造学生心驰神往的语文学习新天地。

  课堂教学是教师安身立命之本,它的质量高低是教师精神成长的直接体现。怎样把课教得有吸引力、感染力,能叩击学生心灵,触发学生思维？怎样不仅让学生学有所得,学有所能,而且让他们求知有欲罢不能之势,对语文宝库有探宝觅宝的热情与积极性？怎样营造语言文字散发能量的磁场,思维活跃,心灵碰撞,让学生享受文化哺育的快乐？这些问题是追求卓越的优秀教师必须认真思考、深入思考的问题。不仅要思考,而且要在教学实践中反复验证,积累正反经验,并及时加以改进,切实提高。这些问题的破解不是一时一事的短、平、快,而是要潜下心来持续不断地刻苦钻研,夙兴夜寐,锲而不舍。表面看起来是对怎样上课的思考与实践,内在支撑的却是敬业精神与对学生的仁爱之心。

二、教课就是全身心投入,用生命在歌唱

  我们往往花费相当精力上一节质量上乘的公开课或研究课,这当

然值得赞扬。但它的可贵不在于获得什么奖,而在于你的教学理念、教学行为符合学生学习语文的规律,在学生心中撒播博大精深的中华优秀文化和人类先进文化的种子,让学生的心灵获得美好的滋养,让静态的语文知识能够活化为他们运用语言文字的能力。这种质量上乘的课的背后是你对祖国语言文字和教育对象的满腔热忱,对教学内容的反复推敲,对教学方法的精心选择。这就是你的精神,你的成长中的精神。你对待语文,在主动地"知",在积极地"觉",在全身心地投入。然而,更为重要的是这种可贵应该努力常态化,从课的质量到人的精神,努力做到每节课都有亮点,都有耐人咀嚼、耐人寻味的东西,经得起听,不同层面学生都能受益,都有满足感和上进心。每节课都有你的信念、情操、学识在闪光。什么叫教课?教课就是全身心投入,用生命在歌唱。

  这是一种境界。这是一种诲人不倦、乐育英才的境界。这种境界是不是高不可攀呢?并非如此,现实生活中有许多榜样。如研究古诗词的大家叶嘉莹说她老师顾随上课是:"先生之讲课,真可说是飞扬变化,一片神行。""飞扬变化,一片神行",那真是左右逢源,出神入化,令人神往。顾随自己曾把自己的讲诗比作谈禅,"禅机说到无言处,空里游丝百尺长"。已经无以言表,但其中意味还"空里游丝百尺长",缭绕不断,启人心扉,这是何等的美妙!又如北大袁行霈教授讲白居易的《琵琶行》"座中泣下谁最多,江州司马青衫湿",他说"哭几回才能把青衫哭湿啊,不是衣袖湿,不是手绢湿,是青衫湿",此时他眼中充满了泪水,这就是老师,全身心投入,进入作品之中,与作者情感共鸣,捧出的是一片仁爱之心。再如,北大谢冕教授一上课就哆嗦,不是因为学生、因为课,而是因为诗。有段时间他似乎不生活在现实生活中,而是生活在诗的世界里。诗人倾听生命呼唤,用诗歌唱,敞开一个世界,亮出真理的光辉,师者教诗怎不为之感动?"沧海自浅情自深",情深到痴迷程度,课还会教不好吗?

三、真正的教师他有真东西,而且能把真东西教给学生

显然,感人的教学境界的出现,是要教师倾心投入、努力攀登的。而这种攀登不只是技能技巧上着力,是人生态度的攀登、情感世界的攀登,是为师者一种风范的创立。而敬畏专业、以心相许的攀登更是基础。真正的教师他有真东西,而且能把真东西教给学生。著名画家韩美林的班主任是中央美院的周令钊(人民大会堂顶灯"满天星"的设计者),韩美林向他磕三个响头,因为老师教会了他本事。如韩美林制作了3 000多件作品,两个半小时就能设计出290把椅子。真功夫是学术功底的展现,不下苦功读书学习,不作精彩透辟的理性思考,教学上怎可能气象万千,入学生耳,入学生心?而今,我们不少语文课泡沫很多,缺少扎实的本体知识,缺少学术含量、文化含量。上了多少年的语文课,教学思想、教学构成、教学中的经验教训说不出个一二三四。原因何在?也许,在分数至上、急功近利者眼中,学术是没有尊严的,文化是没有价值的,专业长短也很难待价而沽。

我这样说,并非指责谁,首先是自责。我深知教得好首先是学得好,但我身体力行远远不够。非科班出身,底子原本就弱,读书虽不是贫困户,但未能下深功夫,因而思想、见识、视野、积累均受到很大限制,形成了教学生涯中的短板,教学中常有捉襟见肘之感,影响工作的质量。西汉目录学家刘向说:"书犹药也,善读之可以医愚。"既读得不多,又不善读,故而至今我未能脱愚。与我高中语文老师赵继武相比,真是羞惭万分。他是国学大师黄侃的弟子,满腹经纶,教课娴熟洒脱而不拘泥,许多文章倒背如流,问不倒他,连写作文评语都有文化含量,妙笔轻点,就能使文章归题。因此,读书学习,文化底蕴是极其重要、了不起的。

四、人有了脊梁骨才能直立行走，人有了理想信念，就有了精神支柱，心灵就能辉煌起来

那么，读书学习的意志、毅力从何而来？对教学业务刻苦钻研的持久力从何而来？我认为关键在于内心的深度觉醒。教师从事的是塑造灵魂、塑造生命、塑造人的工作，一个肩膀挑着学生的现在，一个肩膀挑着国家的未来，千钧重担！

为此，一是要自觉确立人生的态度，赋自己的生命以意义。"理想信念"是生命的核心。在人生旅途上，能最终领略美妙风景的必然是那些强烈渴望登临并为之不懈跋涉的追寻者。是心灵的渴望，开阔了求索的视野；是心灵的飞翔，鞭策了奋进的脚步；是心灵的富有，孕育了人生的奇迹。一个人要创造生命的意义，首先要让心灵辉煌起来。人有了脊梁骨才能直立行走，人有了理想信念，就有了精神支柱，心灵就能辉煌起来，持久不断努力就能成为堂堂正正的人。人如果太实际了，为物质生活所累，就没有超越职业训练的志向、旨趣和想象力，就很容易沉沦。人一辈子都活在价值取向的选择之中，要学会自觉地选择，明智地放弃，中国优秀、卓越的知识分子"为天地立心，为生民立命，为往圣继绝学，为万世开太平"的对社会、对国家的担当意识是我们的榜样。

二是要积极担负起传承中华文化之根的重任。汉语言文字是中华文化之根。语言是生命之声，语言活动就是生命活动，它是人类文化心理结构的外化，教学语言文字不仅有实用功能，还有发展功能、教育功能、审美功能，对学生精神领域所起的作用，无论是显性的还是隐性的，都是润物细无声的，长期而深远，影响人一辈子的素质。今日的教育质量就是明天的国民素质，容不得半点懈怠、应付和马虎。人类大灾星希特勒曾这样说，"要消灭一个民族，首先瓦解她的文化；要瓦解她的文化，首先消灭承载她的语言；要消灭这种语言，首先从他们的学校下手"。这是从反面给我们敲响的警钟，让我们清醒地意识到肩上挑的是怎样的重担。

有人说,平庸的人有一条命:性命;优秀的人有两条命:性命和生命;卓越的人有三条命:性命、生命和使命。法国文学家罗曼·罗兰曾说:"生命被赋予了一种责任,那就是精神的成长。"让我们用精神的成长创造使命的精彩,铸就生命的辉煌。要牢记:站在中国土地上,你就是语文,你的质量就是中国语文的质量,你优秀,你卓越,中学语文就一片光明。努力,加油!

让所有的学生都做课堂学习的主人

课堂教学改革涉及的方面很多,如教师与学生在课堂教学中各自的地位与作用,教学内容的质地与分量,教学方法的选择与运用,教学过程的安排与调度,教学效果的评价与测试等。但核心问题是学生在课堂教学中必须做学习的主人。做学习的主人,不能局限于对某些学科学习有兴趣的几个或十几个人,而是要全班所有学生都做学习的主人。要启发、引导学生爱学、会学、学会、学好。

要加强改革意识,采用相应的对策深化改革。改革的做法甚多,择其要而言有如下几个方面。

转换立足点

长期以来,教师为"教"而"教"的现象比较严重。教师考虑得最多的是教什么,即教学内容。熟悉教材,进行钻研,写好教案,向学生传授知识,就觉得完成了任务。至于怎么教学生才能学懂、学会,相对而言,考虑得少。至于学生学习过程中会碰到哪些困难,怎样才能克服困难,考虑得就更少了。

立足点从"教"出发,课堂教学常常重知识轻能力,重烦琐的讲解,灌输各种各样的现成结论。课堂常常是教师一言堂,是教师的用武之地,教师锻炼口才、锻炼形象思维与逻辑思维的场所。这样的教学,无疑会关闭学生认识的窗户,压抑他们学习的积极性,他们的智力发展,尤其是思维力的发展会受到严重的阻碍。教师要从习惯的从"教"出发的立足点转换到从学生的"学"出发。要充分考虑学生的实际,考虑他们学什么、怎么学,学的过程会碰上哪些障碍,怎样帮助解决,怎样才能使他们发挥学习的积极性,让他们有主动学习的时间与空间,怎样才能挖掘学习的潜能,有所发现,有所创造。"教"为学生服务,"教"不是统治"学",也不是代替学生"学"。教师的"教"是启发学生的"学",引导学生"学"。施教之功在于启发、引导、点拨、开窍。教师引导学生入学习之门,为学生会学、学会、学好而教,因为任何教学方案都是为学生而存在,而起作用的。课堂应是学生学习的用武之地,课堂上不改变教师越俎代庖的状况,学生就摆脱不了只当听众的命运。

比如训练学生口头表达能力,有些学生口述能力太差,说起话来断断续续,含糊不清,如果从"教"出发,课堂上就不愿意让他们发言,以免"浪费"时间。但是从学生的"学"出发,就必须让他们多问、多说、多解答。上课不是表演,课不是教给别人看的,要教到学生身上,让他们扎扎实实提高能力。学生有机会多锻炼,教师因人而异,具体指导,坚持不懈,就有效果。

优化课堂结构

课堂教学要面向全体学生,使每名学生学得主动,学得积极,学有收获,须合理地安排课堂结构,改变传统的课堂教学构成。以往的课堂教学构成,基本上是单向型的直线往复:教师讲,学生听;学生质疑,教师解答;学生讲述,教师判断。这种课堂结构必然重结论轻过程,重传授轻探讨;这样的师生交往充其量只能显示教师的学识水平,而学生的聪明才智很难得到展现与锻炼。学生的学习过程往往以"听"和"记"为核心,这样的教学情境难以激起学生智慧的火花,课的容量受到限制,班级教学的优点也难以有所发挥。班级教学要面向全体学生,让每个学生沉浸在浓厚的学习气氛中,学习、思考、讨论、探求,发挥聪明才智,课堂教学结构必须从单向型直线往复转换为网络式、辐射式。

教学过程是个脑力劳动过程,师生共同参与,相互作用,形成一个整体。教师的"教"作用于全班所有的学生,学生积极性极大地调动,既向教师反馈,又与同窗交流,形成思想、情感、知识、能力互相交流的网络,信息量大大增加,传递的渠道通畅。在特定的教学活动中,学生之间不仅可切磋琢磨,而且能充分发展个性与才能。由于生活与学习的储存,在钻研或讨论某些问题时,学生常会用"神来之笔"放出异彩。广泛的知识信息交流常常是触媒剂,促使学生正常发挥乃至超水平发挥。每个学生都可成为"发光体",把自己的才智辐射到教师及其他同学身上。这样的课堂结构也体现了"能者为师"的特点。教师与学生是伙伴关系,既引导学生"学",又从学生的"学"中得到启发,验证课前教学设计的正误,收教学相长的效果。这样的合理构成,师生积极性双调动,只要教学内容适度,教学环节安排得当,各层次的学生均可得到培养,单向型的直线往复转换为网络式、辐射型,探讨的气氛浓厚,课堂气氛活跃,学习情境优化。不仅文化程度较好的学生在课堂上有惊人之语,可以发光,程度一般的乃至较差的,只要思想集中,学得深入,同样可把学习所得辐射到其他同学身上,形成连锁反应。课堂教学双边多向,教与学和谐互动,学生做学习的主人。

诱导学生善于发现

知识是人们社会实践的经验总结,也就是人们认识活动的结果。传统的课堂教学重知识的传授、结论的记忆与背诵。其实,知识是认识的结果,更是认识的过程,在教学中诱导学生发现、探求、辨别、判断,能有效地培养学生求知的欲望和独立分析问题、解决问题的能力。苏霍姆林斯基在《给教师的建议》一书中这样说:"学习的愿望是一种精细而淘气的东西。形象地说,它是一支娇嫩的花朵,有千万条细小的根须在潮湿的土壤里不知疲倦地工作着,给它提供滋养。我们看不见这些根须,但是我们悉心地保护它们,因为我们知道,没有它们,生命和美就会凋谢。"要培养学生的创新精神,课堂教学中要千方百计地激发与保护学生学习的愿望、追求真知的愿望。由于那些众多的"细小的根须"积极劳动,学生在有意无意中会发现令自己惊喜、惊异或惊讶的问题。此时此刻,学习所获得的快乐会使学生增添自信,增强自尊,增长自豪感,学习会进入佳境。诱导学生善于发现,还要帮助学生树立"宝藏"意识,激发学生探宝的愿望。众所周知,陈景润竭尽毕生智慧与精力攀登解答哥德巴赫猜想的高峰,就是由于在中学时代数学教师启发他树立了宝藏意识。让学生树立宝藏意识,靠说空话是不行的,教师须加以指点,让学生见到"宝",识别"宝",进而主动积极地探求宝藏。探求时,须注意冲破常见的定式,要用眼精细观察,用心积极感受,教师只起指点作用。例如学语文,文章中许多妙笔无须教师一一讲述,应放手让学生阅读、潜思,引导他们发现问题,引导他们交流自己的心得。哪些语句好,就谈哪些语句;哪里写作方法用得巧妙,就谈哪里的写作方法,切不可设计个框框,让学生往里跳。放手觅宝,学生就能真正开动脑筋。举例来说,学习《明湖居听书》时,有的学生发现作者刘鹗描写白妞的眼睛特别传神,"那双眼睛,如秋水,如寒星,如宝珠,如白水银里头养着两丸黑水银,左右一顾一看,连那坐在远远墙角子里的人,都觉得王小玉看见我了",于是情不自禁地说:"好,好极了。用'秋水'状其清澈,用'寒星'状其闪光,用'宝珠'状其晶莹,用'黑白水银'状其明亮,从不同角度刻画眼睛的美,比用'美丽''漂亮'等词修饰高明得多,真是美寓其中,令人不尽地遐想。"边说边得意,沉醉在发现的欢乐中。

创设辨疑、析疑的条件与气氛

思维从发现问题开始,要不断深入进行,有赖于分析问题、解决问题的逐步展开。教师激疑、学生生疑后,要注意设置辨疑、析疑的条件与气氛,引导学生谈看法、摆见解、比较、分析、判断、推理。教师千万不能因赶进度而丧失让学生思维的良机。思维可以说是学习的基本功,要培养学生的创新精神,思维能力的发展是基础。学习困难的同学在思维方面往往有很大的弱点,比如提问题,他们不是不想提,而是提不出问题,发现不了问题。不会思考大大阻碍了他们学习的步伐。早在2 000多年前,孔子就说过:"学而不思则罔,思而不学则殆。"(《论语·为政》)光学习不思考会迷惘无知。教师要想方设法让不会思考的学生爱思、会思,让爱思考的学生多思、深思,也就是说要不断开启学生思维的门扉,让学生用自己的头脑去思考、辨别、分析、归纳,亲自获得知识。创设辨疑、析疑的条件与气氛方法甚多,如:注意调动学生知识小仓库的知识,使其运转,发挥作用;灵活地运用各种比较方法,培养学生良好的思维习惯,通过比较、鉴别,深入认识事物的特点;提倡采用研究性的学习方法,鼓励学生脑子里呈现构造知识的图景,对知识的理解可以有种种假说、种种解释,大胆发表自己的意见,并借助班级集体的力量加以评论,说是论非。总之,教师的作用是启发学生自主学习,而不是窒息学习。辨疑、析疑时,教师无论如何不能以自己思考问题的范围及获得的结论,给学生"画地为牢",叫学生"就范"。学生思考问题通常有自己习惯性思路,怎样由感性上升到理性认识,怎样根据种种事实下判断,怎样进行分析、进行归纳,等等。有时由于某些因素的触发,会突破习惯性思维的羁绊,闪发出创造性的火花。教师在教学中要善于把握种种因素,培养和鼓励学生的创造精神。教师须懂得:学生感兴趣的不全在长知识,更在于独立开展抽象思维过程的本身,也就是喜欢长知识和长智慧相互结合的智力活动过程。学生勇于谈看法,摆见解,课堂里就常会闪发火花。

在有限的课堂里开拓学生无限的想象

知识是静止、封闭和有限的,而想象力是运动、开放和无限的,想象力是能动的知识。如果把知识比作"金子",那么,想象力就是"点金术",能使知识活化,能进行创造。比如语文教育,它在培养学生想象力方面有着得天独厚的条件。因为语文教材中的佳作名篇蕴含着极其丰富的情感力量,直接诉诸学生的情感体验,教学中千万不能把事先已经准备好的种种知识、结论一股脑地塞进学生的脑袋,捆住他们想象力、创造力的翅膀,而应千方百计使他们在学习、咀嚼、品味的过程中"思接千载""视通万里""情泻江河",激发他们神思飞扬,处于创造的气氛之中,享受丰富的精神生活。如果把语文学习歪曲为只识记枯燥的文字符号,那就会把学生弄成压干了的花朵。其他学科教学,不管是文字、数字、线条、图像,只要思想重视,方法得当,同样能发展学生的想象力。

想象,就是人们在已有表象的基础上通过头脑加工创造出新形象的一种思维活动。一个想象力丰富的人,他的创造力就强,能够把已经占有的知识重新组合,创造种种新形象或幻想出前所未有的形象。想象力的发展须凭借感知过的种种材料,教学中不仅要注意唤起与调动学生的生活经验与知识储存,而且要善于发动全班学生有意识地提供和交流感性知识,帮助大家积累。想象的"触发点"选得好,学生就会思绪绵绵,脑子里出现种种立体图景,有声有色有形,体味求知的愉快,寻觅创造的欢乐。

教育手段、教育技术的现代化也是课堂教学改革中必须花大气力解决的问题。

总之,课堂教学改革要去烦琐,去死板,去僵化,去机械操练;应充满时代的活水,充满师生的活力,尤其是充满学生的活力。学生主动学习、自主学习、学会学习的同时，必然会更好地受到人类优秀的精神文明的教育与感染，必然能源源不断地创造性地吸收人类的智慧、文化的精粹、高尚的情操，拓宽思路，开阔胸怀，追求美好，自我塑造，成为有理想、有道德、有文化、有纪律的一代新人。

在学科教学中对学生进行高质量的素质教育

实施素质教育的根本宗旨是提高国民素质,重点是培养学生的创新精神和实践能力,培养目标是造就有理想、有道德、有文化、有纪律的德智体美等全面发展的社会主义事业建设者和接班人。学校各学科教学当然都须研究如何从本学科的实际出发,对学生进行高质量的素质教育,语文学科教学更是责无旁贷。

语言伴随着人类社会的形成而产生,又伴随着社会生活的变化而发展。语言在人类社会形成和发展的长河中,经历了千万年,它发生了,成型了,丰富了,洗练了,发展了,它是一个民族中任何阶级、任何集团都可以使用的一种交际工具。这种交际工具不是独立于人而存在的一种工具,语言与人是俱在的,是人类,也只有人类自身才拥有的。北京大学著名哲学家贺麟先生曾这样说:"人与禽兽的区别,虽有种种不同的说法,但根据科学的研究,却只有两点:(1) 人能制造并利用工具,而禽兽不能。(2) 人有文字,而禽兽没有文字。其实文字亦是一种工具,传达思想、情感、意志,精神上人与人内在交通,传久行远的工具。说粗浅一点,'人是能读书著书的动物'。"显然,语言和其装载的文化不可分割。也就是说,语言不能凌空存在。我们常说"语言是思维的外壳",这"外壳"其实是与"内核"不可分离的一个整体。因为语言是人类文化的主要载体,它直接地、全息地记载和传递着人类有史以来的所有思想和活动,只要进入语言"时间隧道",就能穿越几千年历史的积淀层,认识历史,认识社会,感悟人生。20世纪人文学科最大的突破之一是语言学的突破。思想、情感、语言是同时发生的。语言不仅仅翻译思想,不仅仅是载体,而且就是意识、思维、心灵、人格的组成部分。

语文与语文教学本是两个不同的概念,但又是有着紧密联系的两个概念。只有对语言的属性有了切实而准确的了解,才能谈语文教学。好比数学,离开数字谈数学也就失去了意义。离开了语言文字,怎能谈语文学科或语文教学呢?中小学语文学科是一门基础学科,打文化的基础,是非常实用而且内容丰富多彩的一门学科,人文性很强。语言文字本身装载着文化,民族的文化是民族的根,语言是文化的根。它无声地记载着本民族的物质文明和精神文明,记载着本民族文化的地质层,母语教学必须与民族文化紧密相连。语言和文化在母语教学中不是两个东西,而是一个整体。说语言学科具有人文性,绝对不是排斥它的科学精神;说语文学科具有工具性,也绝对不是削弱它的人文精神。不存在限制这一个,张扬另一个的问题。二者不能割裂,应沟通交融,互渗互促。

语文教学要有更高的起点,更新的观念,更宽的视野。对母语的认识应建立两个基本概念:一个概念是民族的智慧积淀在民族的语言中。母语教学不能如同外语教学中的"商业对话"训练,不是"英语900句",不能老在词句上兜圈子。教母语,同时也在教民族的思想与感情。"先天下之忧而忧,后天下之乐而乐",寥寥数语,人生观包蕴其中;"两情若是久长时,又岂在朝朝暮暮",短短两句,爱情观渗透在内。语言多奇妙,它是春风化雨、润物无声的。教学中千万不能把语言文字看成是僵死的符号,它是承载着丰富的情和意的,是活泼泼的,有灵性的,有表现力的,有迷人的魅力的。比如"春风又绿江南岸",一个"绿"字用得多么传神。满眼的绿,生机勃发的绿,那种喜悦,那种对生命的礼赞与讴歌,如果就词论词作机械的讲释,学生不会感悟,不会生发,又叫什么学语文呢？学民族语言，就是要继承和发扬民族优秀文化。与此同时，须广泛阅读世界名著佳作，开阔视野，吸收人类的进步文化。还有一个概念，将来信息网络化，世界变小了，地理区域性特征不再鲜明了，母语仍是维系民族团结的纽带，对内是黏合剂，对外是有力的屏障。说文化是综合国力的一部分，是因为文化这一资产是长期积累的，维护它，珍爱它，一个民族就不会垮。母语学习，从来就是一个民族对其后代的精神哺育。

语文教学要对学生有效地进行素质教育，须在认识和做法上解决"重术轻人"的问题：语文教学的目的在于培养与提高学生正确理解和运用祖国语言文字的能力，具体地说，培养他们具有阅读现代文和浅易文言文的能力、写作能力、口语交际能力和初步的文学鉴赏能力，教会学生掌握学习语文的基本方法，养成自学语文的良好习惯，培养发现、探究、解决问题的能力，为继续学习和终身发展打好基础。在语文教学过程中，还要培养学生具备良好的思想道德、高尚的审美情趣及爱国主义精神，要发展潜能，发展个性，形成健全人格。语文教学当然要培养学生的语文能力，但与人的培养是紧密结合在一起的，目的是教文育人。"重术轻人"，恰恰是只重视语言技能技巧，把一篇篇寓意精辟深邃的佳作、一篇篇声情并茂的美文肢解得鸡零狗碎，震撼心灵的智慧不见了，感人肺腑的感情消失了，语文的生命力荡然无存，原本诗意的、审美的，即以形象思维为内核的语文教学转向了标准化、机械化。语文课人文精神和审美情趣缺失，语言文字表情达意的光彩暗淡了，学生学起来味同嚼蜡。也正由于如此，催发了语文教学的匠化和应试训练的泛滥。加上出版业的利益驱动，《一课一练》之类的教辅充斥市场，推波助澜，对语文教学该走什么道路起了负面影响。

语文教学"重术轻人"的最大弊病是学生学语文的主动性、积极性、创造性受到抑制，不能成为学习的主人。阅读教学程式化，作文教学模式化,能力训练机械化,学生常常成为操练的机器,兴趣、爱好、特长、个性的发挥,不能说没有,但确实已凤毛麟角,十分罕见。语文学科是一门最开放的学科,语文与生活同在,应用性极强。把最开放的学科禁锢在考试的小圈子里,把最广阔的天地挤压到一个狭窄的角落里,对其敲门砖的功能放大再放大,学生怎敢越雷池一步? 这种被动学习的状况形成的后果与现代社会素质教育要求培养的目标距离甚远。现代社会即将步入知识经济时代,在知识经济时代,知识是最重要的生产力,资本和财富的优势将变得次要。英国哲学家培根提出的"知识就是力量"的名言,再一次得到形象而深刻的诠释,而大量的知识都是以信息的形式出现的。现代社会的人,如果没有独立的、比较强的阅读能力,没有理解分析、判断推理的能力,怎么能适应时代社会的需要? 就表达来说,现代社会虽不要求倚马可待,但也确实要求人们思维敏捷、反应快速。表达绝不仅仅指学生在学校写几篇文章应考,更重要的是培养他们具备观察生活、认识生活、运用语言文字表情达意的能力。

看问题视野要开阔,不能只看到课堂、考卷和考场。有些情况拿来作参照,看一看,想一想,能活跃思路。20 世纪 90 年代初,美国劳工部 21 世纪就业技能调查委员会对 20 世纪近 20 年来美国教育的现状和 21 世纪美国社会对人才素质的需求,进行了全面的调查和深入的研究,提出了 21 世纪全体美国就业人员应具备的五大能力和三大基础。其中,三大基础是能力基础、思维基础、素质基础。能力基础指有较高的读、写、算、听、说的能力;思维基础指能进行创造思维,有决策能力和解决问题的能力,有想象能力、学习能力和推理能力;素质基础指有责任心和自尊心,善交际,能自律,为人诚实正派。显然,这里所说的基础要言不烦,着眼于人的品德、意志、才能等方面的较全面的要求,以适应现代社会的发展。他山之石,可以攻玉,语文教学对学生进行素质教育,一定要把"人"放在首位,让学生真正成为学习的主人。

教育观念要更新。任何一所学校、任何一名教师,不可能在课堂、在学校把学生一辈子需要掌握的知识与能力都教给学生,尤其在科学技术迅猛发展的今天,就是有这种想法也是不可思议的。但是,教他们学会学习、学会做人、学会发展、学会创造,是一丝一毫也不能马虎、松懈的。学生学会了这些,就能心灵丰富,潜能发挥,有真才实学,一辈子受用不尽。语文教学中教学生学会学习、学会做人,意义尤为重要。语文是实践性很强的一门学科,单靠课堂、单靠教师讲授是解决不了问题的。教师的"教"要为学生的"学"服务,比较、辨别、感悟,提高阅读与表达的能力。读、写是语文的两翼:读得少,对语文能力的培养来说,无疑是釜底抽薪;笔动得少,鲜活的思想、美妙的语言文字怎可能奔赴笔端?哪来较好的表达能力?要让学生有充分的自主学习语文的天地,引导学生做学习语文的有心人,广泛开展语文读、写活动,练就掌握语言文字的真本领。

当前语文教学对学生进行素质教育有两点尤为重要。一是让学生重视积累,学会积累。文化的积淀靠的是积累,语言文字能力的提高也同样需要积累,不能考过试以后,学生学的就还给老师了。较长时间以来,我们的语文教学重分析、轻积累,有的文章甚至分析得碎尸万段,这不能不说是一种严重的失误。学生腹中佳词美句、佳作美文储存极少,"厚积而薄发","积"得很少,又"发"什么呢?我们这样的泱泱大国,需要千千万万素质良好的劳动者。我们培养的学生,不管他将来会从事什么职业,我们总希望他身上具有一些文化的气质,有点文化底蕴,成为现代社会的文明人。这不是一朝一夕所能解决的问题,因为素质不是一种技巧,可以轻松掌握。素质是一种心灵的塑造,在塑造人的心灵过程中,中华优秀文化确实能起到以一当十的作用。如果没有积累,语文能力的提高就是空中楼阁,语言表达上的贫乏、贫穷也就见怪不怪了。当然,良好素质的培养也随之受到影响。

二是创新意识、创新精神的培养。语文教学最能给学生以创造空间。只要教学中教师不拘囿于某一模式、某一标准答案,不"画地为牢",叫学生"就范",学生就能积极思维,开展想象,有独特的感受与体验。教材中的每一篇作品都包含着作者独有的人生经历、思想方式、情感体验,尤其是文学作品,更是各有各的风格,各有各的个性,各有各的语文特色,可说是精彩纷呈。学生解读,可根据自己的年龄特点、知识素养、生活经验,作出多种多样的理解,得出各自不同的感受。《孟子·万章上》中有:"故说《诗》者,不以文害辞,不以辞害志。以意逆志,是为得之。"也就是说,在解说诗文时,用自己的认识体会去揣摩作者思想感情。学生阅读、咀嚼、品味、体验、感受,激起求知的欲望,引发对人生的思考,这本身就是一种再创造。在教学中,不能满足于使学生获得知识,更重要的是指导他们掌握学习方法,培养探究精神,探究知识形成的过程,开拓他们的想象力。学生在课堂上主动学习,自主学习,教与学双边多向活动,学生就能闪现智慧的火花。课堂里要善于营造学生积极思维、大胆想象、知无不言、言无不尽的生动活泼的气氛,让学生思想舒展,精神愉快,学有所得,学有趣味。教师在引导和组织学生阅读欣赏、通畅表达时,还须注意非智力因素的培养,注意学生兴趣的激发、情感的陶冶、意志的锻炼。创新教育是素质教育的灵魂,创新能力是一种智力特征、人格特征,是一种精神状态、一种综合素质。学生学语文,与人类的智者对话,与高尚的情操交流,受人文美、语言美的熏陶,感知、情感、想象和理解等各种心理机制都处于活跃的状态下,他们的创造力就会爆发出来,常常在阅读、表达中出现"神来之笔",超水平发挥,启人深思。

素质教育作为一种教育指向,具有方向性和导向性,但不可能有一个统一的模式。素质教育本身就是开放性的,多元取向的,语文教学中只要认清和牢记培养目标,培养和造就适应现代社会需要的一代新人,明确实施素质教育的重点,从本学科的性质、特点出发,解放思想,深化改革,大胆创造,必能涌现出丰富多彩的成功经验,为大力提高语文教学质量做贡献。

做学生脑力劳动的指导员

教学就其本质而言,是教师创造条件,把人类已知的科学真理转化为学生的真知,同时引导学生把知识转化为能力的一种特殊形式的认识过程。关键在于引导这两个"转化"。

一、把发展思维和语言训练放在同等重要的位置

教学过程应该是师生共同参加的一个统一的脑力劳动过程。教师的脑力劳动应当跟学生的脑力劳动相结合,而最终目的还是让学生开展积极的脑力劳动。从这个意义上说,教师应该是学生脑力劳动的指导员。教师在对学生进行语言训练的同时,必须大力发展学生思维的能力。

在现代社会中从事语文教学工作,不能采用嚼烂知识再喂给学生的陈腐办法,要学生死记硬背。用"零售"的办法把"散装"的字、词、句、篇送给学生,学生往往只在记忆上用力气,思维能力缺乏应有的锻炼,知识难以系统化。我们培养的学生不仅基础要扎实,知识面要宽,而且要思维活跃,富于创造精神。为此,语文教学的一切活动须为培养能主动积极地吸取知识,能发现问题、分析问题,并能克服种种困难而解决问题的人才服务,切不可用填塞的方法把青少年学生填塞成书架子、书口袋。

思维是认识活动的核心成分,是学生掌握知识的中心环节。思维

借助语言实现。思维训练和语言训练须放在同样重要的位置。学生要提高语文能力,非具备思维这个基本功不可。不会思维,读,有口无心;看,浮光掠影;说,不得要领;写,内容干瘪。学习困难的同学在思维方面往往有很大的弱点,或是懒于思索,或是不会思索,在对他们进行听、说、读、写训练的同时,特别要注意发展他们的思维能力。

二、努力开启学生思维的门扉

要提高语文教学质量,教师就要选用恰当的钥匙不断拧紧学生思维的"发条",使他们眼看、耳听、口读、手写、心想,吸取知识养料,获得语文能力。整个教学过程实质上就是教师在教学大纲指导下有步骤地启发学生生疑、质疑、解疑、再生疑、再质疑、再解疑的持续不断的过程。教师的作用在于"启",启发引导学生在学习的过程中爱思、会思、多思、深思。

1. 激疑

学源于思,思源于疑。教师教学要激发学生在求知过程中产生疑问,有所发现。教师不是把预先包装好的一批批知识传授给学生,而是带领学生充分参加探求知识的过程,让学生用自己的头脑亲自获得知识。为此,教师备课不仅要备知识,还要精心设计足以启发学生思考的问题,创设种种条件,启发学生积极思维。

引导学生课前预习。我们要求学生通过预习提出自己所不能解决的疑难。学生发现问题的能力靠逐步培养。开始时,学生生疑往往只在文章字词的表面,要指导他们深入篇章之中,把文章的前前后后、段落与段落之间联系起来思考,这样步步引导,就能增强学生发现问题的能力。

在不易产生疑问处设疑,启发学生动脑筋思考。有些课文,学生读时一带而过,不觉得有问题,而这些地方又往往是理解课文的关键所在,"不塞不流,不止不行",用问题来堵一堵、塞一塞,学生思维就活跃起来。

捉住矛盾促使学生思考也是激疑的一种有效方法。例如《我的老师》写老师从不打骂学生,可怎么又打了呢?一石激起千层浪,挑起矛盾,把问题装到学生脑子里,学生对教师"假愠"的理解就深刻得多。

2. 辨疑

思维从发现问题开始,思维要不断深入进行,有赖于分析问题、解决问题的逐步展开。教师激疑,学生生疑后,要注意设置辨疑的条件、气氛,引导学生谈看法、摆见解、比较、分析、判断、推理。古人说:"有疑者却要无疑,到这里方是长进。"学生提出的问题教师不必急于回答,应该在头脑里立刻进行梳理,分清轻、重、主、次,按一定的顺序巧妙地安排在教学过程中逐一解决,引导学生自己寻找答案。教师千万不能因赶进度而丧失启迪学生思维的良机。再说,教师不是所有的方面都超过学生,学生积极性调动起来后,常常会激发出很多意想不到的火花,这种火花是思维进入最佳状态的结晶,教师要敏捷地抓住这些火花,把它在全班学生中点燃。拨亮一盏灯,照得全屋通明。

启发学生挖库存。教师要善于调动学生知识小仓库内的"货物",使其运转,发挥作用。学生的基础不是零,他们有知识库存。即使是程度差的同学也是如此。温故而知新,启发他们运用旧知识,能促进新知识的理解和掌握。学生感到自己有知识,有力量,有希望,求知欲更旺盛,而在知识仓库中寻找适当的知识时,不仅思维得到锻炼,而且对语言的识别能力大大加强。

灵活地运用各种方法,培养学生思维习惯,提高思维能力。在教学语言文字时广泛采用比较法可收到一定的效果。俄罗斯教育家乌申斯基说:"比较是一切理解和思维的基础,我们正是通过比较来了解世界上的一切的。"

教学中比较的天地十分广阔,古今作品之间、中外作品之间、同一作者的不同作品之间,作者的构思和作品的情调,乃至遣词造句等都可以通过比较对学生的语言和思维进行训练。

教学时可采用纵向比较的方法,促使学生进行垂直思考。古今作品比较、课文中的前后比较就属此类,如学《孔乙己》时,学生对孔乙己排出九文大钱的"排"字与"摸"字的比较就是一例。在阅读时,用比较的方法指导学生挖掘教材思想和艺术内涵,探求作者的艺术匠心,弄清作者思想深刻之处。

教学时也可以采用横向比较的方法,也就是说在一个时间平面上同时将几个方面的问题进行比较,开阔学生视野,培养他们思维的广度,培养他们学会比较全面地、具体地分析问题,把握这一事物与那一事物之间的本质联系。同一作家的作品可以进行比较,如启发学生把《说谦虚》与《谈骨气》进行比较,通过求异思维的训练,认识事实论证和道理论证的特点。题材相似,作品不同,也可采用比较的方法,如学习《有的人》时,可引导学生与《论鲁迅》比较,认识同是纪念评价鲁迅,但体裁、语言、写法可各有不同,各具特色。

教学中可经常进行换词换句的练习,对学生的语言和思维进行训练,用词的准确性,语言的表现力,常可通过更换而加深领悟。

鼓励创造精神。学生辨疑、析疑时,教师千万不能以自己思考问题的范围教学生"就范",使得学生"画地为牢",不能前进一步。教师在教学中要善于鼓励和培养学生的创造精神。

学生积极思维,提出种种疑问,能促使教师开动脑筋,学生进行创造性的思维能纠正教师理解教材肤浅的毛病。学生全神贯注,突破习惯性思维的轨道,促使教学向纵深发展。

在辨难析疑的过程中,学生思维得到训练,语言得到发展。

3. 重点突破

课堂上常有这种情况：举手、质疑、辩论，往往集中在少数同学身上，他们学得特别主动积极，而有的同学主动性就差些。对于后一种同学，要了解其种种原因，创造条件，促使他们开动脑筋，提高使用语言的能力。在必要时，还得采取重点帮的办法。

怎么突破呢？

在难易适度上做文章。教师要了解学生的实际情况，在课堂上使程度好的、中的、差的，思维敏捷的、迟缓的学生都能开动脑筋，都有所进步。对学习困难的同学，尤其要保护他们的点滴进步，发挥他们的主动性，不使他们的积极性受到挫伤。教师要注意到各类同学，比如设计提问时要有难有易，有复杂有简单，高低兼顾。设计阶梯式的问题，由简到繁，由易到难，程度差的同学不仅能当堂积极思考，而且由于给他们指出了攀登的途径，攀登的勇气也就被激发出来了。

变换训练的方式，不总是教师提问，学生举手回答。有时约定不举手，大家思维都处于兴奋状态，教师指定人答；有时可七嘴八舌地答；有时采用轮流答、重复答、跳答。采用多种多样方法的目的都是让学生的脑子动起来转起来。

注意加温。教师教说，帮说，寻找学生优点，真心实意地表扬，鼓励。思考能力是逐步养成的，发表见解的能力是逐步练好的，学生每有进步，必予充分肯定。

三、教师自己必须有丰富的智力生活

苏联教育家苏霍姆林斯基在《给教师的建议》一书中这样说："如果教师的智力生活就是停滞的、贫乏的，在他身上就会明显地在教育教学工作中反映出来……教师不尊重'思想'，学生也就不尊重教师。然而，更加危险的是，学生也像教师一样地不愿意思考。"这段十分精彩的话道出了教师智力生活的重要。这段话使我清醒地认识到不认真学习,不求上进,智力生活停滞、贫乏,自己的教育教学工作是无论如何做不好的。

自我修炼,塑造完美的人格[①]

关于教师队伍走向标准的研与训,几位专家已作了精彩的论述,我只就自己作为长期在教学第一线的教师,谈一点教师自我成长的肤浅体会。

教师成长最为重要的是内心的深度觉醒,深刻体悟到自己从事工作的价值与意义:一个肩膀挑着学生的现在,一个肩膀挑着国家的未来,今天的教育质量就是明天的国民素质。平凡的工作蕴含着巨大的不平凡的意义,教师工作的质量、生命的质量与国家千秋大业、百姓幸福生活呼吸与共,血脉相连。

成长是一辈子的事,教育不是一个结果,而是生命展开的过程,永远面向未来,没有终结。教师须和学生一起成长,才有发展的广阔天地,不断完善自己的人格和学术素养。为此,须在四个"一"上努力实践。

(1) 一盏明灯。中华优秀文化传统孕育出的天之降大任的历史使命哺育了无数仁人志士、民族脊梁,每想到古往今来他们惊天地、泣鬼神的人和事,我总感动不已,他们救国救民、为国为民的精神与义举,就是我心中的明灯,教育生涯前进的原动力。经济保证今天的发展,科技保证明天的繁荣,而教育保证未来的辉煌。在中华民族伟大复兴的事

[①] 本文是2015年作者在上海市徐汇区教育系统第八届学术节上所作的发言。

业中,为未来的辉煌立德树人,意义非凡,此生有幸。

(2)一颗丹心。教育事业是爱的事业,没有爱就没有教育。选择性的爱不难,有教无类,真心实意爱每一个学生,多么的不容易。"文革"中,我被罚带乱班乱年级,从初一到高三,教过各个学段各个层面的学生,我才真正懂得师爱超越亲子之爱,师生无血缘关系。教师爱学生寄托着国家的期望、人民的嘱托,是大爱、仁爱,是一种境界,是一种素养。每个学生都是活泼泼的生命体,都是国家的宝贝、家庭的宝贝,都有受良好教育的权利。敬畏生命,理解他们稚嫩而又脆弱的心灵,施以春风化雨的温暖教育,每一个都是可爱的,都能发展成长。在学生成长中,我磨掉了急躁脾气,改掉了偏爱的坏习惯,不断净化感情,和学生亲如一家。在任何情况下,无一句恶言恶语,伤害学生的心。

(3)一股韧劲。教师会面临各种各样的挑战,要做好工作须有坚持不懈的韧劲,坚持不懈,锲而不舍。比如带班,学生体质差,有几个常晕倒,我开展早锻炼,跑步,我5点50分到操场,自己开刀,跑不动,只得跑跑走走,半年一年坚持下来,学生体质加强了。不是学校叫你做,而是你对学生负责。又如学科教学,由于工作需要,我一再改行。隔行如隔山,我边学边干。教师一定要有真本领,才能教出学生的真本领。挑灯夜读,打业务底子;钻研教材,独立思考,在真懂上下功夫。什么叫真懂?备课备到字站立在纸上与你对话,心灵交流,思想碰撞,懂得了作者与编者的良苦用心。三尺讲台关系到学生生命成长的质量,不能有丝毫的疏忽与懈怠。课教在课堂上就随着声波的消逝销声匿迹,要教到学生身上,教到学生心中,成为他们良好素质的基因。为此,要全身心投入,用生命歌唱年年月月如此,月有长进,年有发展,永远精神振奋。韧劲从何而来?来自对学生成长内心需求的责任担当,来自对教育事业的忠诚。教师的活儿是良心的活儿,不持之以恒地努力提升质量,就耽误了他们的青春,耽误青春是一种不能原谅的罪过。

（4）一杆标尺。天底下最远的距离不是天涯，不是海角，而是说与做的距离。想到了，说了，还是比较容易，要真正做到十分艰难。它不仅是教育教学的技能技巧，更是情感世界的升华，人生态度的攀登。教师工作是塑造灵魂、塑造生命、塑造人的工作，要竭尽全力引领学生德智体美全面发展，使他们成为有中国心的素质良好的社会主义建设者和可靠接班人。这杆标尺激励我发现问题、分析问题、明确方向、纠正错误，奋发向前。每节课后都写教后，记学生的闪光点，记自己的缺陷、不足，乃至错误。每个班级、年级带下来，以标尺衡量，总有许多不足与遗憾，包括担任校长工作也是如此，总愧疚自己就那么点水平和能力。正如法国文学家罗曼·罗兰所说："累累的创伤，就是生命给你最好的东西，因为每个创伤上面都标志着前进的每一步。"确实如此，正是清醒地看到自己身上的累累创伤，我不敢有丝毫懈怠，不断自我挑战，自我否定，自我超越，不断修炼，自我成长。

教育力量的活的源泉来自教师的人格魅力和业务素养，愿与同行们共勉，以自我成长创造教育教学的精彩，铸就立德树人使命的辉煌。

《中国哲学简史》[①]
——教师须学一点哲学，从此书入门

我一直认为教师须学一点哲学，面对教育工作的艰巨、复杂及难以洞悉的变数，碰到矛盾、问题，不作辩证、唯物、历史的思考，就会迷雾一团，茫然无所措，甚至方向不辨，是非曲直不分。

哲学是对根本问题的根本思考，是面对自我、面对他人、面对世界产生出来的问题价值意义及终极目的的思考，任何人不可能没有，也不可能回避，只是自觉不自觉或自觉的程度不同而已。

中国基础教育教师须学一点中国哲学，懂得自己从何处来，根在哪里，魂在何处，思想文化的源头是哪些。这方面著作林林总总，学者牟宗三的尤为著名。就我们教师而言，不是专门研究哲学，而是学一点哲学，提升这方面的素养与修养，写好教书育人的大文章。为此我向参加培训基地的教师多次推荐冯友兰的《中国哲学简史》。这是一本1946年至1947年冯教授应美国宾夕法尼亚大学邀请任访问教授为学生讲课而写就的著作，赵复三译为中文。为何可先读这一本呢？

首先是"简史"，整本书仅300页，但言简意赅，浓缩了中国传统哲学思想的精华，学术意味浓厚。整本书阅读下来，对中国哲学思想的发展会有一个比较清晰的轮廓，能比较清晰地看到我们的祖先对世界对

[①] 本文发表于《上海教育》2015年第16期。

自我认识的运行轨道,一扫以往自己的一知半解或碎片化的了解。书开宗明义指出中国哲学的精神:"根据中国哲学的传统,哲学的功能不是为了增进正面的知识(我所说的正面知识是指对客观事物的信息),而是为了提高人的心灵,超越现实的世界,体验高于道德的价值。"这就是说,哲学不仅是知识,更重要的,它是生命的体验。中国哲学的主要精神"既是现世的,又是出世的","既是理想主义的,又是现实主义的;既讲求实际,又不浮浅"。对此独到的见解分析比较,娓娓道来,令人信服。

介绍诸子百家绚烂思想,既一语中的,又神采飞扬。如讲述孔子:他是创立私学第一人,是一个儒生,儒家学派第一人。引用西汉经学家刘歆对儒家界定:"游文于六经之中,留意于仁义之际。"孔子作为教师,他认为自己的首要任务是向青年学生解释古代的文化遗产,以自己对道德的理解去诠释古代的经书。不仅如此,他对个人与社会、与他人,人与天的关系都有鲜明的哲学思考。

关键词是"正名""仁义""忠恕""知命"。孔子"正名"的意义在于"君、臣、父、子,在社会里各有责任和义务,任何人有其名,就应当完成其责任和义务"。对于个人的品德,孔子强调仁和义,"君子喻于义,小人喻于利"。(《论语·里仁》)一个人必须对别人存有仁爱之心,才能完成他的社会责任。"忠恕"是做人的原则,也是"仁"的原则,按"忠""恕"行事为人,就是"仁"的实践。尽己为人谓之忠,"己所不欲,勿施于人"谓之恕,两方面合起来就是"忠恕之道"。"知命",儒家从"义"又发展出"为而无所求"的思想。人要做自己所应当做的,因为这是道德本身的要求。"命"的含义是宇宙间一切存在的条件和一切在运动的力量,这些外部条件能否配合人们所从事的活动,非人力所能控制,人所能做的就是"竭尽全力,成败在所不计",这种人生态度就是"知命"。因而,孔子说:"知者不惑,仁者不忧,勇者不惧。"(《论语·子罕》)在叙述介绍的基础上,作者对孔子作了如下的评论:"他自称对古代文明'述而不作',其实他的学派对古代文明重新诠释,取古代文明的精华,创立了一个文明传统,一直延续到晚近的时代。""明中叶后尊崇他为'至圣先师'可以说是不无道理的。"

有叙有议,言简意赅,使读者对孔子其人其学说有清晰完整的印象。对墨家、道家、名家、阴阳家、法家、佛学、禅宗等介绍莫不如此,均抓住核心价值,要言不烦。

其次是打通古今中外。既以时间为线索,分析中国哲学演进的历程,贯通古今;又横向比较,打通中外,与西方哲学对应,视野开阔,给人以波澜起伏之感。比如墨子是在孔子后出生的一个哲学家,是孔子的第一位反对者。后出者往往针对先出者提出驳论而建立自我,这是一条脉络。另一条脉络是某个学派的继承与发展。如道家,书中就写了五章——早期道家的三个阶段和新道家的主情派和主理派。早期道家三阶段以杨朱、老子、庄子为代表。道家是隐者,哲学出发点是全生避害。第一阶段杨朱基本思想是"人人为自己""轻物重生",主要用直接逃避的方式来保存自己,所谓"拔一毛而利天下,不为也"。第二阶段老子,他的学说以"太一"和"无有为常"为主旨。"太一"即道,"常"含义是永久,永在。万物都是变动不居的,但决定万物变动的法则不变,在主宰事物变化的法则中,最根本的一条是我们说的"物极必反",老子的原话是"反者道之动"(《道德经》第四十章)。第三阶段庄子认为成圣之道需要摒弃知识。人的原初状态的无知是自然的恩赐,而人达到"无知之知"则是心灵(亦即灵性)的成就。达到的人,超越了普通事物的局限,超越了我与世界、我与非我、主观与客观的界限,达到"无我"的境界,与道合一。此时的道家主张"以理代情"。到了公元三四世纪时"玄学"盛行,"玄"字原出《老子》第一章,末句形容"道"是"玄之又玄,众妙之门",指它深远神秘,变化莫测。"玄学"表明是道家的继续,故作者称它为

"新道学"。新道家中崇尚理性与豁达率性各有其人生追求,在早期道家的宇宙观、人生观中均可找到痕迹。儒家的流派与发展,内容更为丰富。主干清晰,枝叶滋润。

各学术流派发展轨迹自有其脉络,而学派与学派之间或矛盾,或对立,或借鉴,或吸收,或融合,你中有我,我中有你。如墨子的"兼爱"思想与杨朱的"为我"正好相反。又如道家与法家代表中国思想传统的两个极端,道家主张"无为",人的活动应"顺乎自然";法家首先是制定法律,"设之于官府,而布之于百姓者也"(《韩非子·难三》)。但是,在"无为"这一点上,两个极端汇合了。法家认为君王拥有政府运作的机制和工具,他自己不必做任何事情("无为"),而执政掌权所要办的事情却都办了。他们两个极端之间具有"同一性"。至于佛教的传入与在中国的发展是中国历史上一个重大事件,对"业"与"果"的阐释,禅宗的"顿悟"等,对宗教、哲学、艺术和文学都产生了巨大的影响。这样的叙述、议论,摆脱了线性思维,刻画出中华文明发展进程中众多学术争鸣、相生相克、相反相成的繁荣景象。思想之深刻、胸怀之开阔、表达之精湛、智慧之闪光,至今留给我们不尽的思考与启发。

中外打通也是该书一个特色。英文版编者德克·布德在该书引言中说:"中国哲学的内涵远远超过孔子和老子,或儒道两家著述所涵盖的范围。在二十五个漫长的世纪里,凡西方哲学家所曾涉及的主要问题,中国的思想家们无不思考过。"这是他阅读该书后的发现。确实如此,作者在书中多处引用西方哲学家的观点与中国哲学家进行比较,如第二十五章的标题就是"更新的儒学:主张柏拉图式理念的理学",又如讲述到后期墨家"利,所得而喜也""害,所得而恶也",为墨家的功利主义提出一个享乐主义的解释时,作者联想到十八九世纪间美国哲学家杰利米·边沁的"功利原理",两者进行比较,使观点更为鲜明。至于对哲学思维的出发点区别,西方哲学用"正的分析方法",中国哲学用"负的分析方法",发表了不少真知灼见,既表明作者中西哲学史功力的深厚,更让读者打开认识窗户,不囿于一己之见。

再次,立足中国,讲好中国哲学史故事。六十多年前,最早研究中国哲学的学者,由于所处的时代,受西方学术影响,往往以西方的学术框架来研究。这本书虽然是对美国大学生的讲稿,但并没有以西方哲学系统来"规范"中国的学术,也没有使用多少西方哲学的名词术语,而是立足于中国,讲中国故事,讲中国哲学的背景。首先讲中华民族的地理环境、经济背景,讲对自然的理想化,讲家族制度;讲中国哲学家表达自己思想的方式。比如讲述儒家重视的"礼",重视礼仪,是一种诗情,而不是出自宗教。这就强调了中国哲学的特色,而不是以西方宗教仪式的视角来阐释。又如诸子百家由来的阐述完全植根于中华文化的土壤,土生土长,无半点西方移植。"儒家者流,盖出于文士;墨家者流,盖出于游侠之士;道家者流,盖出于隐者;名家者流,盖出于辩者;阴阳家者流,盖出于方士;法家者流,盖出于法术之士。"如此判断,有中华泥土气息,一目了然。

德国哲学家雅斯贝尔斯在《历史的起源与目标》一书中说,人类一直靠轴心时代所产生的思考和创造一切而生存,每一次新的飞跃都回顾这一时期,并被它重新燃起火焰。此言有道理。春秋时代被有些学者称之为轴心时代,出许多圣者、贤者、智者,智慧纷呈,思想灿烂。在当今高度发展又为物质所累的时期,心灵漂泊而无法安顿,认真读一读书中那个时代圣者、贤者、智者对天地人的根本问题的根本思考,会有心灵回归家园的感觉,去浮躁,归平静。"提高人的心智",超越自我。

本书译者赵复三在译后记中说,这本著作"资料是古代的,眼光却是现代的;运用史料时是史家,探讨问题时却是哲学家","思想资料是中国的,考虑问题的眼光却是世界的"。冯友兰先生为中华思想文明流传于后世而尽心尽力,对中外学人讲述中国哲学史故事,传递薪火,后来者应该充满敬仰之情。

读书,塑造人的高尚灵魂[①]

2016年1月18日,在东华大学附属实验学校举行了"上海市中小幼教师读书交流现场推进会",上海市数十所读书种子学校的代表介绍了他们的经验和做法。东华附校的"经纬阅读",经度上传承中华优秀传统文化,纬度上借鉴世界科学文化精华;上海实验幼儿园"我爱读书"微信公众号,九亭四小的百万富翁阅读实施,翰文小学的读书养心坊,上海实验学校附属光明学校的青年研习社、市北中学的读《论语》树师风等,均根据学校的办学目标和师资队伍建设需求,用心、专心、尽心、精心地推动读书活动。构想十分周到,做法各有千秋,效果各具特色。他们满怀热情推进读书的经验都聚焦在一点上,那就是怎样以读书来塑造人的高尚灵魂。

习近平主席说:"教师重要,就在于教师的工作是塑造灵魂、塑造生命、塑造人的工作。"人有两个最重要的因素,一是生命,二是灵魂。用最通俗的话来说,生命区别活人死人,活人有生命,死人生命结束;灵魂区别好人坏人,有灵魂的是好人,没有灵魂、丢失灵魂的是坏人。作为教育者担负的是塑造灵魂、塑造生命、塑造人的重任。要塑造人的灵魂和生命,首先要学会做人。做人,第一位就是用自己的良知来指挥和约束自己的行动,要通过对生命的意义和价值的追求来提升灵魂,塑造高

[①] 本文是2016年1月18日作者在上海市中小幼教师读书交流现场推进会上的发言。

尚的灵魂。对高尚灵魂的追求，不需要多少客观条件，无需设备，无需多少财物投资，关键靠自己主观的认识，自己主观的行动。有认识有行动，且知且行，心灵就会逐步辉煌起来。

当前风行《芈月传》电视剧，艺评如潮，褒贬不一。历史上的芈八子究竟是什么样的呢？读一读秦史，就会知道，芈八子是秦始皇的高祖母，对秦的发展、统一尽了很大的力。伐灭义渠，扫清障碍，使得秦统一没有了后顾之忧。戏拍得好不好，可以推敲，拍得不好，可以重新排练，可以一次次推倒重来。人生是没有剧本的，不可能让你彩排，不可能让你重来，就是那么一次。因此，最重要的是抓住当下，抓住每一天。当下你应该做什么事情，就应该负起责任来，完成你肩负的使命，这是最重要的，人生的价值就在于你能不能抓住当下。刚才光明学校刘校长介绍农村学校要实现弯道超越，须靠文化的推动力，而读书在其中最有力量。读书的重要性我们谈过千万遍，千万不能够把这重要的东西从手指缝里漏掉，将来再去追认其重要性。我们不能对重要的事采取追认的态度，而要负起当下的责任。东华附校要求理科教师有一点人文的情怀，文科的教师也要懂一点科学，就是负起当下的责任。因为你生活在 21 世纪，你活在当下，文理贯通阅读，你的视野就打开了。你站在什么高度来思考问题，就决定你能走到多远；你站在什么样的高度，就决定你能够攀登怎样的高峰。

英国前首相撒切尔夫人曾断言，中国不大可能成为一个世界强国，理由是因为中国没有足以影响世界的独立的思想体系。这是西方统治者的傲慢与偏见，但也促使我们警醒地思考一些问题。我们要把中国自己的事做好，不仅是物质文明的事，精神文明、思想上的事同样至为重要。我们有数千年优秀文化传统的根，在党的领导下，我们不仅重视传承，在新时期更有众多的创新发展，我们种种的想法做法正不断地影响世界。对我们教师来说，最重要的是学习、读书、思考，弄清楚中国思想、中国道路、中国精神,追求灵魂的高尚。灵魂的高尚是精神的高尚。一个人如果精神不富裕,精神不高尚,心灵将是一片荒芜;一个民族如果不读书、不爱读书,不用精神养料来滋养自己,那是很可怕的。2014年,据统计,我国国民人均纸质图书阅读量为4.56本,我们抽样调研上海教师读书量是4.67本,这与发达国家人均读书几十本比,还存在相当差距,应有清醒认识。做低头族,各种场合都在看手机,即使学习,也是碎片化,归根到底,是无济于事的。

精神成长的原动力是读书,读好书,读经典。比如从1000年到2000年,世界上有100件对世界重要的事,其中有3件是中国人完成的。一是火药武器的发明;二是成吉思汗建立的大帝国,跨越亚欧两大洲;三是长征。长征的精神在世界上跨越国界都是承认的。阅读有关长征的历史,阅读描述长征的作品,心灵会受到震撼。长征是信仰力量的标志,精神世界的丰碑。你想象不出长征过程中经受的苦难和艰险是怎样的深重,生命的顽强是何等伟大,精神世界又是何等的乐观与自信。我们中国人读长征,就该有无比的自信和自豪,这就是我们精神的原动力。读一读乐黛云的《多元文化中的中国思想》,你会知道什么是中国梦,什么是欧洲梦,什么是美国梦,你的认识就会提升。从英国1640年工业革命以来,世界上基本上是"工业"说话,欧洲人说话,西方人说话。我们现在使用的概念体系、知识体系、话语体系都是西方的,而西方对这些概念的界定和我们不完全一样。中国要搞中国的教育,必须有自己的话语权。你的话语权从何而来?要读书,要实践,要精神成长,思想有高度,文化积淀有厚度,专业修养有深度。

引领学生读书,教师首先要成为读书人。当今时代面临诸多挑战,教师如果不读书,不说别的,就是课也难上好,有的可能没有办法把课上下去,所以,教师读书必不可少。教师读书,会影响到学生,也会影响到家长,乃至影响到社会。教师读什么书,读多少书,关系到综合素养,关系到教育质量。现在教师专业成长更多关注的是技术层面,即教学技能技巧的提高。教学技能技巧的提高是需要的,但归根到底是人生的根和魂。教师工作影响着未来,根要扎得深,要有中华优秀传统文化的根,爱国主义之魂。读书能给我们精神的养料,促使我们成长,读书能为我们肩挑的立德树人的重任增添无限的力量。

21世纪如何做基础教育的教师[①]

在21世纪,如何做中国基础教育的教师,时代和社会对教师提出了更高的要求。

第一,我们要有中国立场,又要具有国际视野。在考虑中国基础教育的时候,无论如何都要站稳脚跟。在中国多情的土地上,有几千年的历史积淀和文化积淀。不管教什么学科,中国基础教育一定要打上中国的印记,要具有鲜明的中国立场。但我们也不能闭关锁国。我非常赞同当前的"一带一路"倡议,让我想起了"汉唐盛世",不走向世界是不能立足的。我们必须有国际视野,人家好的东西一定要学。但人家好的东西到底是些什么,我们不能是若明若暗,或者仅知一二。我们既要深刻理解中国文化传统,又要对国际发展深入了解。不好好了解或者了解不够,就会产生误判。

第二,我们要有正确的教育理念,又要有精湛的专业能力。当前,我们教育学的普及程度是改革开放以来最好的。过去,我们问语文老师或数学老师,他们对教育理论说不出所以然。现在,我们从幼儿园、小学一直到高中,教育理念之多,名词术语一大串,是史无前例的。我

[①] 本文发表于《教育参考》2017年第1期。2016年底,上海市杨浦区教师进修学院举办以"求知、践行、反思"为主题的《于漪知行录》读书分享会。面对青年教师,作者深情寄语,特别强调"中国基础教育一定要打上中国印记,要有鲜明的中国立场",这是她多年期盼建设中国本土教育学的心声。

们现在不缺乏教育理念,但问题是在这些众多的教育理念之中,哪些是正确的,哪些是符合国情的,符合我们教情和学情的。任何教育理念的诞生,一定有其时代特征和地域特点。我们对理念不能照单全收,而应取其利而去其弊。对专业理论,我们必须知道其渊源和流派、性质和功能、精要和关键。上课时候,业务不精,就不能因材施教。对教育理念,教师必须加以判断,然后为我所用,这样才能使本体的业务能力插上翅膀。

第三,我们要处理好教师与学生的关系。杜威的儿童中心理念,强调以儿童为中心,有其积极意义。但儿童的心智毕竟还未成熟,儿童和教师的关系,每个教师都要思考,最重要的是教师对孩子有仁爱之心。仁爱之心,就是大爱。教师之爱,就是超越血缘关系的大爱与仁爱之心。每个孩子都是家庭的宝贝,都是国家的宝贝。生命本来没有名字,没有职称和荣誉,但每个生命都是独特的,都值得敬畏。我从22岁开始,每一天都在学习怎么敬畏孩子的生命。通过教师的一节课,学生的精神生命是不是成长了?对于教师来说,敬畏生命,就是让学生在课堂学习的时间中真正有所收获,不要浪费他们的生命。

中国文化讲究"仁"。"仁"这个字,从字源来讲,就是人与人之间互相支撑。做人,心中要有他人。季羡林先生曾经讲过什么是好人,他说,如果一个人,碰到事情百分之六十的时间想到别人,就是好人。而教师百分之七十或百分之八十乃至百分之九十的时间都在想学生,当然是好人。心中有别人,心中有集体,心中有国家,才是仁。

只有了解学生才能打动学生。我做了一辈子教师,以为自己很懂学生了,但常常还是闭着眼睛捉麻雀。好像懂,其实不懂,可见了解一个人多么困难。有的青年教师跟我说,我讲课讲得自己都感动了,但学生却还是不为所动,学生情感世界的盐碱为什么就冲不掉呢?其实,学生的思维有其特性,年级越高就越理性,就是所谓的"冷眼看世界"。教师与学生要交心才能知心。我曾经问学生为什么喜欢周杰伦,却不喜欢韩红。他们说,因为他的歌学不像。可见,我跟学生的距离太大了。学生有他们自己的心灵世界。对于他们的知识世界,我们还勉强能够了解,但对于他们的生活世界和心灵世界,我们几乎一无所知。我们要了解学生的世界,才能走进学生的世界。

第四,我们要有文化积淀。考试是每一个教师都要面对的,教师最重要的是要教出有真本领的学生。学生有了真本领,才能以不变应万变,所有题目都不怕。学生要有真本领,教师必须有真本领。教师要有真本领,就必须读好书。读书的好处很多。西汉刘向说:"书犹药也,善读之可以医愚。"我一辈子以之为座右铭。很可惜,我到今天还没有脱愚。很多东西,还说不清楚,看不明白,不能一语中的,因为学力不足。基础教育是一个人终身发展的根基。为人师者,当智如泉涌;为人师者,思想当永远年轻;为人师者,当为人之模范;为人师者,当善读好书。

选择了当教师,就选择了高尚。汪曾祺曾说:"人总要把自己的生命的精华都调动起来,倾力一搏,就像干将莫邪一样,把自己炼进自己的剑里,这,才叫活着。"这才是生命的意义和价值所在。以此,与大家共勉。

寄语新教师[①]

亲爱的年轻同志们：

由衷地欢迎你们满怀热情地加入我们的行列！你们增添我们教师队伍的活力，带来了队伍建设的无限希望。

人一辈子总是要面对选择，选择教师，就是选择了高尚。教师事业是兴国大业，是真善美的事业，为中华民族的伟大复兴广育英才，是人生智慧的闪光，是生命意义和价值的不懈追求。

教师双肩挑着千钧，责任重大。一肩挑着学生的现在，一肩挑着祖国的未来，因而，严于律己，努力提升自己的精神境界和学识修养，是教师职责的首要任务。

言教身教是教育的双翼，身教重于言教。言教，要有情有理，循循善诱，心灵沟通，和谐共振；身教，须言行一致，表里澄澈，为人、处世、敬业、治学，堪为学生表率。榜样的力量有感染力、辐射力，润物细无声地影响学生，激励学生打好做人的扎实基础。

爱是教师教育力量的情感源泉。学生是活泼泼的生命体，独特，多样，蕴含着潜在的能量。教师对学生要真心真情，把爱撒播到每个学生的心田。启发点拨，平等地对待每一位学生，因材施教，积极创新，引导学生把先天的优势变成后天成长的动力，把潜能变成发展的现实，步步

---

① 本文是作者在上海市新教师宣誓大会上的发言。

攀登，展现多彩的才华。

有丰富的智力生活，倾心教育、教学，是教师素质的基本标志。对从事的学科教学要专心致志、锲而不舍、兢兢业业，上好每一堂课。科学文化来不得半点虚假和谬误，只有具备真才实学，勤于总结、反思，善于探索、钻研，才能谱写出激发学生旺盛求知欲的动人乐章。

印度伟大诗人泰戈尔曾说："不是锤的打击，而是水的载歌载舞，才使鹅卵石臻于完善的。"亲爱的年轻同志，以上一番话，对你们而言，看似"锤"的打击，然而，这不是苛求，只是出于我们老教师对学生的无比珍爱，对人民教育事业的一片忠诚。然而，更重要的是你们要全身心地投入教育实践，激情洋溢地如水一般载歌载舞，体验，感悟，上下求索，迸发青春活力，在传承人类文明、恩泽莘莘学子的实践中，完善自己，形成人格的魅力。

亲爱的年轻同志，我们老教师期待着，期待着你们在教育教学实践中能与学生共同发展，共同成长，奉献青春和智慧，成为祖国信赖的、社会尊重的、学生爱戴的教师队伍中的栋梁之材！